探索物理

DISCOVER PHYSICS

你好，科学！
DISCOVER SCIENCE

[英] North Parade Publishing
（北方旅行出版公司） 编 ｜ 昌剑 译

青岛出版集团　青岛出版社

Copyright © 2020 North Parade Publishing Ltd, Bath, UK
山东省版权局著作权登记号 图字：15-2020-36

图书在版编目（CIP）数据

你好，科学！.1，探索物理 / 英国北方旅行出版公司编；昌剑译. — 青岛：青岛出版社，2020.6
ISBN 978-7-5552-9009-4

Ⅰ.①你… Ⅱ.①英…②昌… Ⅲ.①科学知识–青少年读物②物理学–青少年读物 Ⅳ.①Z228.2②O4-49

中国版本图书馆CIP数据核字(2020)第051543号

本册审定专家

徐捷声　美国ServiceNow公司软件工程师

本册审定名师

李德松　蚌埠高新教育集团总校实验中学
杜俊　北京师范大学蚌埠附属学校
王春霞　北京师范大学青岛城阳附属学校

书　　名	你好，科学！
分 册 名	探索物理
编　　者	［英］North Parade Publishing（北方旅行出版公司）
翻　　译	昌　剑
出版发行	青岛出版社
社　　址	青岛市崂山区海尔路182号（266061）
本社网址	http://www.qdpub.com
邮购电话	0532-68068091
责任编辑	逄　丹　贾华杰
装帧设计	1204设计工作室（北京）文俊
封面插画	1204设计工作室（北京）文俊
照　　排	青岛千叶枫创意设计有限公司
印　　刷	青岛嘉宝印刷包装有限公司
出版日期	2025年3月第2版　2025年3月第6次印刷
开　　本	16开（787mm×1092mm）
印　　张	18
字　　数	440千
审 图 号	GS（2020）1934号
书　　号	ISBN 978-7-5552-9009-4
定　　价	178.00元（全6册）

编校印装质量、盗版监督服务电话　4006532017　0532-68068050
建议陈列类别：少儿·科普

目录

能量 2

原子结构 6

物质的性质 8

电 10

核辐射 14

力 18

运动 20

牛顿运动定律 22

驾驶的物理学原理 24

磁 26

磁体的性质 28

电磁学 30

电磁铁的应用 32

波 34

电磁波 36

太阳系 38

恒星 40

趣味测试题 42

能 量

简单来说，能量就是物体具有的做功的能力。能量在我们周围无处不在，并且参与了化学反应、生命活动和物质运动。能量有很多不同形式。能量的单位是焦耳。焦耳简称"焦"，符号是J。

系统

由两个（或多个）相互作用的物体构成的整体叫作一个力学系统，简称系统。

▲ 被击中的棒球具有能量　　▲ 水壶内沸腾的水具有能量　　▲ 抛向空中的小石子具有能量

能量形式

我们可以观察到，我们周围存在很多种形式的能量：太阳能带来光能和热能，核能来源于原子核，磁场所具有的能量是磁能，电源能提供电能，化学能存储在燃料、食物和电池等中。

所有物体都具有内能。机械能包括势能和动能。重力势能和弹性势能是两种常见的势能。山顶上静止的岩石看起来似乎没有能量，但是它具有重力势能。物体由于运动而具有的能量叫作动能。

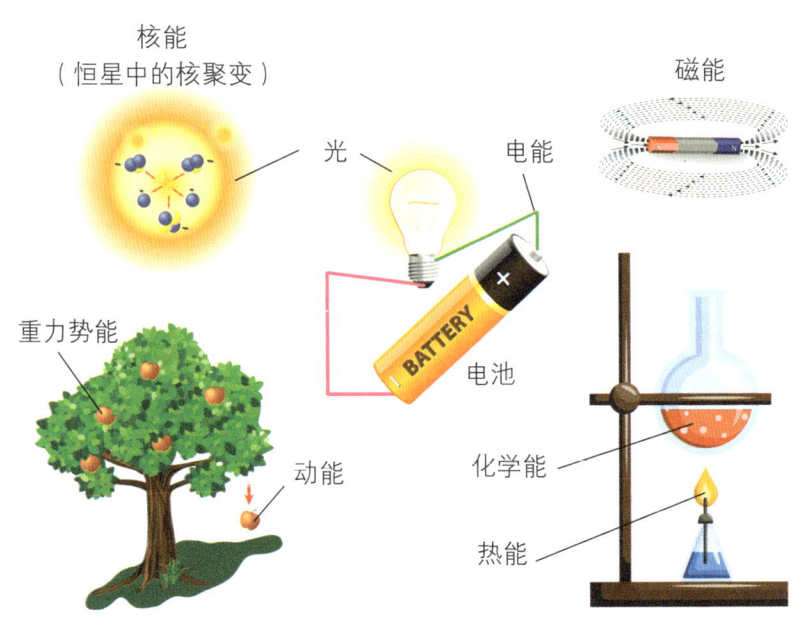

▲ 能量具有不同形式

大自然的一切变化，我们人类的生产、生活等，都伴随着能量的转化和转移。植物吸收太阳光进行光合作用，将光能转化为化学能。动物通过摄取植物获取满足其生命活动所需的能量。能量永远无法从一个系统完全转移到另一个系统。能量的流失不可避免，包括热、光或其他形式的能量流失。

能量守恒定律

能量既不会凭空产生，也不会凭空消灭，它只会从一种形式转化成其他形式，或者从一个物体转移到其他物体，而在转移和转化的过程中，能量的总量保持不变。这个规律叫作能量守恒定律。

▶ 热传递过程中，能量从高温物体转移到低温物体

重力势能

在地球表面附近，物体由于受到重力并处在一定高度时所具有的能量，叫作重力势能。使用一个简单公式可以计算物体的重力势能（常用 E_p 表示）：

$E_p = mgh$

m —— 物体的质量

g —— 重力加速度

h —— 物体所处位置的高度

知识档案

在过山车运行过程中，能量转化时而是重力势能转化为动能，时而是动能转化为重力势能。

功率

功率是功与做功所用时间的比。在物理学中,功率用来表示做功的快慢。瓦特是国际单位制中功率的单位,符号是W。以1秒内产生1焦耳能量的功率为1瓦特。

▲ 灯泡的电功率的单位也是瓦特

能量效率

无论系统如何有效地利用能量,都会有能量流失。改进节能系统有助于最大限度地利用能量并减少浪费。使用下列公式可以简单计算能量效率:

$$效率 = \frac{有效输出能量}{总输入能量} \times 100\%$$

能源

我们现在使用的能源包括煤和石油等化石能源、核结构发生变化释放出的核能、来自水体的水能、空气流动产生的风能、来自潮汐运动的潮汐能、来自太阳的太阳能以及地球内部的地热能等。人们利用这些能源提供的能量来进行发电、供暖和运输等活动。

▲ 煤炭是一种化石能源,燃烧可以释放能量

▼ 风能是可再生能源的代表

▲ 太阳能电池把太阳能转化为电能,给设备供电

有些能源不能在短时间内从自然界得到补充，它们叫作不可再生能源。化石能源是不可再生能源的代表。由于全球能源消耗巨大，不可再生能源会在不太长的时间内消耗殆尽。由于可以从自然界中源源不断地得到，太阳能、风能、水能等可再生能源成为未来理想能源的一个重要发展方向。

▲汽车使用的汽油和柴油等正在迅速减少

不同能源的利用率

在大量能源迅速枯竭的时代，全球研究人员都在努力探索更好的能量收集及存储方法。我们需要谨记，要尽量提高能源利用率，并尽可能减少浪费。

对比不同类型的能源之后，风能被视为利用率较高的能源。如果考虑到二氧化碳的排放量，水力发电污染最小。另一方面，化石能源（如煤和石油）利用率较低，而且其燃烧时会造成污染，因此用更优质的能源代替化石能源很有必要。

并非全球任何地方都能够收集风能用于产生电能。然而，全球各地都在利用现有自然资源和气候模式获得能量。目前，收集太阳能的太阳能电池的制造成本相当高。通过更好地创新，可以降低成本并提高效率。为满足日益增长的世界人口需求，必须探索新方法来获得能量。

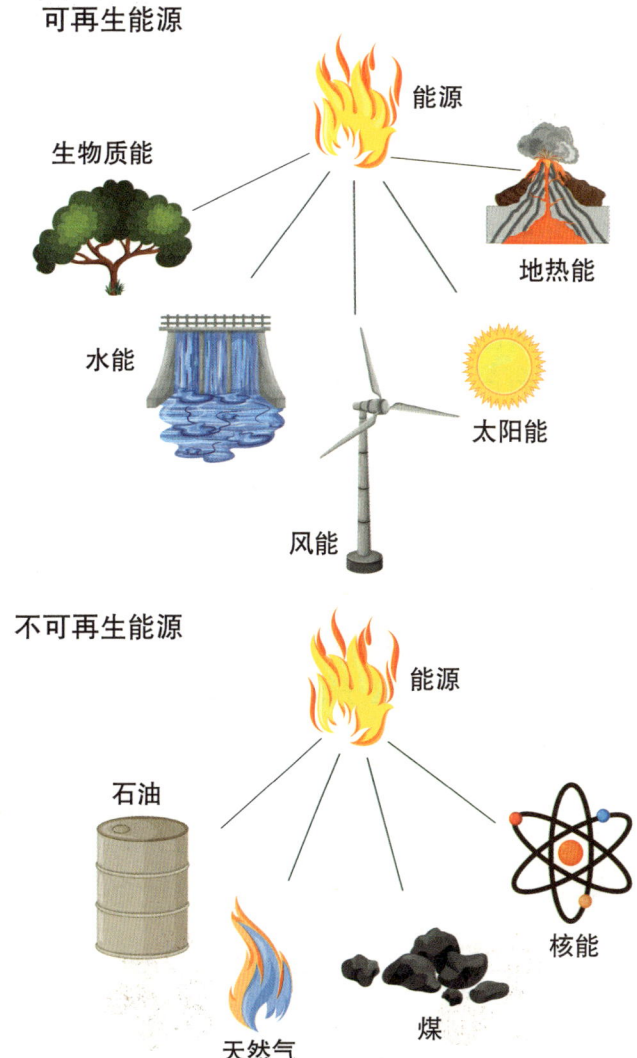

▶可再生能源更符合长期的能源需求

原子结构

放射性是物质发出射线的性质。人们很久以前就已经发现了这种现象。但是，直到最近我们才认识到原子的结构和性质。原子结构的知识极大地丰富和推动了许多领域的知识创新。

原子的尺寸

原子非常微小，半径约为 $(2\sim3)\times10^{-8}$ 厘米。作为对比，假设一粒砂糖的半径大约为0.2毫米。1毫米等于 1×10^{-1} 厘米。原子的半径大约是一粒砂糖半径的1/1 000 000。

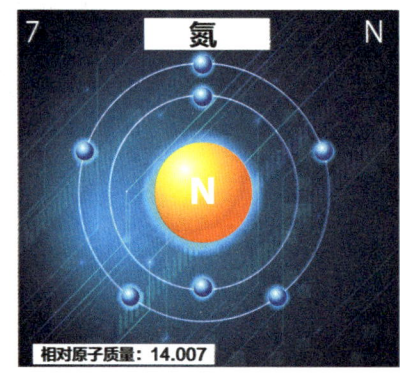
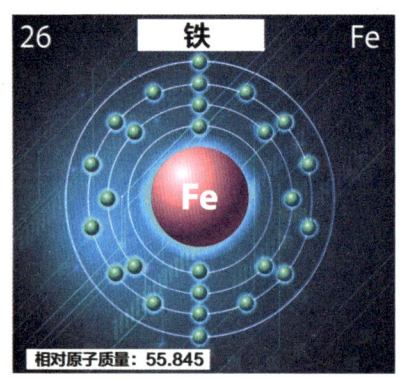

原子的结构

原子是组成物质的一类粒子。它由原子核和电子组成。原子核半径不到原子半径的1/10 000。

原子核由质子和中子组成。每个原子中电子的负电荷数量和质子的正电荷数量相等。

当电子在不同的轨道上运动时，原子处于不同的状态，具有不同的能量。根据玻尔理论，电子只能在特定轨道上运动，因此，原子的能量也只能取一系列特定的值。这些量子化的能量值叫作"能级"。

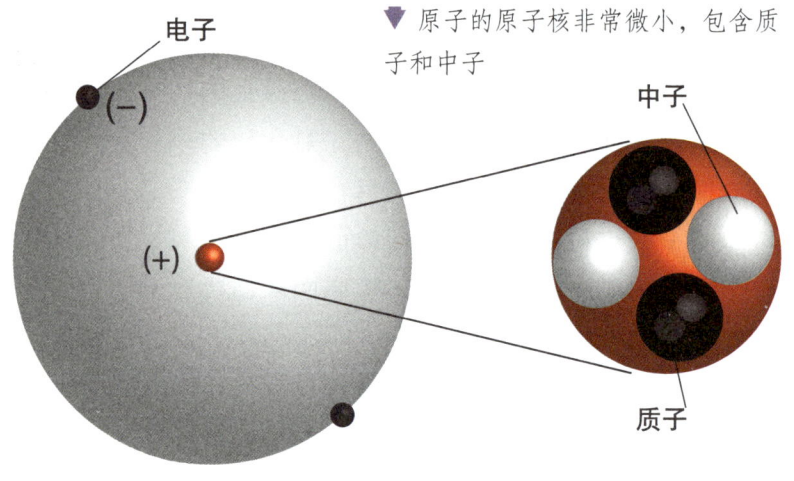

▼ 原子的原子核非常微小，包含质子和中子

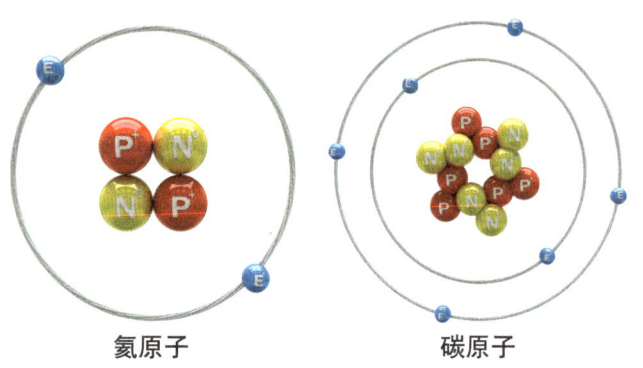

氦原子的唯一壳层有2个电子，这是稳定状态，因为它们在该壳层上实现了最大稳定性。氦因此被称为"惰性气体"，也叫"稀有气体"。

碳原子共有6个电子，最内层的壳层带有2个电子，而下一层壳层带有4个电子，该壳层最大容量为8个电子。由于碳原子外壳层仅被填充了一半电子，因此碳元素很容易与其他元素发生相互作用。

原子结构模型

英国物理学家汤姆孙发现了电子，后来他提出了一种被称为"西瓜模型"（或"枣糕模型"）的原子结构模型。他认为，原子是一个球体，正电荷均匀分布在整个球体内，电子则镶嵌其中。后来，α粒子散射实验完全否定了这个模型。通过这项实验，卢瑟福（Rutherford）提出，原子中带正电部分的体积很小，但几乎占有全部质量，电子在正电体——原子核的外面运动。后来他用镭放射出的α粒子轰击氮原子核，从其中打出了一种新的粒子——质子。

丹麦物理学家尼尔斯·玻尔（Niels Bohr）提出原子中的电子围绕原子核做圆周运动。英国物理学家詹姆斯·查德威克（James Chadwick）证明除质子外，原子核内还存在中子。质子、中子和电子被称为亚原子粒子。

▲ 氧原子的原子序数为8，原子量为15.999

原子序数和原子量

元素周期表按元素原子核电荷数递增的顺序给元素编了号，称为原子序数。原子序数与元素原子核电荷数（即质子数）、核外电子数在数值上都相同。其他原子的质量与碳12质量的1/12相比较所得到的比是原子的原子量，也称相对原子质量。

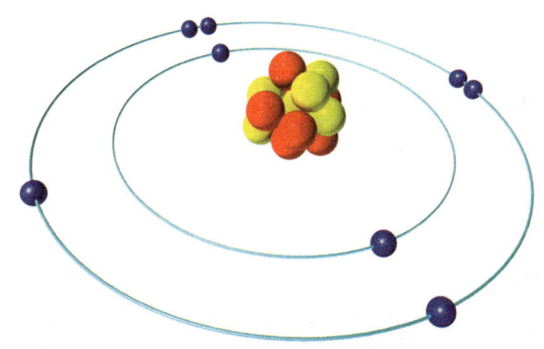
▲ 尼尔斯·玻尔提出了至今仍被广泛接受的原子结构模型

知识档案

原子的英文atom来源于希腊语atomos，意思是"不可分割的"。

同位素

质子数相同而中子数不同的同一元素的不同原子互称为同位素。

氢有三种主要的同位素——氕、氘和氚。其中，氕是最常见的，其原子由一个质子和一个电子组成。氘原子核由一个质子和一个中子组成。氚原子核由两个中子和一个质子组成。氕和氘都是氢的稳定同位素，氚是氢的一种放射性同位素。

很多元素都存在放射性同位素。放射性同位素有天然放射性同位素和人工放射性同位素之分。

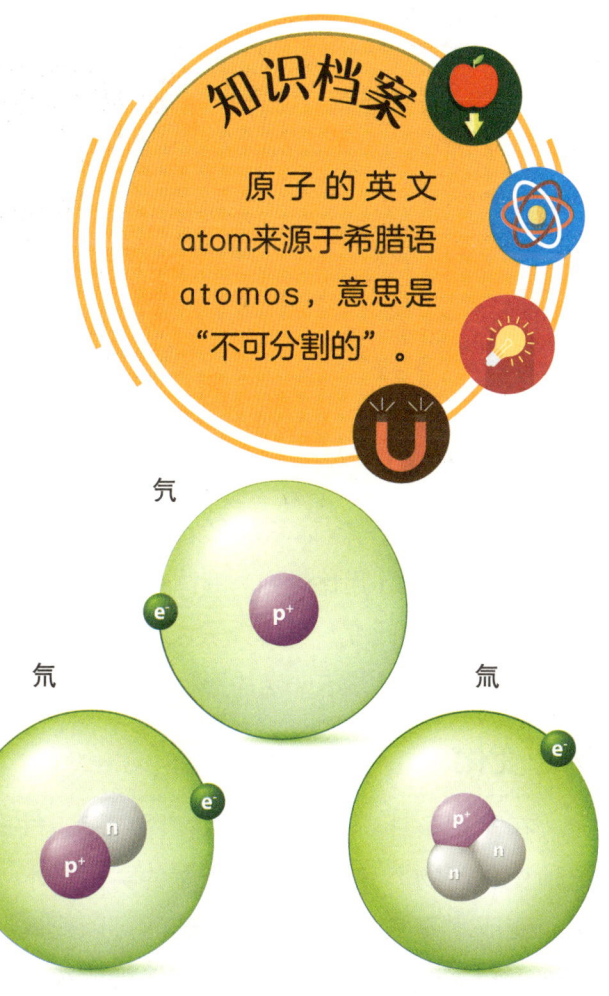
▲ 氕、氘和氚是氢的三种同位素

物质的性质

地球上的物质常见的三种状态是固态、液态和气态。

固体、液体和气体

固体是具有一定体积和形状的物质，固体物质分子（或原子等）之间的相互作用比较强。液体也具有一定的体积，但其形状会随着容器的不同而改变。气体分子之间距离较远，彼此之间几乎没有作用力，因此，气体没有一定的形状，具有流动性，容易被压缩。

物态变化

在一定条件下，物质可以在固、液、气三种状态之间变化。这种变化叫物态变化。一个典型的实例是水：水（液态）加热后可以变成水蒸气（气态），冷却后可以变成冰（固态）。和能量一样，物质既无法被创造，也无法被毁灭，它们只能从一种形式转换为另一种形式。

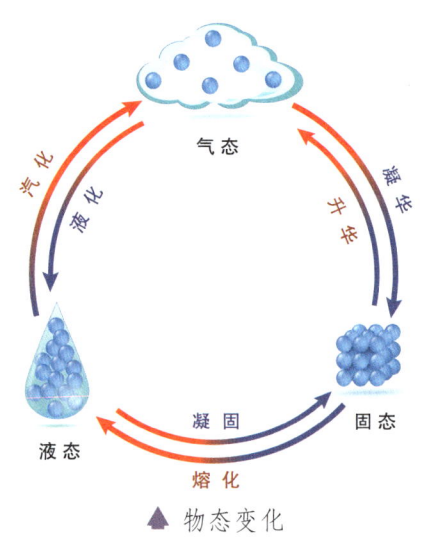

▲ 物态变化

液体

▲ 在一定条件下，水可以汽化变成水蒸气（气态），水蒸气可以液化变成水

物质的度量

质量指物体所含物质的多少。日常生活中，人们常常把质量等同于重量。实际上，质量和重量之间存在差异。重量是指物体所受重力的大小。

体积是指物体所占据的空间的大小。密度在数值上和物体单位体积的质量相等。

▲可以用天平测量物体的质量

内能与外部影响

内能是组成物体的所有分子的分子势能和它们热运动的动能的总和。

一般说来，物体的内能会随着它温度、体积的变化而改变。

知识档案

樟脑和萘可以直接从固态升华为气态。

电

电是与静止或运动的电荷有关的现象。

电与生活

在现代社会中，电被应用于我们生活的方方面面。同时，我们也会用许多不同的能源来发电，比如风能、潮汐能、太阳能、化石能源和核能。

容易导电的物体被称为"导体"，而不容易导电的物体被称为"绝缘体"。半导体是导电性能介于导体和绝缘体之间的一些材料。温度、光照等外界因素对半导体的导电性能有很大影响。半导体材料可用于制作二极管、三极管等，对我们今天的现代化生活起着至关重要的作用。

电气设备由城市电网直接供电，或者通过电池等装置来供电。

电荷

常见的物质是由分子、原子构成的。原子是由带正电的质子、不带电的中子以及带负电的电子组成的。在一定情况下，一些电子会从一个物体转移到另一个物体上。失去电子的物体因为缺少电子而带正电荷，得到电子的物体因为有了多余电子而带等量的负电荷。电荷量的单位是库仑。这一单位为纪念法国物理学家库仑而命名。

◀ 铜是优良的导体，常被用于制作电线

静电

两物体相互摩擦，就可能产生静电。我们在日常生活中经常可以发现静电现象。比如，冬天我们穿脱毛衣时，常会听到噼啪声，在黑暗处甚至能看到小火花；我们用塑料梳子梳头发时，头发会飘起来。两物体摩擦后，其中一个物体会带正电，另一物体会带负电。因为这两种电都能静止地停留在物体上，所以被称为静电。

范德格拉夫起电机等设备可以生成大量静电荷。

电流和电池

电流是电荷定向移动形成的。电流有多种形式。干电池和太阳能电池等生成的电流方向不改变，被称为直流电。有些输电线以交流电的形式传输电力。

▲接触范德格拉夫起电机会使头发竖立

▲ 太阳能电池和干电池以直流电的形式供电

知识档案
笔记本电脑需要直流电，并配备有电源适配器，可将家庭电路中的交流电转化为直流电。

直流电与交流电

电器正常工作时需要自由电子在电路的电线内部定向移动。

当你将设备连接电池时，在电池内，电子会从负极稳定运动至正极，这就形成了直流电。

当你将设备接入家庭电路时，电子仍然移动，但它们移动的方向会随着时间呈周期性的变化。这种电流就是交流电。

▲ 输电线将电能从发电站输送到每个家庭

电阻和电导

电阻是用来表示导体对电流阻碍作用大小的。导体的电阻越大,表示导体对电流的阻碍作用越大。同种材料、横截面积相同的导体,长度越长,电阻越大。同种材料、长度相同的导体,横截面积越小,电阻越大。

电导也是描述导体导电性能的物理量。导体的电阻越小,电导越大。

▲ 多用电表可用于测量电势差

电势差

电荷在电场中某一点的电势能(电荷在电场中具有的势能)与它的电荷量之比,叫作电场在这一点的电势。电势差,也叫作电压,就是电场中两点之间电势的差值。电路两端存在电势差,电流就会从电路一端流动至另一端。

电流总是从高电势区域流向低电势区域,就像水从高处流向低处。当有电流持续流过电路中的电灯泡时,电灯泡会发光。

导体中的电流与导体两端的电压、导体的电阻的关系如下面的公式所示:

$$I = \frac{U}{R}$$

I —— 导体中的电流
U —— 导体两端的电压
R —— 导体的电阻

知识档案

接地线的电势为0伏特。在某些条件下零线也会有电流。

电路

电路是由电源、用电器、导线等组成的电流可以流过的路径。电路中的元件可以并联或串联。

▲ 仅在电路闭合时,电路中才有电流

在串联电路中，流过每个元件的电流都相同，并且电路的总电压在这些元件之间进行分配。

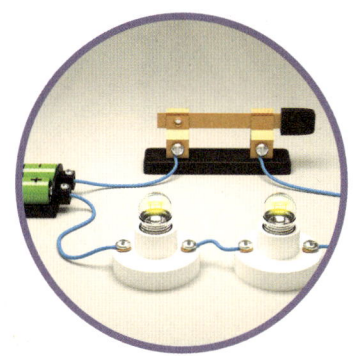

在并联电路中，每个并联元件两端的电压都相同。并联电路干路中的电流是各支路中的电流之和。

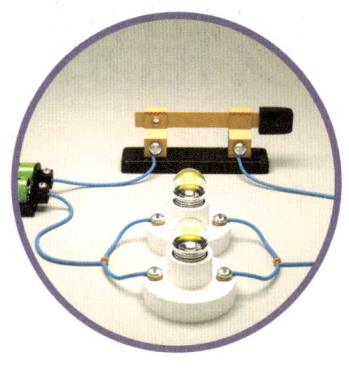

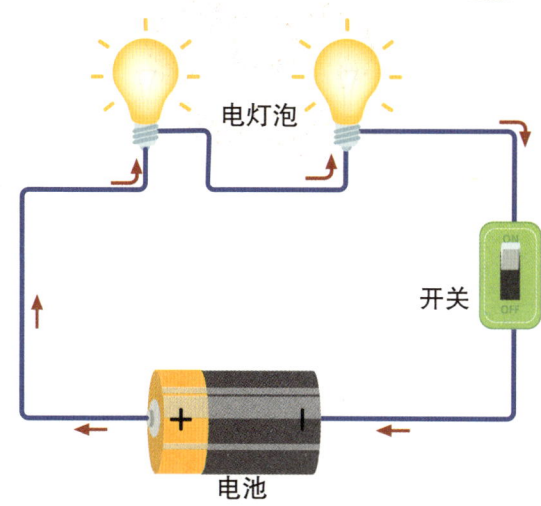

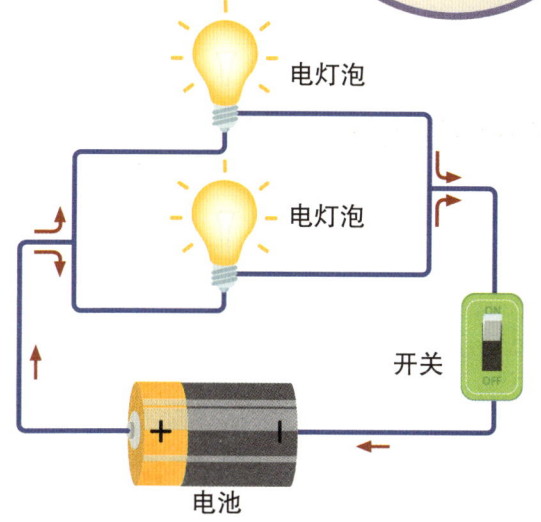

电力供应

家庭电路为交流电。不同国家家庭电路的电压并不相同，中国的为220V。家庭电路中可以安装两孔、三孔插座，家用电器可以接在插座上。

有些导线外部包覆有绝缘层，其材料通常为塑料或橡胶。不同类型的导线通常包覆有不同颜色的绝缘层，方便识别。

正常情况下，用电器通过火线、零线和供电系统中的电源构成闭合电路。连接接地线是为了防止漏电而采取的安全措施。万一用电器的外壳和电源火线之间的绝缘损坏，使外壳带电，电流就会通过接地线流入大地，避免对人造成伤害。

▲ 将电线连接至电源插座，可为设备供电或充电

电网

电网是通过网状的输电线、变电站等将许多电厂和广大用户连接起来而形成的全国性或地区性的输电网络。一般情况下，发电站输出的电能要先用升压变压器升压到一定标准后再进行远距离输送。到达用电区后，要先通过变电站降压，再送往家庭用户、工业用户等。

▶ 长距离输电线路

核辐射

原子核由质子和中子组成。原子的质量绝大部分来自原子核。不稳定的原子核自发地放出射线，而转变成另一种原子核的过程被称为放射性衰变。

原子核的稳定性

原子核中的质子、中子之间存在一种很强的相互作用，也就是存在一种核力。质子和中子依靠强大的核力紧密地结合在一起，因此原子核十分稳定，要使它们分裂或结合是极其困难的。

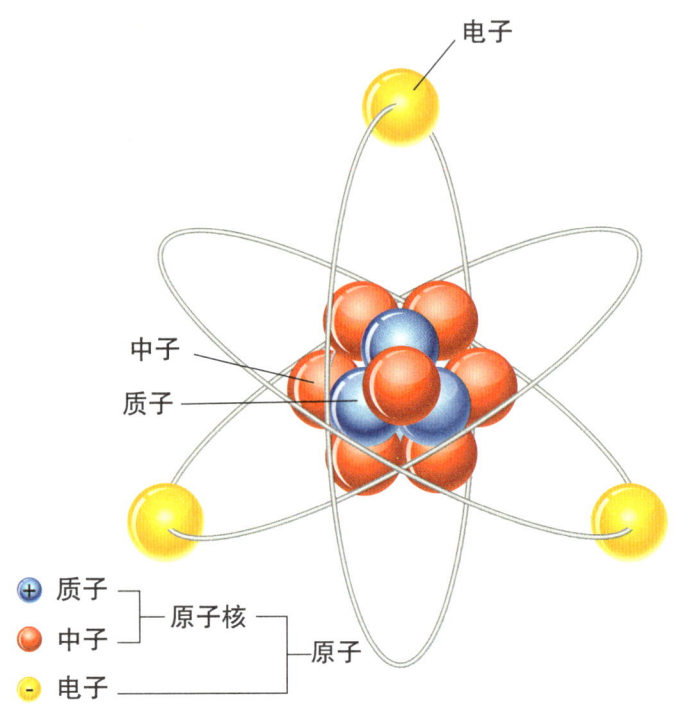

▲ 原子核由质子和中子组成，周围有电子

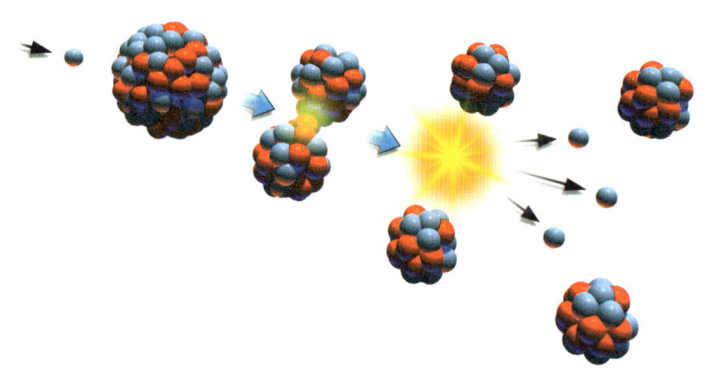

◀ 一些质量较大的不稳定的原子核可以发生裂变，分裂成两个（少数情况下可分裂成三个或更多）质量相近的原子核

电离辐射

不稳定的原子核发生衰变时，通常放出下列三种射线：α 射线、β 射线和 γ 射线。

α 射线： α 粒子流。α 粒子是氦的原子核，是两个中子和两个质子的紧密结合体。

β 射线： 电子流，速度可以接近光速。

γ 射线： 一种电磁波。γ 射线经常伴随 α 射线和 β 射线产生。

▼ α 射线、β 射线、中子、γ 射线、X 射线穿透能力的对比

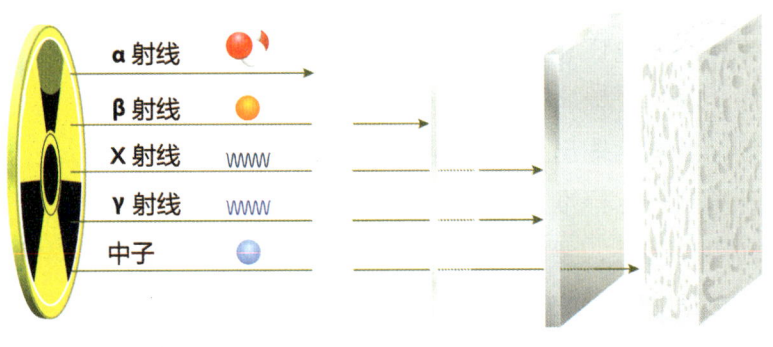

纸张　　铝板　　铅　　混凝土

原子核发出不同类型的辐射会产生不同的影响。放出α粒子的衰变会导致原子核的质量数、电荷数发生变化，即质量数和电荷数均下降。放出β粒子的衰变基本不会影响原子核的质量数，但会增加原子核的电荷数。γ射线的辐射不会改变原子核的电荷数或质量数。

半衰期

半衰期是指放射性元素一半数量的原子核发生衰变所需要的时间。比如，钡139的半衰期约为83分钟。如果你有100克钡139，则在约83分钟后，你会只剩下50克；再过约83分钟，你会仅剩25克。该过程会一直持续进行，直至几乎所有钡139原子核发生衰变，转化为另一种元素。

不同的放射性元素半衰期不同，甚至差别非常大。例如，氡222衰变为钋218的半衰期约为3.8天，铀238衰变为钍234的半衰期竟长达$4.5×10^9$年。

放射性同位素是指某种元素具有放射性的同位素。使用放射性同位素时必须严格遵守操作规程，注意人身安全，还要防止放射性物质对空气、水源、用具等造成污染。存在射线危险的地方，需要张贴警告标志。

科学家会使用碳的放射性同位素——碳14测定古代遗存绝对年代。碳14的半衰期约为5 730年。现有技术已能用其测定5万年以内的年代。

▲ 放射性同位素存储在带有警告标志的特殊设计的容器中

◀ 用碳14测定年代是放射性同位素的一种实际应用

核裂变与核聚变

核聚变是一个重原子核（比如铀核）分裂成为两个（或更多个）中等质量碎片的现象。按分裂的方式，裂变可分为自发裂变和诱发裂变。自发裂变是没有外部作用时的裂变，是重核不稳定性的一种表现；诱发裂变是在外来粒子（最常见的是中子）轰击下产生的裂变。裂变时会发射出几个中子，还会释放出巨大的能量。

由重核裂变产生的中子可能使核裂变反应一代接一代继续下去，形成核裂变的链式反应。利用核能发电的核电站，其核心设备是反应堆。核反应堆中发生的链式反应是可以控制的。链式反应如果不加控制，大量原子核就会在一瞬间发生裂变，释放出极大的能量。原子弹爆炸时发生的链式反应就是不加控制的。

核聚变是较轻的原子核在一定条件下结合成较重的原子核的过程。该过程会释放出巨大的能量。在太阳内部，氢原子核正在连续不断地发生核聚变成为氦原子核，并放出能量。

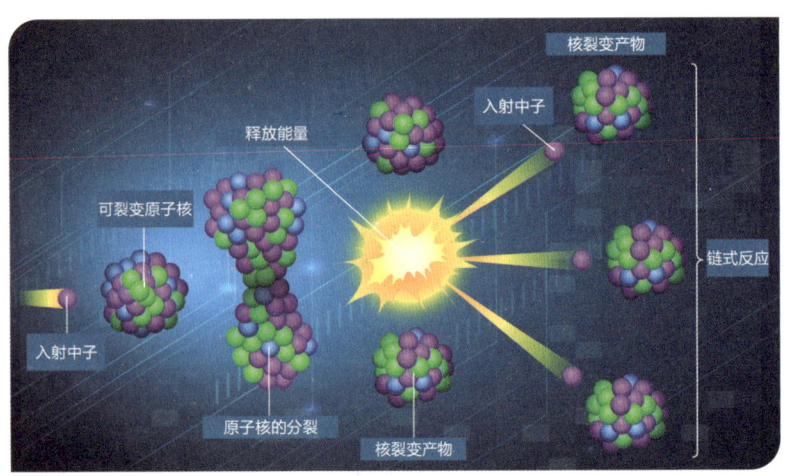
▲核裂变导致大原子核分裂成小原子核

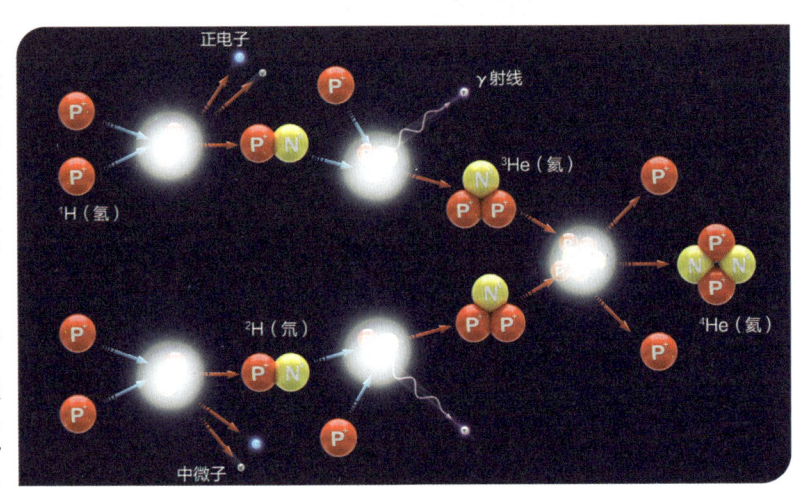
▲核聚变是较轻的原子核结合成较重的原子核

核反应堆

一个核电站拥有一个或多个核反应堆。这些核反应堆利用铀和钚等的核裂变产生核能，这些能量会产生大量热量。这些热量将在反应堆内外循环流动的水转化成水蒸气，这些水蒸气被用于驱动发电机发电。

核能发电具有自身的一些优点和缺点。核能发电的二氧化碳排放量非常低，是一种清洁能源。然而，建造核电站的成本非常高昂，因为必须建造许多安全设施，确保安全地处理放射性物质。另外，核电站事故可能造成巨大的破坏并危及许多人的生命。

▲核电站必须在安全条件下运行，以免发生危险

宇宙微波背景辐射

宇宙微波背景辐射是一种充满整个宇宙的热辐射，其频率属于微波范围，由美国科学家彭齐亚斯（Penzias）和威尔逊（Wilson）首先检测到。

▸ 地球被宇宙微波辐射包围

放射性污染和危害

放射性污染是由于人类活动造成物料、人体、场所、环境介质表面或者内部出现超过国家标准的放射性物质或者射线的现象。人体遭受放射性污染可能引起放射性疾病，严重的会导致死亡。核电站产生的核废料等放射性废物应妥善处理。

▲ 放射性废物被放置在专用容器内

放射性物质的储存

放射性同位素以及核反应堆产生的核废料等放射性物质必须储存在适当的容器中。通常，铅是制造此类容器的首选材料。铅有密度大等特点，可以有效吸收和阻挡辐射。放射性物质必须储存在符合规定的场所，这些场所的醒目处也应设置警示标志。

目前，人们会把高水平放射性废物放到足够深的地下地质体中，通过建造一个天然屏障和工程屏障相互补充的多重屏障体来将它们隔离在里面。这种方法被称为地质处置。

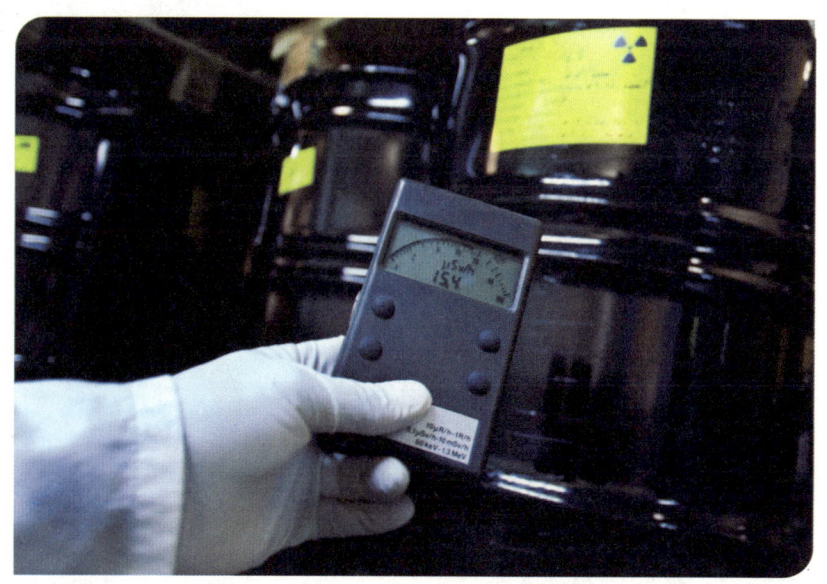

▲ 盖革－米勒计数器用于探测电离辐射

力

力是物体对物体的作用，比如推力、拉力等。力可以改变物体的运动状态。在制造机器和建造大型项目时，工程师会分析受力情况并据此进行相应的设计。

▲足球运动员踢足球时对足球施加了力

接触力和非接触力

力有接触力和非接触力。接触力是物体与物体接触时产生的力，而非接触力产生时物体与物体没有接触。

接触力包括拉力、压力、支持力等，而重力和静电力属于非接触力。

▲重力是非接触力，它将物体拉向地面

重力

重力是由于地球的吸引而使物体受到的力。物体所受的重力与物体所在位置的重力加速度有关，还与物体的质量成正比。三者之间的关系可以用下面的公式表示：

$G = mg$
G —— 物体所受的重力
m —— 物体的质量
g —— 重力加速度

力的类型

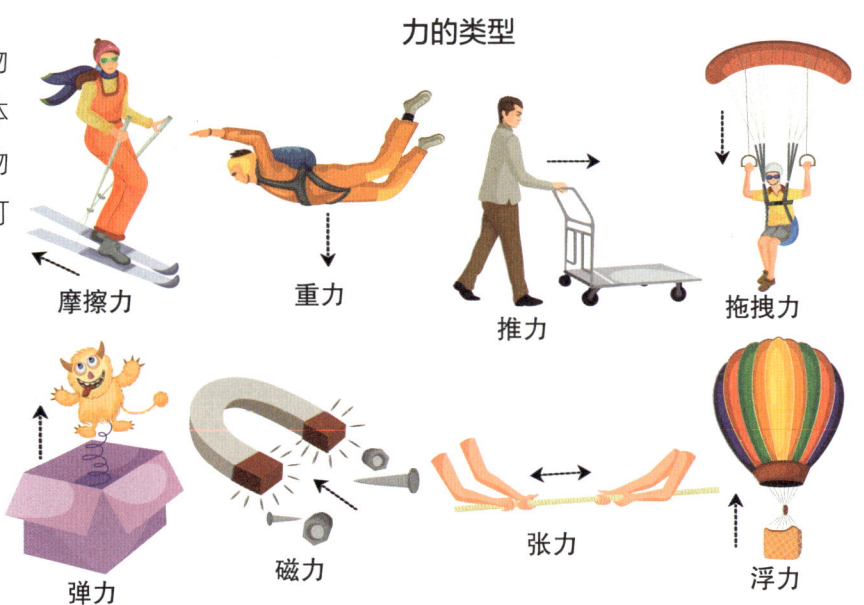

摩擦力　　重力　　推力　　拖拽力

弹力　　磁力　　张力　　浮力

合力

如果一个力单独作用的效果与某几个力共同作用的效果相同，则该力就称为那几个力的合力。当力相互抵消时，它们的合力为零。

功和力矩

一个力作用在物体上，并使物体在这个力的方向上移动了一段距离，力学中就说这个力对物体做了功。

功的表达式如下：

$W = Fs$
W——功
F——力
s——物体沿着力的方向移动的距离

▲ 当两个或两个以上的力作用在物体上时，它们可能抵消或叠加

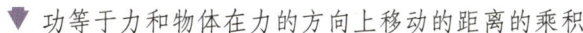
▼ 功等于力和物体在力的方向上移动的距离的乘积

功的单位是焦耳。如果对物体施加1牛顿的力，驱动物体沿力的方向移动1米，这个力做的功就是1焦耳。

某些时候，一个力或一组力可能导致物体旋转，而没有发生移动。描述力对物体产生转动效应的物理量被称为力矩。

气压

大气是包围地球的气体层。大气压强简称大气压或气压，与测量高度上单位面积的垂直大气柱所受重力有关。气压的大小会随着测量高度的增高而减小。

◀ 使用气压计测量气压

运　动

仅仅观察周围环境，你也会意识到自己看到的很多事物都在运动。即使我们无法感受到，地球仍然以惊人的速度在绕着太阳飞驰。运动是宇宙中的一个重要现象，各种各样的力是引起运动的原因。

运动的形式

运动有多种形式，它们有的简单，有的复杂。以下是几种常见的运动形式。

直线运动：物体沿着直线的运动称为直线运动。这是最基本的运动类型之一。当运动物体不受外力作用时，它将以恒定速度沿着直线运动。

圆周运动：轨迹为圆周或一段圆弧的机械运动。行星围绕太阳公转是一种圆周运动。在乘坐摩天轮时，我们随着摩天轮运动所做的运动也是一种圆周运动。

▲ 保龄球的运动一般是直线运动

▲ 锯木材时，锯做往复运动

往复运动：物体在两个位置之间来回移动的运动。

振动：物体或物体的一部分在一个位置附近的往复运动。单摆摆动时摆球在做振动。

▲ 人乘坐摩天轮做圆周运动

测量运动

距离可以用来描述物体移动了多远。位移是指物体在运动中所产生的位置的变化。速度用来表示物体运动的快慢。几乎没有任何物体能够一直以恒定速度运动，物体的速度会常常发生变化。

不同的运动也有不同的速度。平均来说，一个人步行的速度约为1.1米/秒、跑步的速度约为3米/秒、骑自行车的速度约为5米/秒。

大致可以用下面的公式测算速度：

$$速度 = \frac{移动的距离}{消耗的时间}$$

速度变化的快慢可以用速度的变化量与发生这一变化所用时间之比，也就是加速度表示。

速率是指瞬时速度的大小

一辆汽车的行驶速率是20m/s

速率是标量，只有大小，没有方向

速度的方向与位移的方向相同

一辆汽车正以20m/s的速度向东行驶

速度是矢量，既有大小，又有方向

◀ 速率表示行进的快慢，而速度还表明行进的方向

重力和运动

在地表附近，任何自由下落的物体都受到地球重力的影响，重力加速度约为9.8米/秒²。如果人体坠落到水中，由于重力的作用，在坠落过程中人体首先加速，然后由于向上的浮力的作用，开始减速。

重力作用在人体上，并将其拉向地球 ▶

牛顿运动定律

艾萨克·牛顿（Isaac Newton）是历史上最有影响力的科学家之一。他是牛顿运动定律的建立者以及万有引力定律的发现者。由于他建立了经典力学的基本体系，人们常把经典力学称为"牛顿力学"。

牛顿运动定律

牛顿在总结前人（特别是伽利略）工作的基础上提出了牛顿运动定律。这些定律首次发表于1687年出版的《自然哲学的数学原理》一书中。牛顿运动定律是经典力学的基本定律。

牛顿第一定律

一切物体在没有受到力的作用时，总保持静止状态或匀速直线运动状态。这就是牛顿第一定律。

物体保持运动状态不变的性质被称为惯性。当有外力作用在物体上时，物体的运动状态才可能受到影响。即使有多个外力作用在物体上，如果这些外力相互抵消，物体也可以继续保持原有的运动状态不变。

▲ 艾萨克·牛顿是历史上最有影响力的物理学家之一

牛顿第一定律

静止的物体保持静止状态

受到几个相互抵消的外力作用的物体仍保持静止状态

受到几个无法相互抵消的外力作用的物体由静止变为运动

静止的物体保持静止状态

受到外力作用的物体由静止变为运动

运动的物体保持运动状态

受到几个无法相互抵消的外力作用的物体改变速度大小或方向

牛顿第二定律

物体加速度的大小跟它受到的作用力成正比,跟它的质量成反比,加速度的方向跟作用力的方向相同。这就是牛顿第二定律。

知识档案

牛顿运动定律不适用于微观粒子,比如原子。

牛顿第三定律

两个物体之间的作用力和反作用力总是大小相等、方向相反、作用在同一条直线上。这就是牛顿第三定律。

力是物体对物体的作用。当一个物体对另一个物体施加了力,后一个物体一定同时对前一个物体施加了力。这两个力就是作用力和反作用力,它们总是互相依赖、同时存在的。比如,火箭发动机点火以后,推进剂燃烧会产生大量高压气体。这些高压气体从发动机喷管高速喷出,会对火箭产生反作用力,使火箭沿气体喷射的反方向前进。

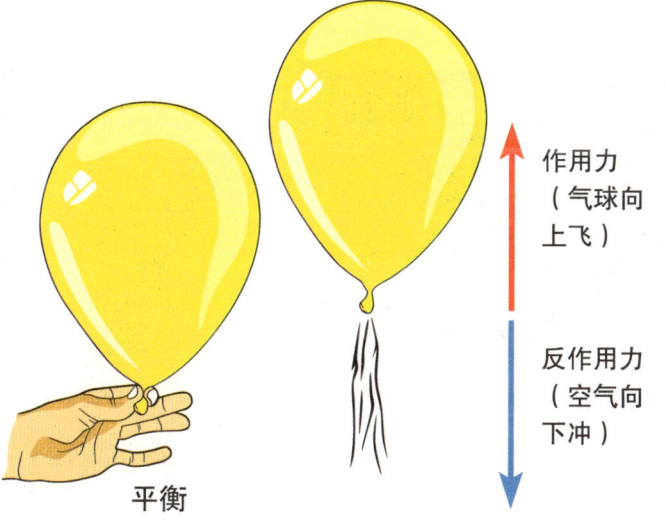

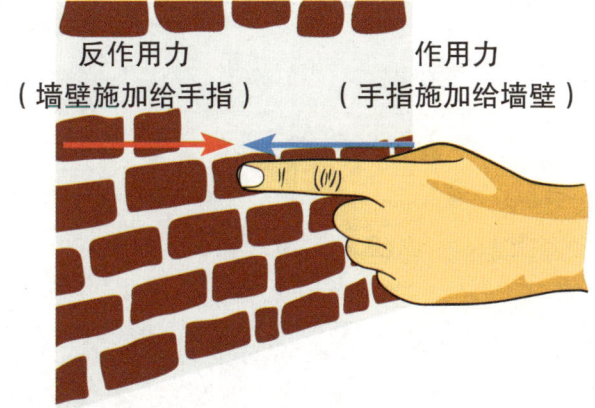

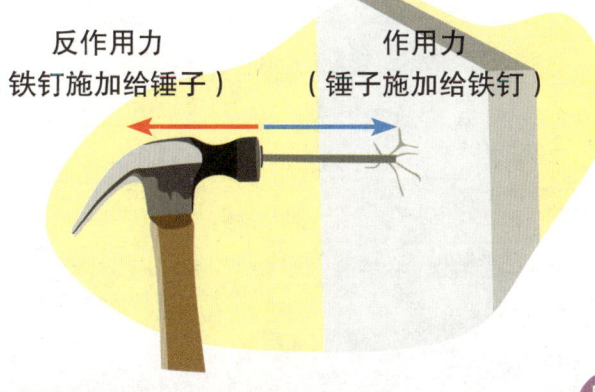

驾驶的物理学原理

所有运动物体（如车辆）均受到不同物理定律的约束。驾驶车辆涉及许多因素——重力、摩擦力、惯性、势能和动能。这些因素决定车辆如何运动以及其与周围物体的相互作用。

驾驶车辆上坡和下坡

牵引力是车辆的传动系统对车轮产生旋转力矩，通过动轮与地面之间的摩擦力作用而产生的。摩擦力是两个相互接触的物体在接触面上发生的阻碍它们相对滑动或相对滑动趋势的力。

牵引力至关重要，这是因为通过地面和轮胎之间的相互作用，汽车才能前进。

上坡时，重力会阻碍车辆行驶，需要增大牵引力来抵抗重力；下坡时，重力反而会使车辆运动速度加快。

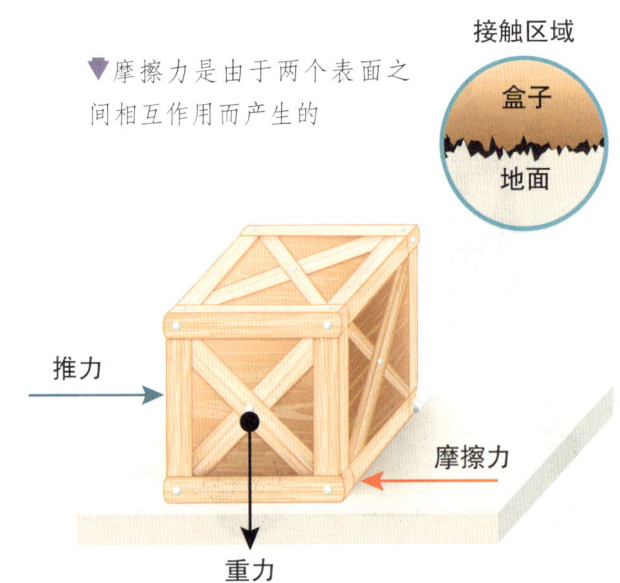

▼摩擦力是由于两个表面之间相互作用而产生的

制动

所有车辆均配有加速装置。对车辆来说，配备制动装置也同样重要。通过控制制动装置，驾驶员能使行驶中的车辆减速、停止等等。许多制动装置是利用车轮和另一物体之间的摩擦力来工作的。

制动距离是车辆从开始制动直到完全停止所行驶的距离。制动距离越小，车辆的行驶安全性越好。在相同条件下，车速越高，制动距离越大。

▲ 制动装置可以使车辆减速

▲ 相同条件下，车辆行驶速度越快，制动距离越大

车辆的势能和动量

当自行车上坡时，其动能越来越小，重力势能越来越大，动能转化为重力势能；当自行车下坡时，其重力势能越来越小，动能越来越大，重力势能转化为动能。

质量和速度的乘积被定义为物体的动量。当车辆速度从16千米/时增加至32千米/时时，其动量加倍。

▶ 上坡和下坡时，重力势能和动能会相互转化

磁

从古代起，人们就已经开始认识磁。中国古代四大发明之一的指南针就是利用磁石制成的。

磁的原理

最初，人们运用磁畴理论解释铁磁质的磁化机制。按照该理论，铁磁质包含许多被称为"畴"的小区域。当铁没有被磁化，在金属内部磁畴的指向是随机的。但当金属被磁化，磁畴就会都沿着统一的方向形成密集的线，所有的北极都指向相同的方向。

在对原子及其组成有深入理解之后，科学家们发现磁是由于电子快速旋转产生的。由于电子带有电荷，因此电子旋转运动会产生磁场。物质内所有电子产生的磁场总和赋予了该物质磁性。

▲ 磁石在古代被用于指示方向

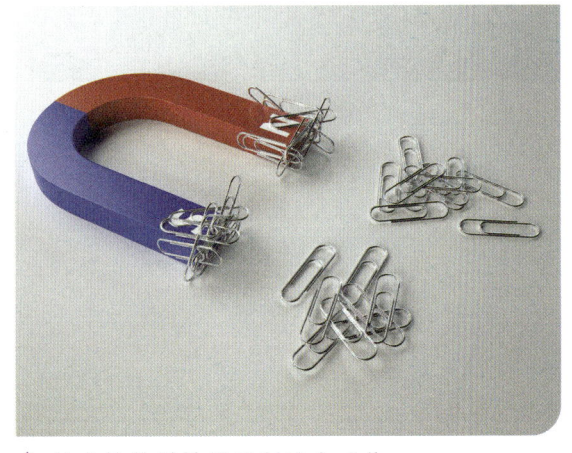
▲ 铁磁性材料被用于制造永磁体

磁性的类型

这是介绍物质的三种磁性：铁磁性、顺磁性和抗磁性。

铁磁性： 有些物质会表现出铁磁性，如金属铁、钴、镍以及这些元素与其他元素的合金等。当它们靠近磁场时，它们会被磁化。即使去除磁场，它们仍然保持磁性。加热或撞击铁磁材料可能导致其失去部分或全部磁性。

顺磁性： 顺磁性物质是一类弱磁性物质。多数顺磁性物质的磁化率随温度升高而下降。某些铁族金属（如钛）、某些稀土金属（如锗）以及某些气体（如氧）等都属于顺磁性物质。

抗磁性： 抗磁性物质也是一类弱磁性物质。这类物质的主要特点是在外磁场中产生的磁化强度与磁场反向。惰性气体（如氦）、某些金属（如锌）、某些非金属（如磷）、水以及许多有机化合物等都属于抗磁性物质。

抗磁性强的材料在一定条件下可以产磁悬浮 ▶

磁场

磁体周围有磁场力作用的区域称为磁体的磁场。通常，磁力在磁体的磁极附近最强。两个磁体接触时会相互施加磁力，这可能产生吸引力或排斥力。磁力是非接触力的一个实例。

▲ 两个磁体可以相互吸引或排斥

知识档案

磁体是所有笔记本电脑和台式计算机的重要部件。

磁感线从北极出发，在南极会聚，并在磁体内部重新连接。磁感线永不相交。

当磁体在铁或镍等磁性材料上摩擦时，它可以磁化该材料。如果加热，磁体会失去磁性。

▲ 铁屑可以用于模拟磁感线形状

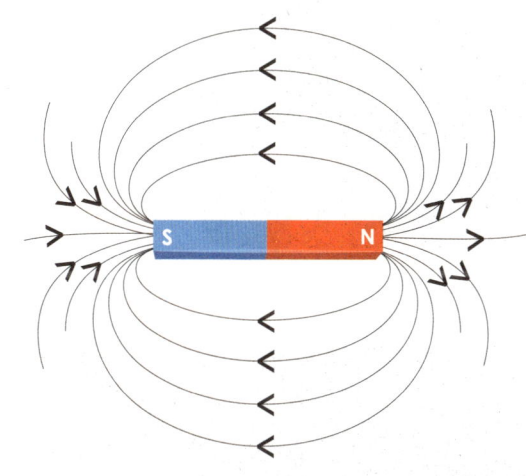

北极光和南极光

极光是由太阳发出的高速带电粒子在地球磁场的作用下折向南北两极附近，使高层空气分子或原子激发或电离而形成的。当带电粒子进入地球大气层时，它们与其中的氮和氧相互作用。光线的颜色取决于带电粒子与哪种气体相互作用。在阿拉斯加和冰岛等地可以观赏到北极光。在新西兰、澳大利亚塔斯马尼亚州、南极洲等地可以观赏到南极光。

▲ 来自太阳的高速带电粒子在地磁两极的天空激发出美丽的极光

磁体的性质

任何能够产生磁场的材料被称为磁体。磁体的独特性质对于磁现象的理解非常有价值,并且被应用在许多领域。

磁体的本质

天然磁体有两个磁极,北极和南极。无论磁体被切割或分割多少次,它始终有两个磁极。和电荷相似,同性磁极相互排斥,异性磁极相互吸引。北极和南极相互吸引。环形磁铁也有两个磁极,顶面和底面各有一个磁极。

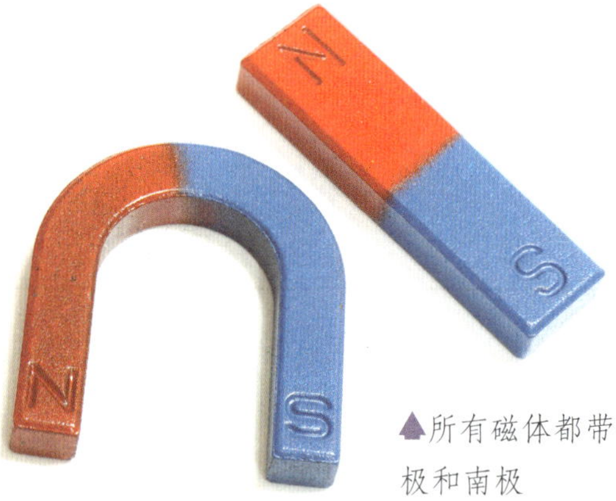

▲ 所有磁体都带有北极和南极

▲ 威廉·吉尔伯特提出地球如同巨型磁体

地球是巨型磁体

磁罗盘的主要部件是一根细磁铁制成的针,无论放在哪里,它都指向北方。发生这种现象的原因是地球本身是一块巨型磁体。地球富含铁等磁性材料,被赋予磁性。

1600年,威廉·吉尔伯特(William Gilbert)第一次提出地球如同巨型磁体。在外大气层中受太阳风制约的地磁场空间称为磁层。磁层在保护我们免受有害宇宙辐射、太阳风侵蚀方面发挥着至关重要的作用。

▼ 地磁场向太空延伸

太阳系的磁场

特斯拉是国际单位制中表示磁感应强度的单位，简称"特"，符号是T。地球具有相当强的引力场，但磁场却比较微弱。

月球不具有磁性，因为它不含足够百分比的具有磁性的任何元素。太阳和一些大型行星（比如木星、土星、天王星和海王星）具有更较的磁场。

知识档案

磁星是具有强磁场的恒星。

永磁铁的类型

最强大的永磁体是由不同的磁性材料组合而成的。永磁铁主要包括四种类型：

1.钕铁硼磁铁：这些磁铁由钕、铁和硼的合金制成。钕铁硼磁铁具有优异的磁性能，其本身的机械性能也较好，更易于加工。但因为其化学活性很强，容易发生锈蚀，所以必须对其表面进行涂层处理。

▲ 钕铁硼磁铁

2.钐钴磁铁：它们由钐和钴的合金制成。钐钴磁铁也具有很强的磁性，并且有耐高温和抗氧化的优点，因此耐用性好。但是，钐钴磁铁非常昂贵。钕铁硼磁铁和钐钴磁铁均属稀土磁铁。

3.铝镍钴磁铁：这类磁铁是由铝、镍、钴、铁和其他微量金属元素构成的合金制成的。目前，铝钴镍永磁产品广泛用于各种仪器仪表和其他应用领域。

▲价格低廉、容易获取的铁氧体磁铁

◀ 铝镍钴磁铁

4.铁氧体磁铁：这类磁铁的主要原料是钡铁氧体和烧结铁氧体，通过陶瓷工艺法制造而成。铁氧体磁铁有很好的耐温性，价格低廉，性能适中，因此应用广泛。

电磁学

最初，人们认为电和磁是不同的、不相关的现象。19世纪，人们提出并验证了电和磁存在相互关联的可能性。

电流的磁效应

1820年，丹麦物理学家奥斯特（Oersted）一次在课堂上做实验时，把导线放置在了一个指南针的上方，当导线中通过电流时，它下方的磁针发生了偏转。此后，奥斯特又做了许多实验，终于证实了电流的周围存在着磁场，而且电流的磁场方向跟电流的方向有关。这种现象就叫作电流的磁效应。

▲ 奥斯特发现电和磁是相关的

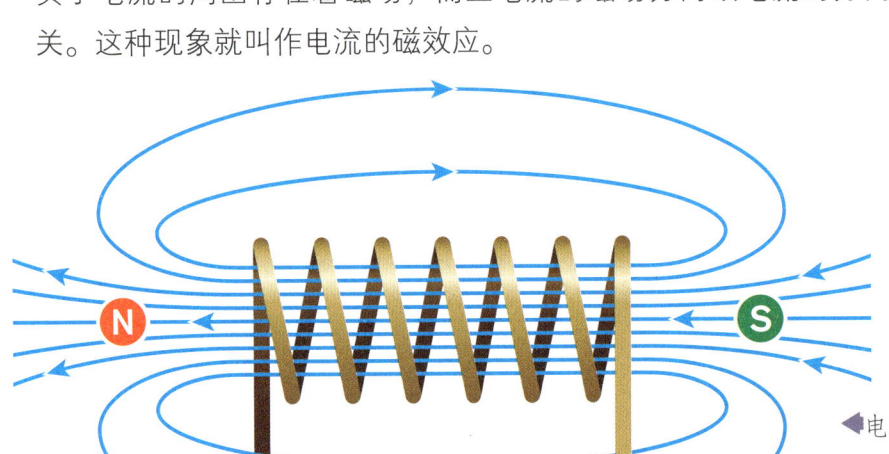

◀ 电和磁是相互关联的

电磁铁

铁、镍或钴等自然磁性物质可以被转换为电磁铁，方法是使用电线线圈紧密缠绕它们，然后将电线两端连接到电池上。只要接通电源，该电磁铁会暂时获得磁性并保持不变。缠绕的线圈越多，磁性越强。

电磁铁和永磁体对比

永磁体有固定的北极和南极，无法改变。但电磁铁可以根据需要，通过改变线圈电流的方向，改变它的南北极性。

工业级的电磁铁非常强大，并且可以产生比永磁体磁性更强的磁场。电磁铁的最大优点是可以通过改变流过电磁铁的电流大小或导线匝数，来调整电磁铁磁场的强度。

◀ 使用钢钉、电线和电池，可以制作出简单的电磁铁

电磁原理

在电线内部，电子流动会产生磁场。磁感线始终沿着垂直于电流的方向排列。该磁场力的强度由线圈数量、流过电磁铁的电流确定。

当传输电流时，作为磁体的圆柱形线圈被称为螺线管。通电螺线管的磁场可以看成是由许多环形电流的磁场叠加形成的。

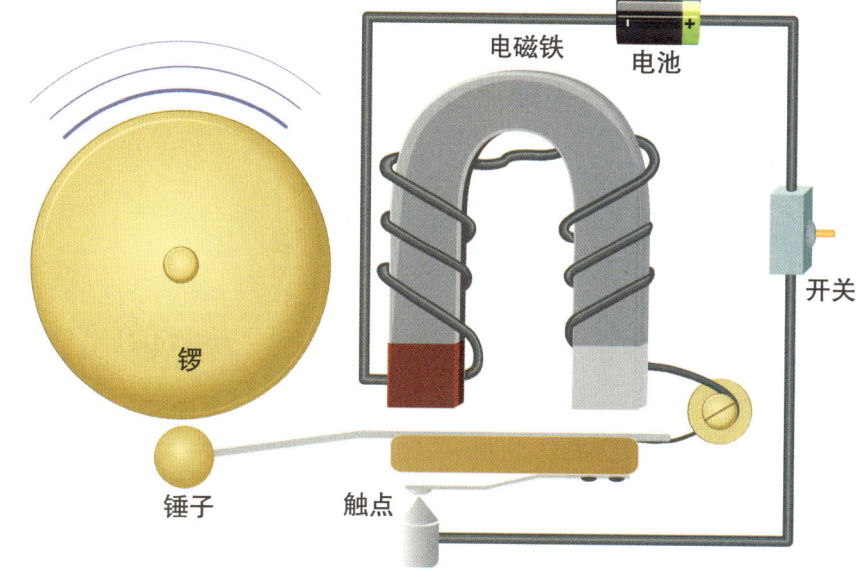
▲ 电铃是基于电磁原理工作的装置

电磁感应

闭合电路的一部分导体在磁场中做切割磁感线的运动时，导体中就会产生电流，这种现象叫做电磁感应，所产生的电流叫做感应电流。实验表明，感应电流的方向与导体的运动方向及磁场方向都有关系。许多装置，如变压器和发电机等都是根据电磁感应原理发明的。

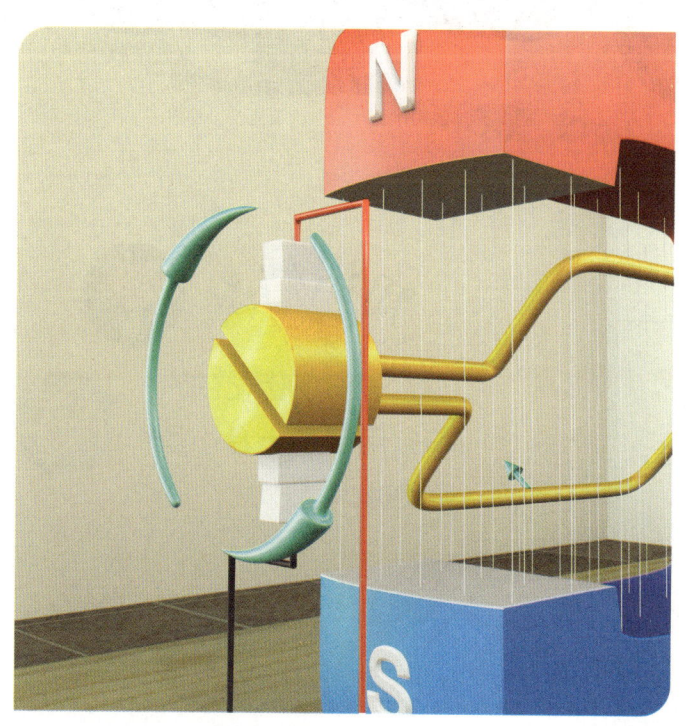
▲ 磁场中的运动线圈会产生电流

知识档案

19世纪20年代，英国的威廉·斯特金（William Sturgeon）制造出第一个块电磁铁。

电磁铁的应用

电磁铁有许多应用,比如制造发电机、电动机、变压器、扬声器、功率强大的提升设备等。电磁铁已成为生活、生产的众多领域中应用最广泛的装置之一。

电动机

电动机主要由定子和转子两大部分构成。一些电动机工作离不开电磁铁。电动机可以为许多电器提供动力,如水泵、洗衣机和电扇等。

▲ 定子和转子是电动机的主要组成部分

知识档案

一部现代化的汽车应用了几十台小型电动机。

◀ 在料理机中,电动机驱动连接在轴上的刀片旋转

电磁铁的其他用途

1.现代技术中很多地方需要的强磁场都由电磁铁提供，如磁疗设备、测量仪器等，特别是研究微观粒子用的加速器，其使用的电磁铁的质量要以千吨计。

▲ 应用电磁铁的粒子加速器内部

2.高速磁浮列车上所用的磁体大多是通有强大电流的电磁铁。磁浮列车的车厢和铁轨上分别安放着磁体。两个部分的磁体磁极相对，磁极间的相互作用使列车能够在铁轨上方几厘米的高度上飞驰，避免了来自车轮与轨道之间的摩擦力，于是突破了以往列车的速度极限。

▲ 磁浮列车能实现普通火车不可能实现的高速行驶

3.变压器也是基于电磁感应原理工作的，用于升高或降低输电线路中的电压。

4.有些磁选设备利用了电磁铁。垃圾场使用磁选设备分离金属和其他垃圾，进行回收。

▲ 有些磁选设备利用了电磁铁

5.电磁铁是磁共振成像系统中最大且最重要的部件。

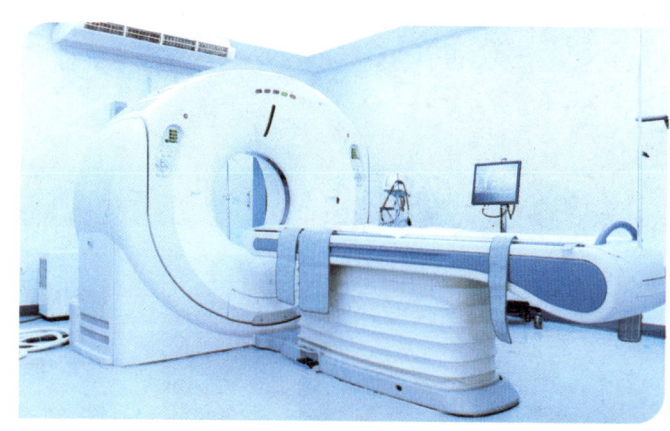
▲ 磁共振成像设备

6.电磁炉是利用电磁感应原理进行加热的电气炊具。灶底有线圈，所用锅具多以铁磁性材料制成。在线圈电流的强磁场作用下，在锅底感应很大的涡流而产生大量热能。

▲ 电磁炉基于电磁感应的原理工作

波

波是振动传播的过程。波可以根据其属性进行描述，比如波长、频率和波速。波在传输能量、传递信息等方面大有用处。现代化技术让我们不仅可以更好地理解波，而且可以充分利用它们。

横波和纵波

质点的振动方向与波的传播方向相互垂直的波，叫作横波。如在弦上传播的波，弦上各质点的振动方向与波的传播方向垂直；又如在真空或大气中传播的电磁波，其传播方向与振动着的电（磁）场强度方向垂直。在横波中，凸起的最高处叫作波峰，凹下的最低处叫作波谷。

▲ 水面形成的涟漪是横波与纵波叠加的结果

质点的振动方向与波的传播方向在同一直线上的波，叫作纵波。在纵波中，质点分布最密的位置叫作密部，质点分布最疏的位置叫作疏部。发声体振动时在空气中产生的声波是纵波。例如振动的音叉，它的叉股向一侧振动时，压缩邻近的空气，使这部分空气变密，叉股向另一侧振动时，又使这部分空气变得稀疏。这种疏密相间的状态向外传播就形成声波。

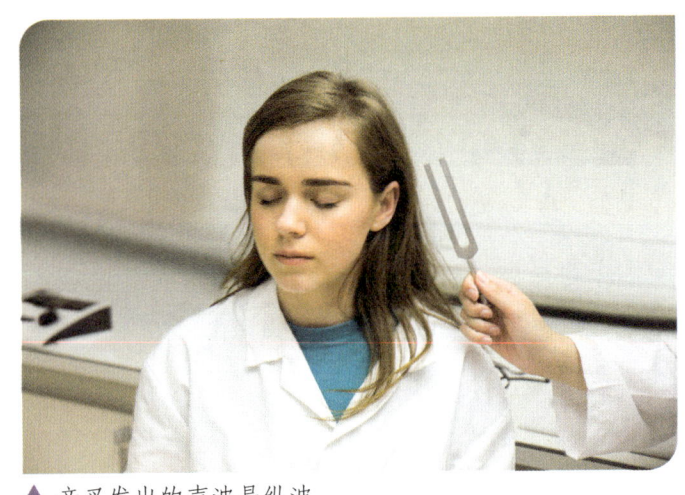
▲ 音叉发出的声波是纵波

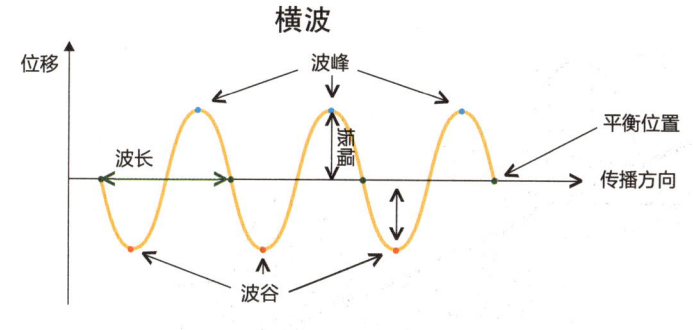

波长、频率

在波的传播方向上，振动相位总是相同的两个相邻质点间的距离，叫作波长。在横波中，两个相邻波峰或两个相邻波谷之间的距离等于波长。在纵波中，两个相邻密部或两个相邻疏部之间的距离等于波长。在波动中，各个质点的振动周期或频率都与波源的振动周期或频率相等，这个周期或频率也叫作波的周期或频率。

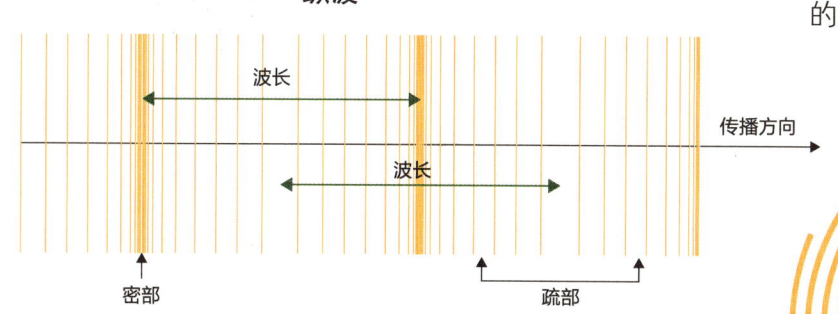

▲ 横波和纵波具有不同的性质

知识档案

地震既能产生横波，也能产生纵波。它们都能穿过坚实的地表层。

波遇到障碍物时会表现出不同的行为。

反射：波在传播过程中由一种介质达到另一种介质的界面时返回原介质的现象。

折射：波在传播过程中由一种介质进入另一种介质时传播方向发生偏折的现象。

衍射：波经过障碍物边缘或孔隙时所发生的绕过边缘、传播方向发生变化的现象。

吸收：当波与介质的原子接触时，原子发生振动并吸收波的能量。

散射：光束、波动或粒子束在传播时偏离原方向而分散传播的现象。

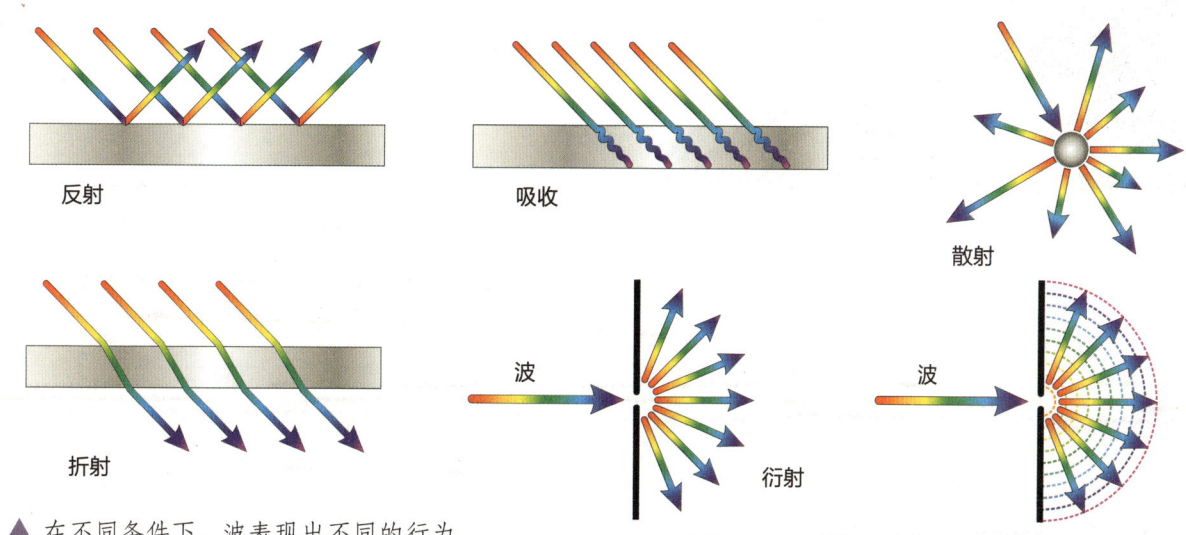

▲ 在不同条件下，波表现出不同的行为

电磁波

在我们的生活中，电磁波对信息的传递非常重要。电磁波的频率范围很广。无线电波、红外线、可见光、紫外线、X射线、γ射线等都是电磁波。

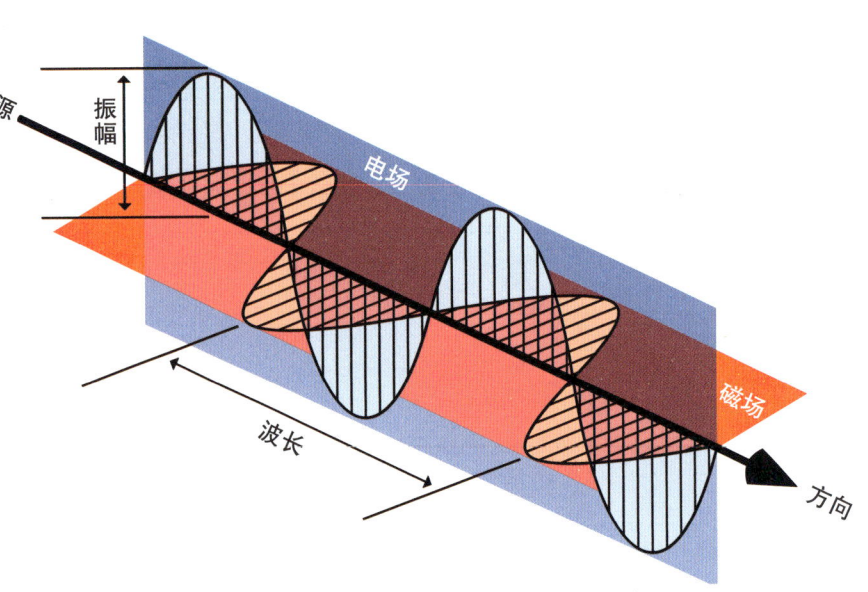

电磁波的类型

无线电波： 技术上把波长大于1毫米（频率低于300吉赫）的电磁波称作无线电波，并按波长（频率）划分为若干波段。无线电波中的长波、中波、短波可以用于广播及其他信号的传输，微波可以用于卫星通信、电视等的信号传输。

▲ 卫星天线捕获无线电波，用于广播和电视

红外线： 红外线的波长比无线电波短，比可见光长。所有物体（包括人体）都发射红外线。热物体的红外辐射比冷物体的红外辐射强。红外线应用广泛，可以用来焙制食品、烘干油漆以及进行医疗、通信和遥感探测等。

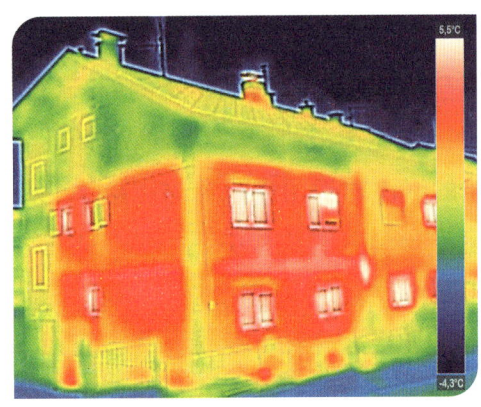

▲ 红外测温

可见光： 这是人类唯一可见的电磁波谱部分。波长（频率）范围不同的光表现为不同的颜色。

光的颜色	在真空中的波长（纳米）
紫色	430～400
蓝色	450～430
青色	500～450
绿色	570～500
黄色	600～570
橙色	630～600
红色	760～630

紫外线： 人眼看不到比紫光波长更短的电磁波。在紫光之外，波长范围为5~370纳米的电磁波是紫外线。自然界的主要紫外线光源是太阳。紫外线可用于灭菌消毒。

知识档案

γ射线在电磁波的类型中是能量最强的一类。

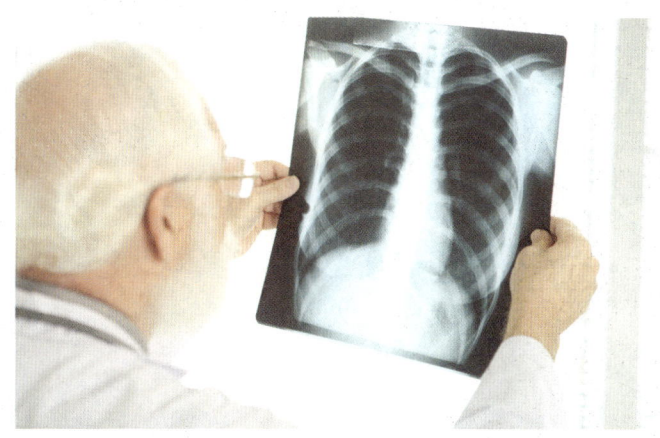

▲ X射线片可以用于诊断病情

γ射线： 波长最短的电磁辐射，具有很高的能量。γ射线能破坏生命物质，但医生也应用它的这个特点来治疗某些疾病。

X射线： 一种短波的电磁辐射，波长大致介于紫外线和γ射线之间。X射线具有很强的穿透能力，可用于检查人体器官、金属构件内部缺陷等。

▼ 恒星爆炸时可能发生γ射线爆发

太阳系

人们对太空的美景非常着迷，并且在努力探索太空的奥秘。20世纪以来，人们在认识宇宙方面取得了显著的进展。

太阳系

太阳系由太阳、行星及其卫星、小行星、彗星、行星际物质等构成。

按照与太阳的距离，由近及远，太阳系中的8颗行星依次为：水星、金星、地球、火星、木星、土星、天王星和海王星。除太阳外，木星是太阳系中最大的天体。除水星和金星外，其他行星都带有一颗或多颗卫星。

知识档案

20世纪末较流行的几个星云说都认为整个太阳系由同一个原始星云形成。

▼ 太阳系中有8颗行星

太阳　水星　金星　地球　火星　土星　木星　天王星　海王星

太阳系的形成

有科学家认为，太阳系形成于45.68亿年前的一次星际分子云的引力坍缩。坍缩发生在其一个角落。坍缩中大量物质向中心聚集，那里变得越来越热，形成炽热致密的原恒星。在一定条件下，原行星盘形成，盘中尘埃和气体在引力作用下相互吸引，聚集成更大的物体。霜线以内温度较高，能够在那里保持固态的一些物质形成类地行星——水星、金星、地球、火星；霜线以外温度较低，能够在那里保持固态的一些物质形成巨行星——木星和土星，以及远日行星——天王星和海王星。经过约5000万年，积聚在原恒星中心的氢的压力和密度增大到足以点燃热核反应。在一定条件下，太阳变成一颗主序星。其释放出太阳风把原行星盘内残留的尘埃和气体清扫到星际空间，行星形成的过程由此终结。

轨道运动

太阳系中的8颗行星沿着椭圆轨道围绕太阳运行，它们和太阳之间存在万有引力——宇宙中两物体之间由于物体具有质量而产生的相互吸引力。

行星不会被拉向太阳，因为行星在太阳万有引力的垂直方向运动。万有引力保持平衡，行星保持在轨道内，不会飞出轨道或者被拉向太阳。

地球的天然卫星——月球围绕地球轨道运行的原理和该原理相似，它不会撞向地球表面或者完全脱离地球。

月球
地球

人造地球卫星

现在，许许多多的人造地球卫星正在按照万有引力定律为它们"设定"的轨道绕地球运转着。牛顿预测，如果一个物体被以足够大的速度抛出，它就不会落回地面，就会成为人造地球卫星。

▶ 当被以足够大的速度发射后，人造地球卫星会围绕地球运行

恒　星

宇宙中有不计其数的恒星，仅银河系就包含着数以千亿计的恒星。

▲ 星云团是恒星诞生的摇篮

恒星的命运

根据大爆炸宇宙学，恒星的生命发源于大爆炸数万年后出现的宇宙尘埃。由于万有引力的作用，这些尘埃变得更密集，并像滚雪球一样越滚越大，形成了气体状态的星云团。星云团的凝聚会使其温度升高。当温度升高到一定程度时，星云团就开始发光。于是，恒星诞生了。

这颗恒星继续收缩升温，当温度达到一定程度时，氢通过热核反应成为氦，释放的核能主要以电磁波的形式向外辐射。当辐射产生的扩张压力与引力产生的收缩压力平衡时，星体就稳定下来了。

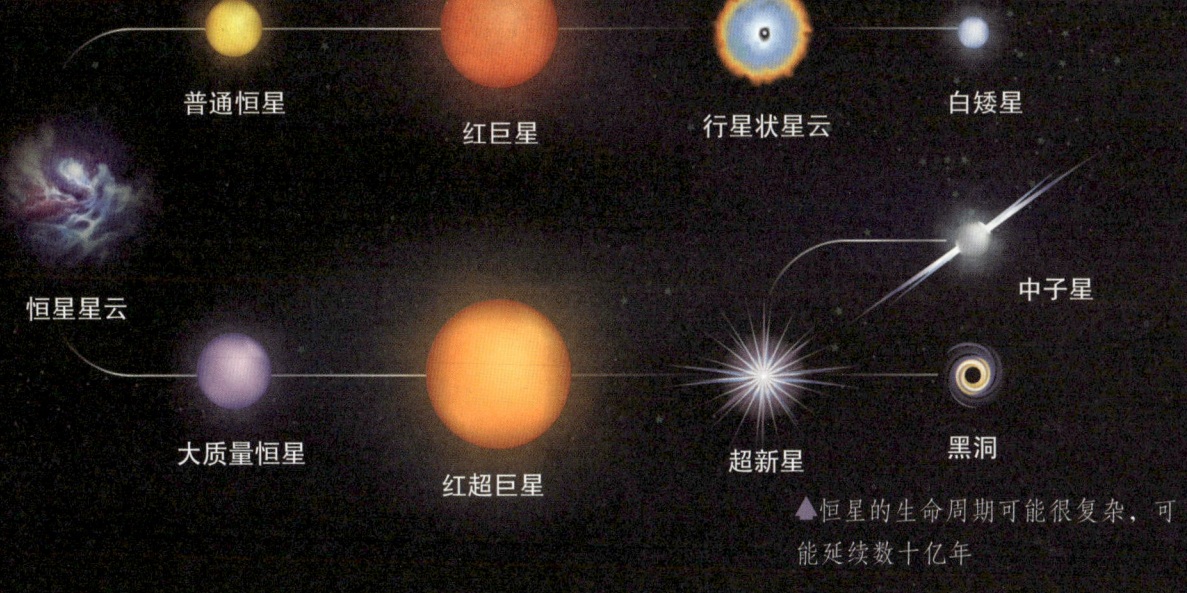

▲恒星的生命周期可能很复杂，可能延续数十亿年

恒星最后的归宿与其质量大小有关。质量很小的恒星，由于本身不能进行核反应，很快就会耗尽能源而死亡。像太阳一样的恒星，要经过由原恒星到主序星、红巨星、超新星爆发，直至形成中子星或黑洞等的过程。

我们比较熟悉的恒星——太阳现在有约46亿年的历史，是一颗主序星。太阳就是一个巨大的热核反应堆，其内部不停地进行着氢核聚变成氦核的反应，不断地放出能量。据科学家估计，太阳的这种"核燃烧"还能维持几十亿年。

科学家预计，日核中的氢耗尽后，包围日核的气体壳层里面的氢就会开始燃烧。太阳会大规模膨胀，变成红巨星。经历过氦燃烧阶段后，太阳会逐渐变成白矮星。

◀太阳可能会变成白矮星

知识档案

会变成中子星的恒星的质量大于会变成白矮星的恒星的质量。

趣味测试题

知识点：功率

看一看，下列说法正确吗？正确的在方框中打"√"，错误的打"×"。

☐ 功率用来表示做功的快慢。
☐ 功率在数值上等于单位时间内所做的功。
☐ 功率的单位是瓦特。
☐ 如果一个物体1秒做了1000焦耳的功，则它的功率是500瓦特。

知识点：能源类型

我们所知道的各种各样的能源，其中有些是可再生能源，有些是不可再生能源。看看下面这些图片中的能源，分辨一下哪些是可再生能源，哪些是不可再生能源。将它们与所属的能源类型用线连在一起吧！

太阳能

 煤

石油

可再生能源

 水能

不可再生能源

地热能

 核能

天然气

 风能

 生物质能

知识点：物态变化

填一填。请根据你学到的物态变化知识，将左边的词语填入图中对应的框里。

升华

熔化

凝华

汽化

凝固

液化

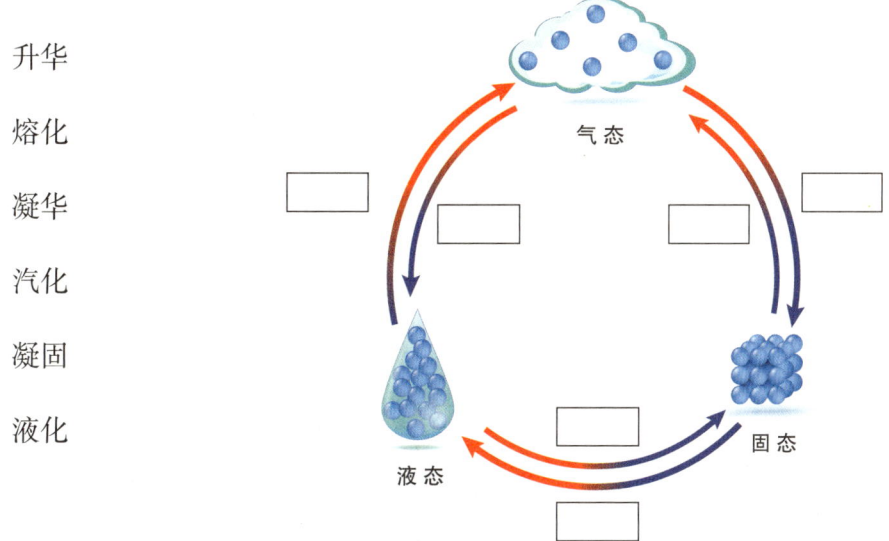

知识点：电

1.请将左边的名词和右边对应的文字描述用线连接起来。

电压　　　　总是从高电势区域流向低电势区域

电流　　　　用来表示导体对电流阻碍作用大小

电阻　　　　电场中两点之间电势的差值

2.回忆一下导体两端的电压（U）、导体中的电流（I）和导体的电阻（R）之间的关系，将代表这三者的符号填在下面的横线上。

　　　_____ = _____ × _____

3.观察下列电路图，请将电流的流动方向用箭头标示出来。

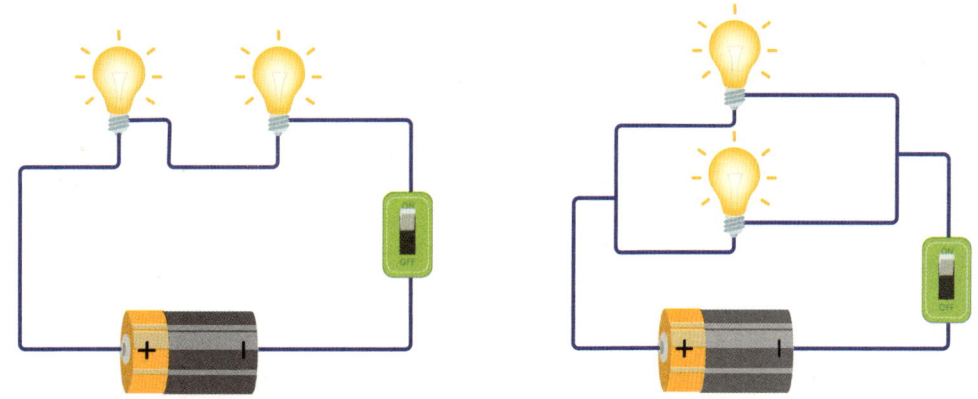

知识点：力的类型

观察下面5张图片，在横线上填写力的类型。

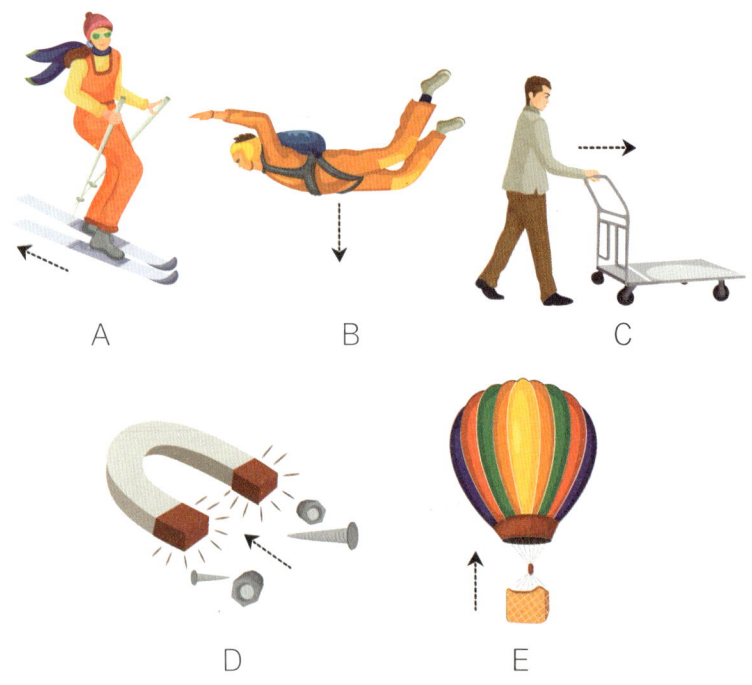

A. 滑雪运动员在雪地上滑行时，滑雪板会受到地面对其施加的_____。

B. 跳伞运动员下落时受到地球对其施加的_____。

C. 人在推动小车运动时，对小车施加_____。

D. 铁制螺丝钉和螺丝帽受到磁铁对其施加的_____。

E. 热气球从地面升起，是因为受到了_____。

知识点：功

看一看，下面的说法正确吗？正确的在方框中打"√"，错误的打"×"。

☐ 施加力导致物体运动一定距离时，称为做功。

☐ 功的单位是焦耳。

☐ 如果对物体施加1牛顿的力，驱动物体沿力的方向移动1千米的距离，所做的功就是1焦耳。

☐ 功等于施加的力和物体在力的方向上移动的距离相加的结果。

☐ 在公式 $W = Fs$ 中，F 代表离开原始位置的距离，s 代表力。

知识点：速度和速率

填一填。请根据你学到的物体运动知识，将下面的词语填入对应的框里。

速度　速率

☐ 是指瞬时速度的大小

一辆汽车的行驶 ☐ 是20m/s

☐ 是标量，只有大小，没有方向

☐ 的方向与位移的方向相同

一辆汽车正以20m/s的 ☐ 向东行驶

☐ 是矢量，既有大小，又有方向

知识点：牛顿第一定律

观察下面这些图片，将它们与文字描述用线连在一起吧！

静止的物体保持静止状态

运动的物体保持运动状态

受到几个相互抵消的外力作用的物体保持运动状态不变

受到几个无法相互抵消的外力作用的物体改变运动状态

知识点：磁场

请看一看下面的磁场示意图，将磁感线的方向用箭头标示出来。

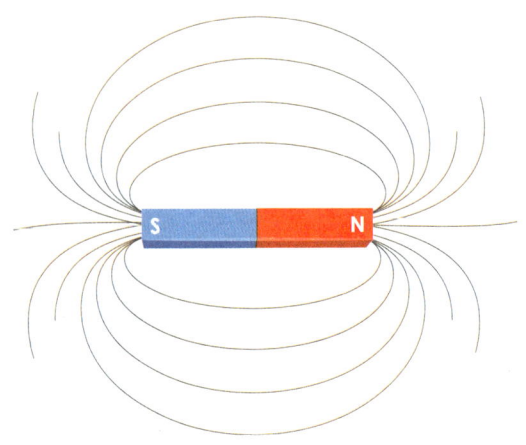

学单词

在字母迷宫中找出下列词语的英文单词，并用笔圈出来。

能量 ENERGY　　　　速度 SPEED
原子 ATOM　　　　　磁　 MAGNETISM
电　 ELECTRICITY　 波　 WAVE
辐射 RADIATION　　 恒星 STAR
重力 GRAVITY　　　 地球 EARTH
运动 MOTION

E	N	E	R	G	Y	P	C	M	A	G	N	E	T	I	S	M	K
L	W	Y	Z	S	A	G	L	O	G	P	Y	H	T	P	T	J	N
E	X	M	F	D	I	R	U	T	H	P	C	G	G	X	A	D	X
C	F	I	O	F	R	A	N	I	A	B	M	X	E	A	R	T	H
T	Z	A	V	W	S	V	E	O	H	W	Y	O	I	H	N	P	E
R	A	D	I	A	T	I	O	N	D	A	T	O	M	G	C	E	O
I	Q	H	U	V	T	T	U	T	D	V	C	L	M	I	B	J	U
C	S	Q	R	E	W	Y	J	G	E	G	Y	A	E	Q	A	Q	C
I	R	W	V	F	S	D	K	C	M	K	Z	R	A	K	T	L	K
T	E	D	O	Q	B	V	O	B	S	I	J	B	M	N	F	H	W
Y	N	Z	L	Z	R	U	X	L	P	T	Y	V	S	P	E	E	D

46

探索电与磁

DISCOVER ELECTRICITY AND MAGNETISM

你好，科学！
DISCOVER SCIENCE

[英]North Parade Publishing
（北方旅行出版公司） 编 | 昌剑 译

青岛出版集团 | 青岛出版社

Copyright © 2020 North Parade Publishing Ltd, Bath, UK

山东省版权局著作权登记号 图字：15-2020-36

图书在版编目（CIP）数据

你好，科学！.2，探索电与磁 / 英国北方旅行出版公司编；昌剑译. — 青岛：青岛出版社，2020.6
ISBN 978-7-5552-9009-4

Ⅰ.①你… Ⅱ.①英… ②昌… Ⅲ.①科学知识 – 青少年读物②电学 – 青少年读物③磁学 – 青少年读物 Ⅳ.①Z228.2②O441-49

中国版本图书馆CIP数据核字(2020)第051544号

本册审定专家

朱学敏　中国科学院高能物理研究所　博士
宗福建　山东大学微电子学院　教授

本册审定名师

李德松　蚌埠高新教育集团总校实验中学
杜俊　北京师范大学蚌埠附属学校
王春霞　北京师范大学青岛城阳附属学校

书　　　名	你好，科学！
分 册 名	探索电与磁
编　　　者	［英］North Parade Publishing（北方旅行出版公司）
翻　　　译	昌　剑
出版发行	青岛出版社
社　　　址	青岛市崂山区海尔路182号（266061）
本社网址	http://www.qdpub.com
邮购电话	0532-68068091
责任编辑	俞倩茹　刘　茜　贾华杰
装帧设计	1204设计工作室（北京）文俊
封面插画	1204设计工作室（北京）文俊
照　　　排	青岛千叶枫创意设计有限公司
印　　　刷	青岛嘉宝印刷包装有限公司
出版日期	2025年3月第2版　2025年3月第6次印刷
开　　　本	16开（787mm×1092mm）
印　　　张	18
字　　　数	440千
审 图 号	GS（2020）1934号
书　　　号	ISBN 978-7-5552-9009-4
定　　　价	178.00元（全6册）

编校印装质量、盗版监督服务电话　4006532017　0532-68068050
建议陈列类别：少儿·科普

目录

电的引言 2

静电 4

静电的应用 6

电流 8

导体和绝缘体 10

电场 12

直流和交变电流 14

电子设备 16

电子元件 18

发电 20

电路 22

用电器与发电机 24

磁 26

磁场 28

磁性材料 30

磁浮 32

电磁波 34

电磁学 36

电磁铁 38

电磁铁和电磁波的应用 40

趣味测试题 42

电的引言

电是与静止或移动的电荷相关的一种现象。电的英文"electricity"源于希腊语"elektron"。电既可用于驱动家庭电器，又可用于驱动工厂里大量的机器。电有许多不同来源，它可以满足家庭、公共资源和工业的需求。

电的性质

我们周围常见的物质都是由分子或原子构成的。原子的中心有一个由质子、中子组成的原子核，在原子核周围，有一定数目的电子在核外运动。原子核带正电荷（质子带正电荷，中子不带电荷），电子带负电荷。电子和原子核因电荷性质相反而相互吸引。

如果物体中存在大量可自由移动的带电粒子，则物体容易导电，叫作导体。正常情况下，当电子脱离了原子核的束缚，它们会在物体内部自由移动，移动的方向杂乱无章，但是接上电池之后，它们就受到了推动力，就会做定向移动，电荷的定向移动形成电流。

▼ 原子

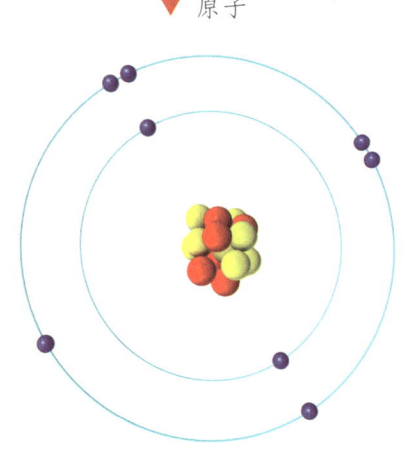

▼ 闪电

电的发现

很久以前，人们在还不了解电之前，就已感受到雷电的力量。雷电可以击中物体，并带来灾难。在很长的历史时期内，人们对它充满畏惧。

公元前600年左右，古希腊学者泰勒斯（Thales）就发现了用毛皮摩擦过的琥珀可以吸引草屑等轻小物体的现象。

16世纪，英国科学家威廉·吉尔伯特（William Gilbert）在研究这类现象时首先根据琥珀的希腊文创造了英语中的"electricity"（电）这个词，用它来表示琥珀经过摩擦以后具有的性质，并且认为摩擦过的琥珀带有电荷。后来，在18世纪，美国科学家本杰明·富兰克林（Benjamin Franklin）进行了著名的风筝实验，在雷雨天气使用风筝、钥匙，证明了闪电是一种放电现象。

▲ 本杰明·富兰克林

▲ 迈克尔·法拉第

许多人在电的应用方面也发挥了重要作用。亚历山德罗·伏特（Alessandro Volta）发明了电池。迈克尔·法拉第（Michael Faraday）开展了大量电学研究，发明了发电机。托马斯·阿尔瓦·爱迪生（Thomas Alva Edison）和尼古拉·特斯拉（Nikola Tesla）也为电学领域做出了重要贡献。爱迪生发明了电灯泡，特斯拉发明了交流电力传输系统。这些发明广泛应用至今。

电的类型

静电和电流是电的两种类型。

静电： 它是由某些材料表面的电荷（正电荷或负电荷）积累引起的现象。这种类型的电是由两种材料之间的直接接触或摩擦产生的。我们可以观察到静电现象，如电火花、电击、材料吸附等。

电流： 它是由于导电材料内部电荷的定向移动产生的。

▲ 电线

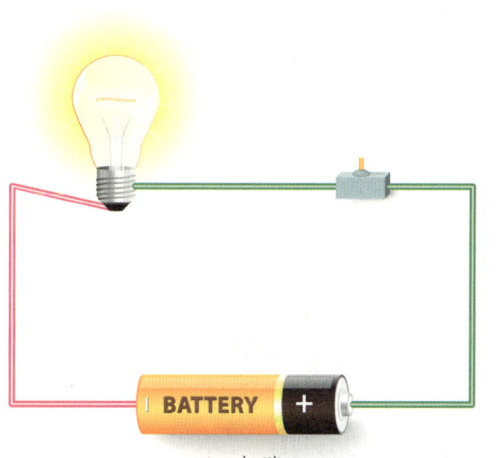
▲ 电路

趣味小知识

当打开开关时，电信号以接近光速的速度运动，即约3×10^8米/秒。

静 电

静电是由某些材料表面的电荷积累引起的。使物体带电有许多方法，比如摩擦。

静电

静电是不流动的电荷引起的，不同于电荷定向移动产生的电流。静电的生成涉及两种材料。当这两种材料通过摩擦发生相互作用时，电子从一种材料表面转移至另一种材料，这种效应被称为摩擦起电。一种材料因带有过多电子，从而带负电荷；另一种材料因失去电子，从而带正电荷。

静电的本质

从本质上来说，静电可以在不同条件下产生。通常，湿度低和空气干燥的环境是生成静电的理想条件。当空气较潮湿时，水分子可能聚集在材料上，影响电荷的积累。富兰克林进行过一次危险的试验。他在雷雨天放飞了一只连接着金属钥匙串的风筝，结果静电使钥匙上产生了电火花。这证明了雷电的性质与摩擦产生的电的性质完全相同。

◀ 头发因静电飘散开来

静电的效应

静电可能产生下述效应。

吸引力： 将气球放在羊毛衫上用力摩擦，气球表面会带负电荷，羊毛衫则带正电荷。带"电"的气球可以吸附纸屑。当使用塑料梳子梳完头发后，梳子可以吸附细小的纸屑。

▲ 气球和纸屑相互吸引

▼ 带电体能吸附轻小的物体

排斥力： 使用塑料梳子梳理干燥的头发后，梳子会带负电荷，带正电荷的头发则会相互排斥，并会在数秒内保持竖立。

电火花： 当一种材料带有足够的正电荷，而另一种材料带有足够的负电荷，两者相互靠近时，会产生电火花。这种情况下，正电荷和负电荷之间的吸引力非常大，甚至足以让电子跨越两个物体之间的空间。这种跳跃的电子会加热空气，进一步导致更多电子跨越空间。当空气变得足够热时，会产生电火花。

趣味小知识

闪电是一种威力强大的静电释放形式。闪电的温度可以达到$2.8 \times 10^4 ℃$。

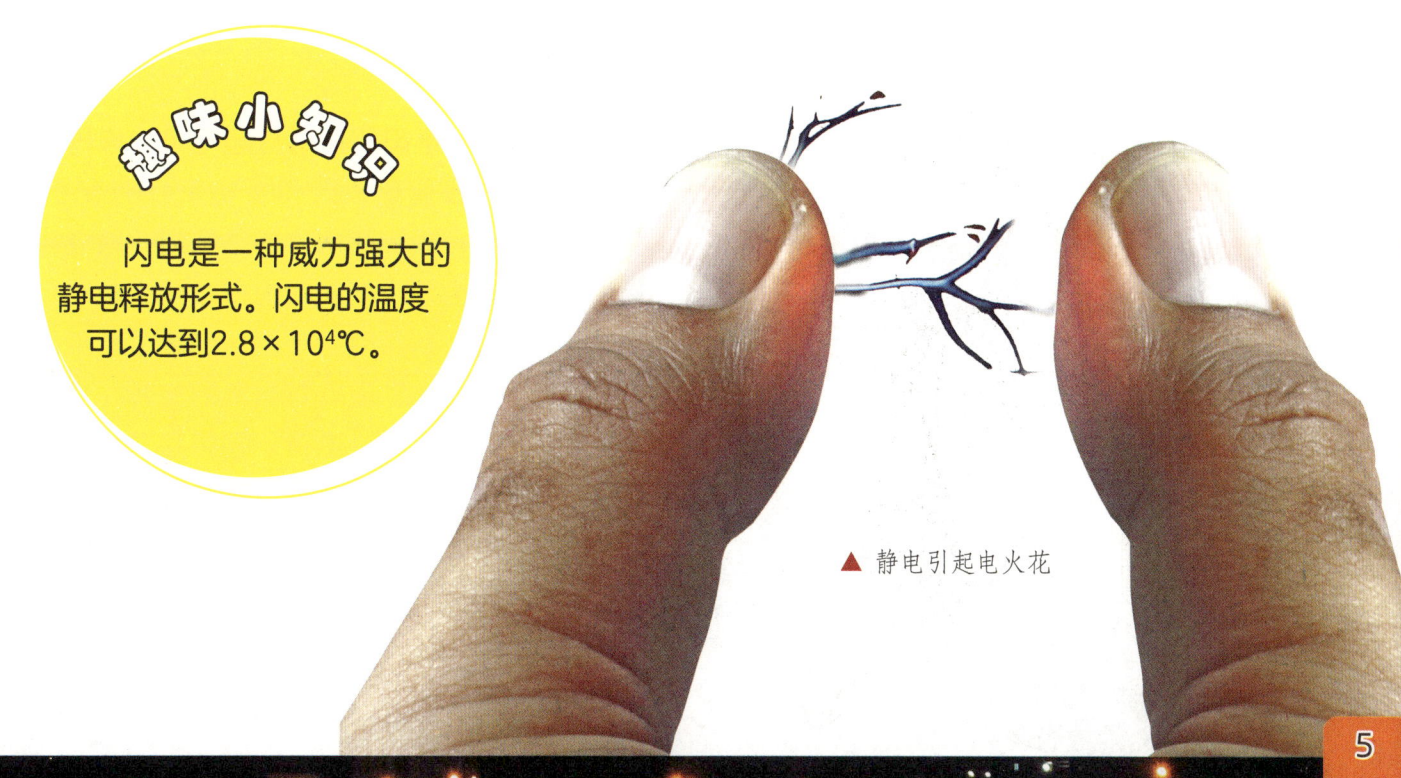

▲ 静电引起电火花

静电的应用

恰当使用材料，有许多方法可以人工生成静电。此外，也可以用专门的设备生成静电，用于研究和演示。静电有许多不同用途。

静电装置

验电器：这是已知最早的电子测量仪器之一。它由威廉·吉尔伯特于1600年左右发明。验电器用于粗略测量物体是否带电，以及电量大小。

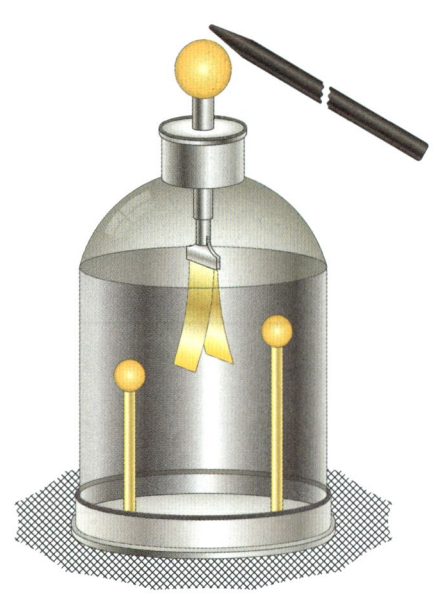

▲ 验电器

起电盘：1764年，瑞典科学家约翰·卡尔·维尔克（Johan Carl Wilcke）发明了该装置。后来，亚历山德罗·伏特改进了该装置的设计。他利用静电生成和静电感应的原理，使金属板带电。他使用羊毛或者毛皮摩擦底盘，使底盘带负电荷。当金属板接触下方的底盘时，两者相互吸引，金属板带正电荷。将金属板和底盘拉开时，会产生电火花。该装置可用于静电演示。

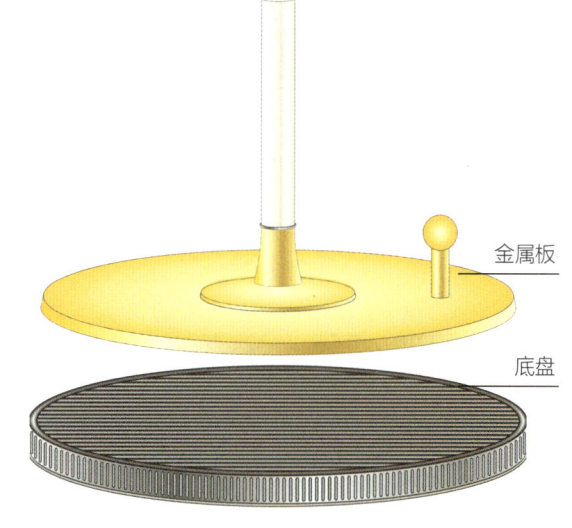

▲ 起电盘

▼ 维姆胡斯感应起电机

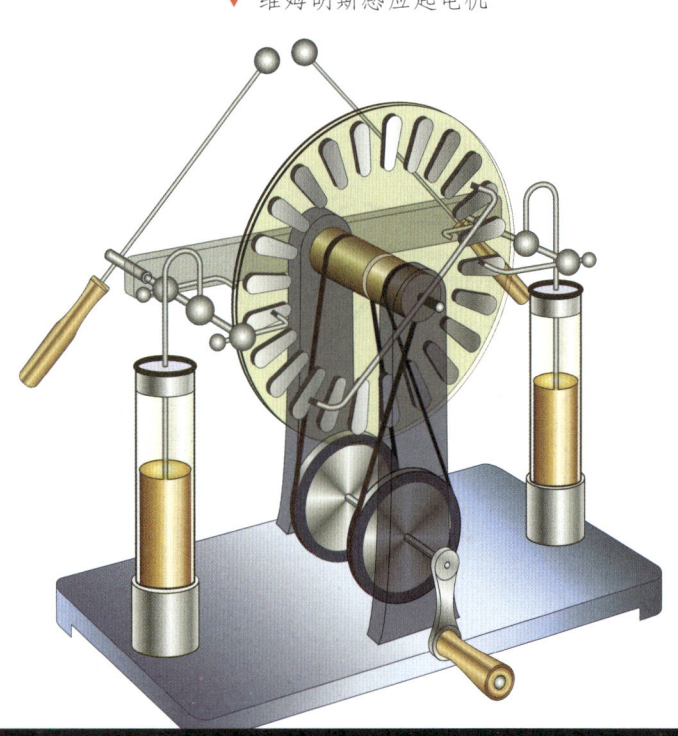

维姆胡斯感应起电机：维姆胡斯感应起电机最初发明于19世纪80年代，现代化版本的维姆胡斯感应起电机由两个塑料盘组成，两个塑料盘通过曲柄和传送带驱动装置沿着相反方向旋转。随着塑料盘的旋转，金属箔片扇区将带电荷，并将积累的电荷传送到储电电容器。该起电机用于制造电火花和开展静电实验。

范德格拉夫起电机： 如右图所示，该装置中金属球壳固定在绝缘支柱顶端，绝缘材料制成的传送带套在两个转轮上，由电动机带动传送带循环运转。该装置传送带的高速运转、大量电荷的积累能够产生非常高的电压。

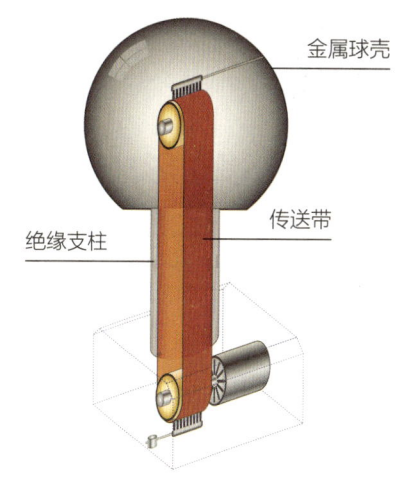

▲ 范德格拉夫起电机

静电的用途

人们通常认为，静电主要用于研究和演示。然而，静电还有一些其他实际用途。

静电喷漆： 汽车制造商利用静电进行汽车喷漆。当油漆从喷枪中喷出时，喷嘴使油漆微粒带正电。油漆微粒相互排斥，扩散开来，形成一大团漆云，被吸附在带负电的物体表面。这种静电喷漆的方法省电而且喷得均匀。

静电复印： 复印机是基于静电吸附的原理运行的。带电油墨专门用于黏附在纸张的特定位置。

静电除尘： 基于静电除尘原理的设备可以使空气中的灰尘带负电荷，再将其收集至带有相反电荷的板上，以清除灰尘。该类设备被称为静电除尘器。

趣味小知识

虽然范德格拉夫起电机能产生高电压，但其产生的电流仅够点亮4瓦特的电灯泡。

◀ 复印机

电流

电荷的定向移动形成电流,电源能为电力设备提供电能。电流是自由电荷在导电材料中定向运动而产生的。

▲ 插座

电流和电压

自由电荷从一个区域运动至另一个区域会产生电流。电荷在导体(如铜、铝或银等导电材料)中沿着特定路径运动,形成电流。

电流的强弱取决于一定时间内通过导体横截面的电荷量。我们可以使用一个水泵,驱动水流更快地流过管道。同理,我们可以使用外部电源(如电池),驱动自由电荷更快地沿着特定路径流过导体。如果更多数量的电荷在单位时间内流过特定位置,则该位置电流更大。电流使用符号 I 表示,单位为安培。

要让一段电路中有电流,它的两端就要有电压。电压使用符号 U 表示,单位为伏特。

▲ 电线

趣味小知识

如果小鸟不接触另一条电线,那么站在电线上的小鸟就是安全的。但如果小鸟同时接触另一条电线,则会形成回路,导致触电。

◀ 站在电线上的小鸟

电阻

物理学中用电阻来表示导体对电流阻碍作用的大小。导体的电阻越大，表示导体对电流的阻碍作用越大。导体的电阻通常用符号 R 表示，单位为欧姆。

手电筒的小灯泡的灯丝的电阻为几欧到十几欧；日常用的电炉丝的电阻约为几欧；长1米、横截面积为1平方毫米的家用铜导线，电阻约百分之几欧，通常可以略去不计。

电流的用途

光源： 电力在家庭领域的首次应用是照明。在有了电灯泡之后，人们发明了更好、更完善的照明设备。

电池： 电池能够将化学能转化为电能，并被用于为移动通信设备、遥控玩具、手电筒和其他小型设备供电。

▲ 电灯泡

电动机： 电动机为许多设备提供动力，如电动工具、水泵、车辆和工业机械等。电动机将电能转化为机械能。

医疗设备： 许多医疗设备均需消耗电能，如心电图仪、X光机等。

▲ 电动机

发电机： 发电机是将其他形式的能源转化成电能的机械设备。当电力中断时，医院、学校、工厂、商店等常用小型发电机作为备用供电设备。

▶ 发电机

导体和绝缘体

根据导电能力,材料被分类为导体、绝缘体和半导体。导体、半导体和绝缘体均有各自的用途。半导体的导电能力介于导体和绝缘体之间,并且有其特殊的性能。

导体

导体是允许电荷自由移动的材料。发生静电感应时,导电材料允许电荷分布在整个材料表面。电荷的分布是由电子移动产生的。当某一导体与另一导体接触时,电荷可以通过电子的自由移动发生转移。

导体包括铁、银、铝、铜等金属,黄铜、青铜等合金,食盐水溶液,石墨和人体等。

▶ 铜电线

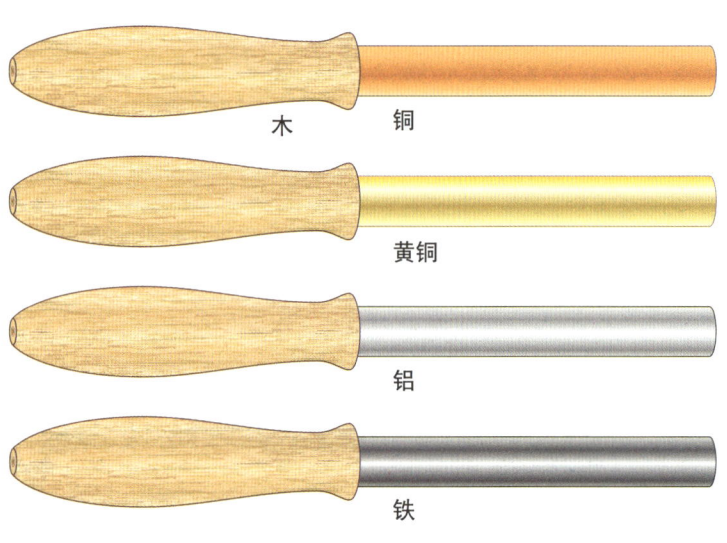

▲ 导电材料

范德格拉夫起电机可以用于证明人体导电。当人接触起电机的金属球壳时,金属球壳上的多余电荷会转移至人体,并分布在人体各处,包括头发。头发因带有相同电荷而相互排斥并飘散开来。

感应起电

异种电荷相互吸引,同种电荷相互排斥。在静电平衡状态下,电荷只分布在导体的外表面。

当一个带电体靠近导体时，由于电荷间相互吸引或排斥，导体中的自由电荷便会趋向或远离带电体，使导体靠近带电体的一端带异种电荷，远离带电体的一端带同种电荷。这种现象叫作静电感应。利用静电感应使金属导体带电的过程叫作感应起电。

绝缘体

绝缘体是不容易导电的物体。如果将电荷转移到绝缘体，则多余电荷会保留在被转移到的位置，不会分布到绝缘体的表面。橡胶、塑料、陶瓷、玻璃、干布和干纸等都是绝缘体。

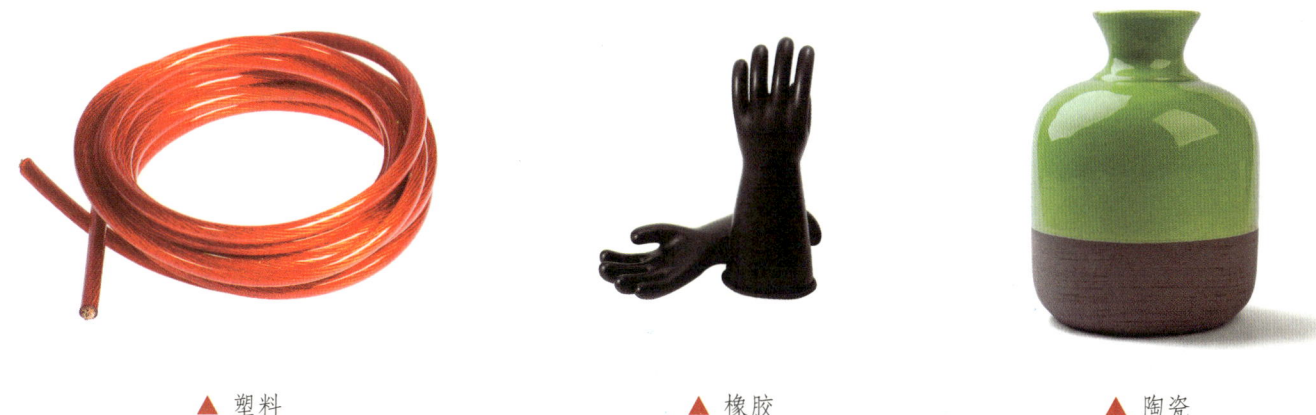

▲ 塑料　　　　　　　▲ 橡胶　　　　　　　▲ 陶瓷

导电能力增加

绝缘体				半导体		导体				
橡胶	玻璃	干布	干纸	硅	锗	炭笔	铁	铝	铜	银

导体和绝缘体的用途

导体被用于导电。由于其导电特性，出于安全考虑，导体会被安装在绝缘材料的顶部，或者被绝缘材料包覆。家用电器的铜线被塑料或者橡胶涂层包覆，以避免发生触电。

趣味小知识

金属导体的导电能力可能是玻璃的100亿亿倍以上。

▼ 导体和绝缘体

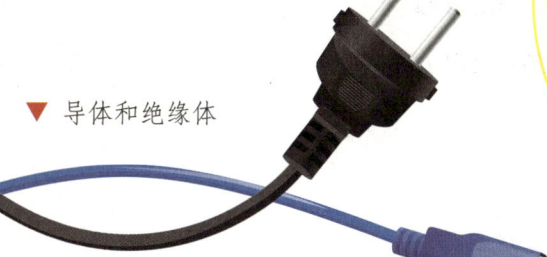

电　场

电场影响电路内电荷的运动，电荷之间通过电场相互作用。电场是看不见、摸不着的，但人们可以根据它表现出来的性质来认识它、研究它。

电荷

电荷分为正电荷和负电荷。质子多于电子的物质带有正电荷，而电子多于质子的物质则带有负电荷。

物体的总电荷是组成该物体的所有粒子所带电荷之和。由于常见的物体由分子、原子组成，它们带有相同数量的电子（负电荷）和质子（正电荷），因此通常条件下，物体呈电中性。

电场力

所有电荷的周围都有电场。处在电场中的其他电荷受到的作用力就是这个电场给予的。这个作用力称为电场力。

例如，电荷A对电荷B的作用力，就是电荷A的电场对电荷B的作用；电荷B对电荷A的作用力，就是电荷B的电场对电荷A的作用。

▲ 锂电池

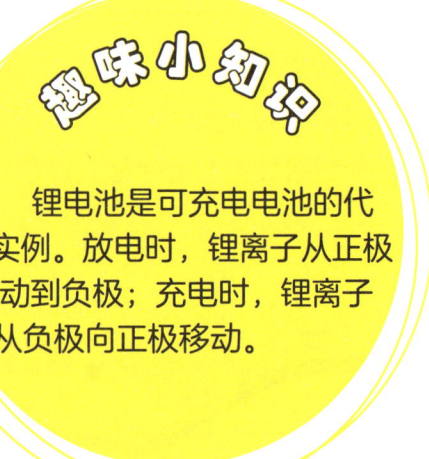

趣味小知识

锂电池是可充电电池的代表实例。放电时，锂离子从正极移动到负极；充电时，锂离子从负极向正极移动。

电场线

电场线不是实际存在的线,而是为了形象地描述电场而假想的线。电场线是画在电场中的一条条有方向的曲线。电场无须直接物理接触即可发挥作用。当带电物体靠近电场时,它会以某种方式改变电场。带电物体越深入电场,影响越明显。

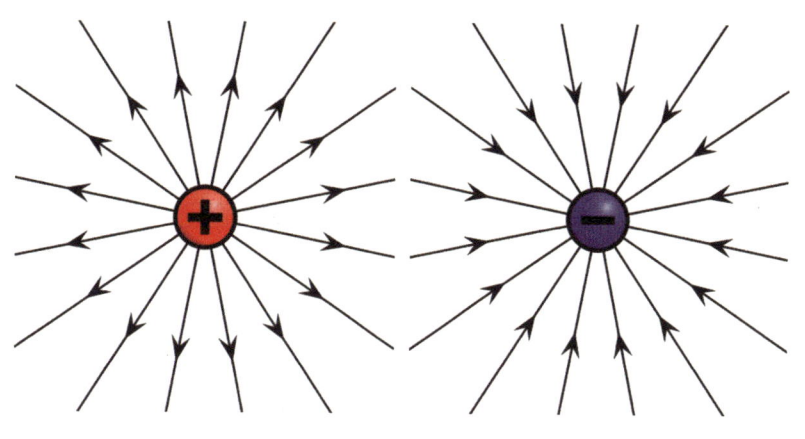

▲ 点电荷的电场线呈辐射状

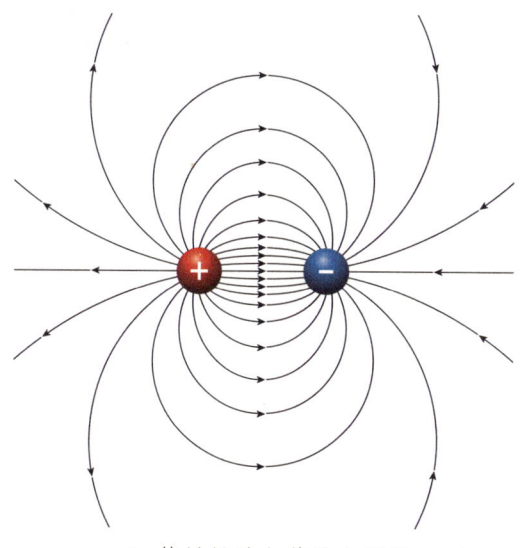

▲ 等量异种电荷的电场线

电场线用来指示当电场中存在另一个电荷时,正电荷或负电荷的移动方向。带正电荷的物体,其周围的电场线沿着所有远离物体的方向辐射。带负电荷的物体,其周围的电场线朝向物体辐射。

当带有等量异种电荷的物体相互靠近时,电场线将连接起来。当带有等量同种电荷的物体相互靠近时,电场线永远不会连接。同一电场的电场线在电场中不相交。

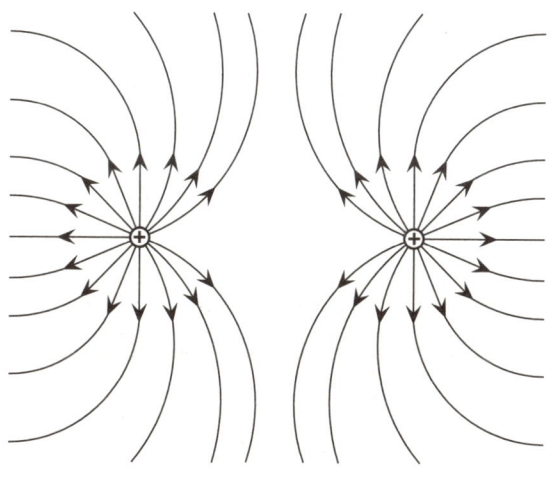

▲ 等量同种电荷的电场线

静电力与化学键

静电力是电子和原子核保持结合的基本因素。化学键是将原子或离子结合在一起的作用力。

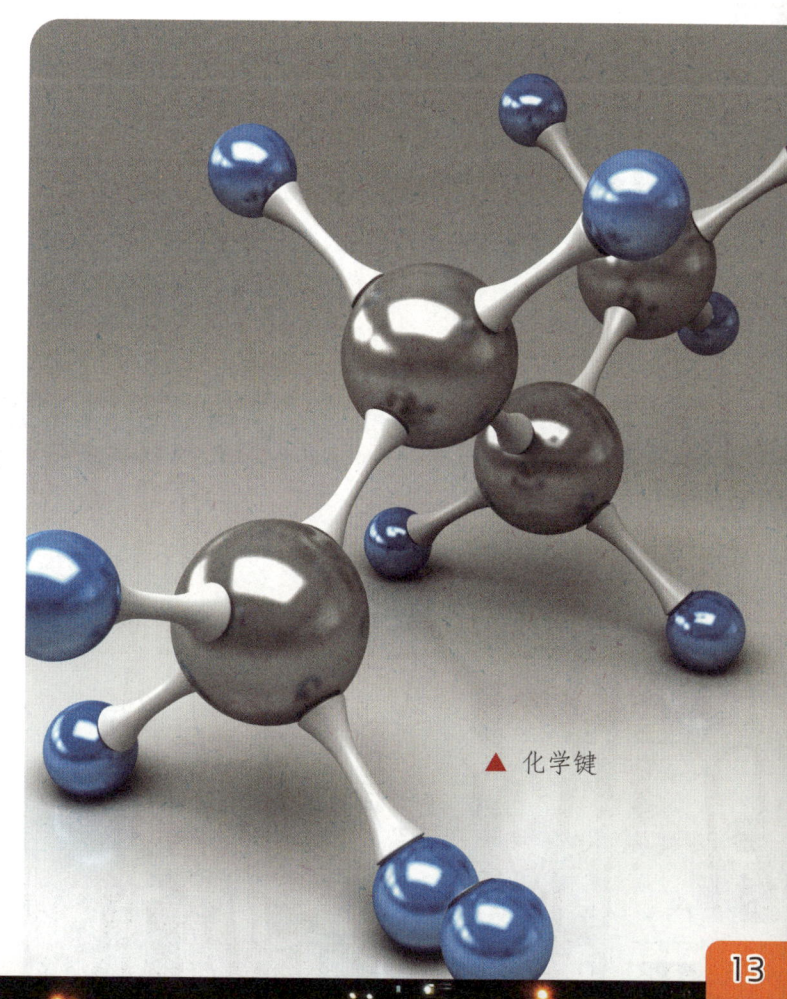

▲ 化学键

直流和交变电流

电流分为两种主要类型：直流（DC）和交变电流（简称交流，AC）。两种类型的电流的主要区别在于电流的流动方向。两种类型的电流有不同的用途。

直流

在直流中，电流流向单一方向，方向不会周期性地发生改变。直流用于给电气设备供电和给电池充电。燃料电池、太阳能电池、蓄电池均可产生直流。电动汽车、手机电池、手电筒使用直流。

▶ 太阳能电池

▶ 电池

在直流中，电荷沿着单一方向缓慢、连续地运动，从导体一端运动至另一端，电压也保持恒定或者接近恒定。若使用1.5 V电池，则其供电电压始终接近1.5 V，并且正极始终为正极，负极也始终为负极。

1832年，迈克尔·法拉第使用他发明的发电机，首次对交流进行了测试。

交变电流

这种电流的大小和方向都随时间做周期性的改变。它是最常用的电流类型,是家用电器、设施供电的首选。人们常常用波形图来表示交流的变化规律,一般用周期和频率来描述。周期的单位是秒,频率的单位是赫兹。最常见的交流是正弦式电流。

交流电压会周期性地变化,电流方向也会随之发生变化。

可以用牛顿摆的机理解释交流的工作原理。该设备包含一台金属架,金属架上悬挂着一些金属球,静止时金属球排列成一条直线且相互接触。如果将一端的金属球拉开再释放,它会向回摆动,并推动另一端的金属球摆动。在金属球停止运动之前,交替运动可以持续很长时间。

交流被用于长距离电力传输,因为其传输效率高。在长距离电力传输中,直流的功率损耗较交流更大。

在电网中,要在发电站内先使用变压器将输出的电压转换为高电压,这样会减少在长距离传输过程当中电能的损耗,再在接近用户的地点将其转换为低电压,最后配送给家庭或工厂使用。

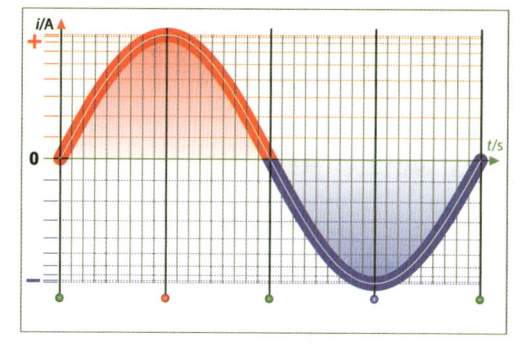

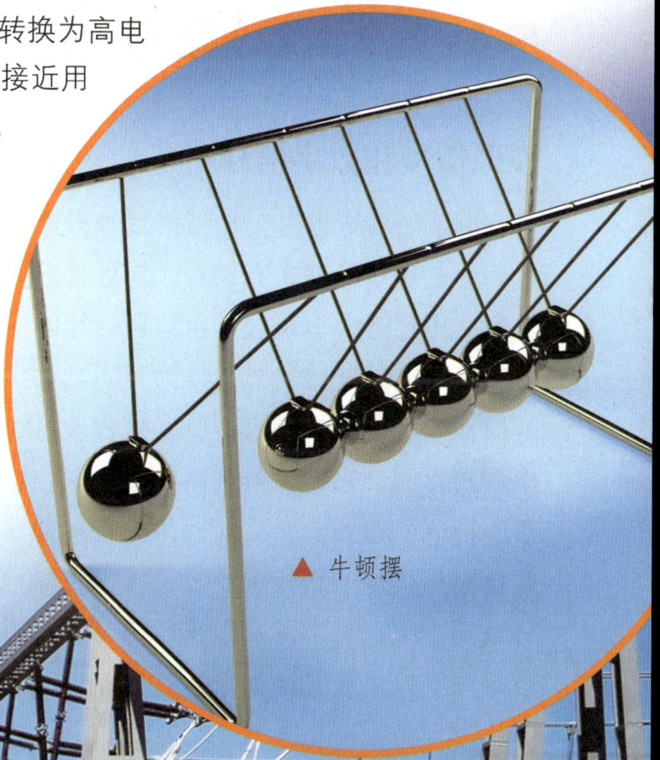

▲ 交流正弦波

▲ 牛顿摆

▼ 带电网的发电站

电子设备

现在，电子设备无处不在。储蓄、飞机导航、心跳监测等都涉及对电子设备的应用。电子设备推动了计算机技术和机器人技术的发展。

▼ 电子电路

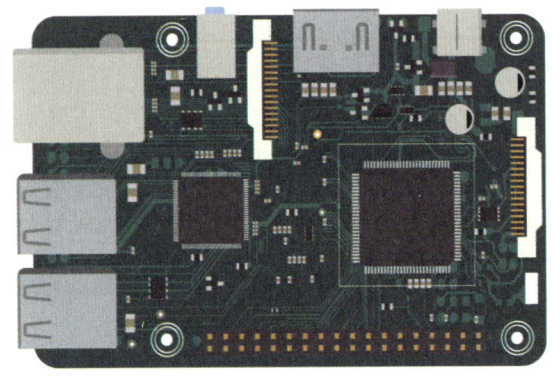

电力与电子设备

电力驱动电子在电路内流动，最终驱动电动机或家用电器。一方面，电子设备通常需要大量能量来实现其功能；另一方面，电子设备仅使用其中一小部分电流为电子元件供电。例如，某种电水壶的工作电流为10 A，而其电子元件仅仅使用几毫安的电流。

模拟信号和数字信号

电子设备可以通过模拟形式或数字形式存储数据。无线电设备带有天线，可以捕获无线电台发射的电磁波。电磁波按照与声音相对应的模式上下振动，这些信号被转换为可听到的声音。这是模拟信号的一个代表实例。现代收音机的工作原理则不同，它的信号采用数字格式，以编码数字的形式被接收，然后转换为声音。数字电子设备在所有类型的现代电子设备中占主导地位，比如智能手机、助听器、数码相机、计算机和平板电脑均是数字电子设备。

▼ 电子设备

电子电路

电子设备的功能不仅取决于其内部元件，还取决于这些元件在电路内部的排列方式。最简单的电路是连接两个元件的连续回路，而复杂的电路可能在两个以上的元件之间设计有不同的电路连接。

通常，模拟设备的电子电路相比数字设备更加简单。比如，晶体管收音机带有较少的元件和一块电路板。

计算机拥有一个带有数百万个单独回路的复杂电路。相比简单的电路，复杂的电路可以执行更复杂的操作。

电路板

在实验室中，人们通常使用短的铜电缆连接电子元件，组装简单的电路。但是，如果要使用大量元件，就很难将它们全部连接。为解决这个问题，可以将元件系统性地布置、组装在电路板上。

电路板是一个矩形塑料板，塑料板表面带有铜制连接线，且钻有很多孔，元件可以插入孔中，使用铜线连接，必要时可以切除多余的孔。此外，也可以布置额外的电线，用于其他连接。这种基本类型的电路板也被简称为面包板。

在电子设备领域，人们会使用工厂制造的带印刷电路的塑料电路板代替这些手工组装的面包板。批量制造设施可以创建铜线通道。然后，这些铜线通道被挤入预先加工的孔内，并紧固到位。它们被称为印刷电路板（PCB）。

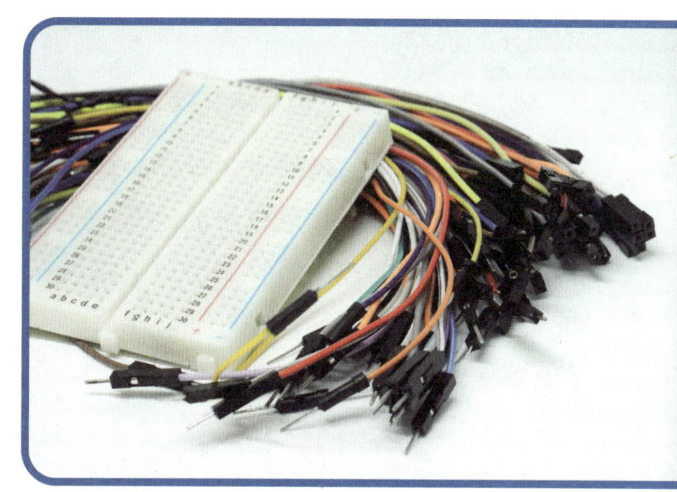

▲ 电路板

微芯片

微芯片的发明在信息技术领域掀起了一场革命。微型的电子元件被称为集成电路。数百万个微型元件可以排列在尺寸小于人类指甲的芯片上。这也让制造更时尚、运算速度更快的台式计算机和笔记本电脑成为可能。

电子元件通常用被称为焊料的导电材料固定在适当位置。

▲ 微芯片

17

电子元件

电子设备由许多具有不同功能的电子元件组成,并通过电缆或金属连接器连接起来。这些元件由少量标准零件构成。这些零件可以布置在不同位置,以实现独特的功能。

尽管不同的电子元件存在差异,但是它们有这些共同点:无论它们执行什么功能,都需要以特定的方式控制电子的流动。

以下为一些常见的电子元件。

电阻: 电阻是所有电子电路中最简单、最基本的元件。电阻的主要作用是限制电子的流动,控制流过电路的电流。这个过程通过将电能转化为热能来实现。电阻的尺寸规格不等。

▲ 电阻

▲ 可变电阻

电容器: 电容器是储存电荷和电能的元件。它由两块中间用电介质(绝缘材料)隔开的导电材料板组成。和电池相似,电容器可以存储电能。当电容器储存电能时,该过程被称为充电;当电容器释放电能时,该过程被称为放电。电容器能够存储的电能大小被称为电容。电容器在计时装置中应用得最为广泛,也可以被用于电视和收音机的调谐装置。

▶ 电容器

晶体管： 晶体管是由半导体材料制成的微型电子元件，可以用于放大器。晶体管一端输入较小电流，通过放大作用可控制另一端输出较大电流。因此，晶体管可用于助听器。

晶体管还可以作为开关使用，它们是存储芯片的主要组成元件。相互连接的晶体管组成的元件被称为逻辑门。这些逻辑门在"与""或""非"等决策中很有用处。一个典型芯片包含数十亿个晶体管。

▲ 晶体管

二极管： 这种电子元件有两个极，具有单向导电性。二极管可用于将交流转换为直流。与电阻不同，电阻可以按照任意方向插入电路板，而二极管只能按特定方向插入电路板。

▲ 二极管

光电子元件： 光电池是一种光电子元件，当被光照射时，它可以生成微小电流。发光二极管（LED）在接收微小电流时会发光，与光电池的工作方式相反。

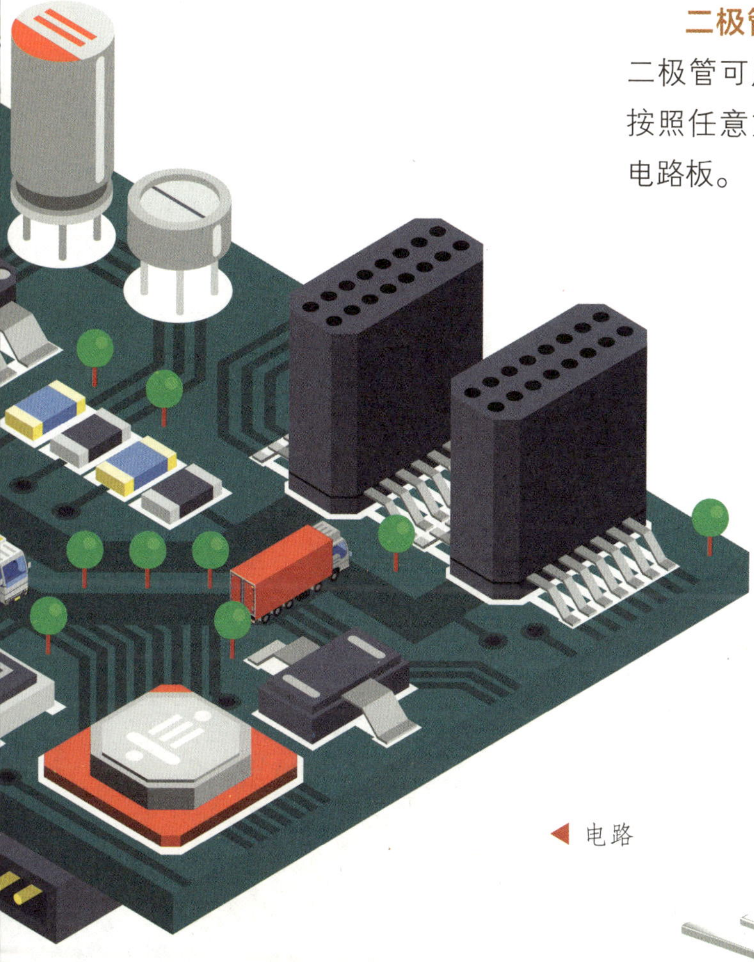

◀ 电路

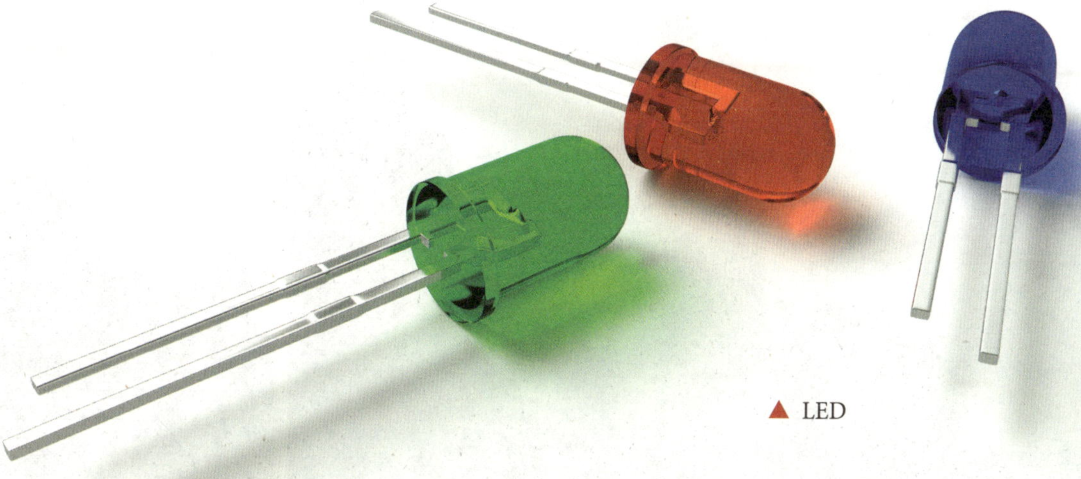

▲ LED

发 电

电是满足人类工业生产、公共事业和家庭生活需求的重要资源。发电方式不尽相同，有些高效、无污染，有些则低效、污染严重。

发电机

发电厂一般使用蒸汽、水、风力等驱动发电机。发电机是一种将机械能转化为电能的设备。发电机基于电磁感应的原理运行。发电机配备绝缘电线线圈、旋转电磁轴。每个线圈生成的电流汇总为大电流，大电流从发电机流动至电线，然后分配到用电单元。

化石燃料

古代植物或动物的遗体在地层中经过一系列生物化学变化成为化石燃料，如煤炭、天然气和石油。燃烧化石燃料是发电厂重要的能量来源。但是，燃烧化石燃料会产生污染，并释放二氧化碳。化石燃料无法在短时间内再生，是非可再生资源。

▼ 化石燃料

热力发电

热力发电利用热能发电。水被加热成高温蒸汽。当蒸汽通过涡轮时，它会驱动旋转轴上的叶片旋转。当该转子连接至发电机时，便会产生电能。

趣味小知识

石油和煤炭的燃烧会加剧温室效应，导致冰川融化，海平面上升。

▼ 发电站

核能发电

一些质量较大的原子核在裂变成较轻的原子核时，会释放出惊人的能量。同质量的化石燃料与核燃料相比，如果都进行了完全的反应，核燃料释放的能量要远远大于化石燃料释放的能量。

水力发电

水力发电厂可以在适当的水体，或者带有水坝的水库中，利用水的势能发电。抽水蓄能是水力发电的一种形式。

▲ 水力发电厂示意图

▲ 风车田

地热发电

地热发电利用地下热水和蒸汽进行发电，其污染程度非常低。地热发电厂收集的地热能可以用于发电和供暖。

风力发电

风力发电是通过风车运动进行的，是一种绿色低碳的发电方式。但风力发电效率低于水力发电。利用风力发电的最有效方法是把很多风车建在一起，成为"风车田"。

燃料电池

燃料电池通过连续的化学反应，将化学能转化成电能。航天飞机通常利用燃料电池提供动力，燃料电池持续地将氢和氧结合起来，转化成电能和水。燃料电池不适合用于需要大量电力的大型设备，因为它们的制造和操作难度很高。

太阳能发电

太阳能电池，也被称为光电池。太阳能面板由一系列连接起来的太阳能电池组成。当被阳光照射时，太阳能电池将太阳能直接转化为电能。太阳能是清洁的可再生能源。虽然并非所有照射到太阳能电池上的阳光都能转化为电能，但是太阳能发电仍然是利用太阳能最好的选择之一。

▼ 太阳能面板

电 路

电路是一个闭合回路，为电荷提供连续流动的路径。电路通常由电源、用电器、导线和开关组成。

电路的基础

使用带有正、负极的电池可以构建简单的电路。正极带有过量的正电荷，而负极带有过量的负电荷，这会产生电势差，当使用导线连接电池两极时，电荷开始流动。

当用导线直接连接电池的两极时，电池会产生大量电能，这些电能会转化为热量，可能会损坏电源及导线。而将灯泡连接在导线之间，线路就转化为功能电路。

负载是我们放置在电路中的物体，它可以利用电能，将电能转化为光能等。

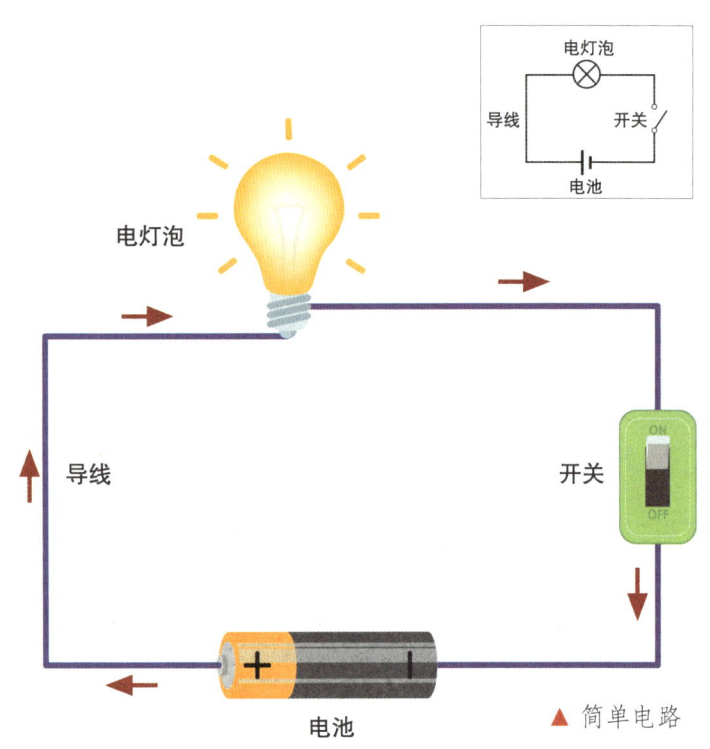
▲ 简单电路

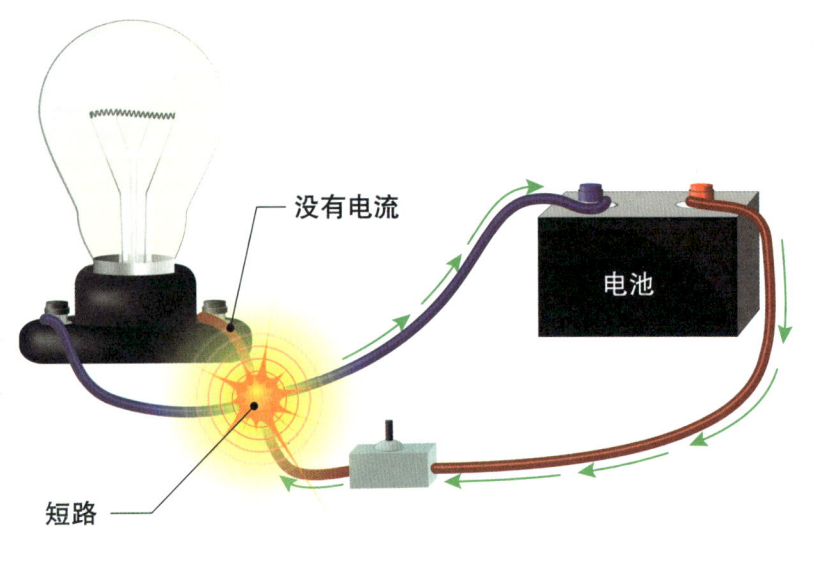
▲ 短路

短路

当使用导线直接将电源正极、负极连接起来时，可能导致短路，会损坏电源甚至烧坏导线。

断路

断路和短路相反，断路时，回路并没有完全连接。换言之，它不是闭合电路。在修复断开的连接前，该电路不会工作。

并联电路和串联电路

电路可以并联或者串联连接。

并联电路由沿着多条路径连接的部件组成,对每条支路上的部件施加相同的电压。在该电路中,电压保持恒定,而流过整个电路的总电流是流过各个部件的电流之和。

串联电路由沿着单一路径连接的部件组成,因此流过每个部件的电流相同,并且电路两端的电压等于施加到每个部件的电压之和。

比如,当一个电池连接四个电灯泡时,将灯泡依次相连,然后接到电路中,这样的电路就被称为串联电路。如果每个灯泡通过单独的回路连接至电池,这则是一个并联电路。

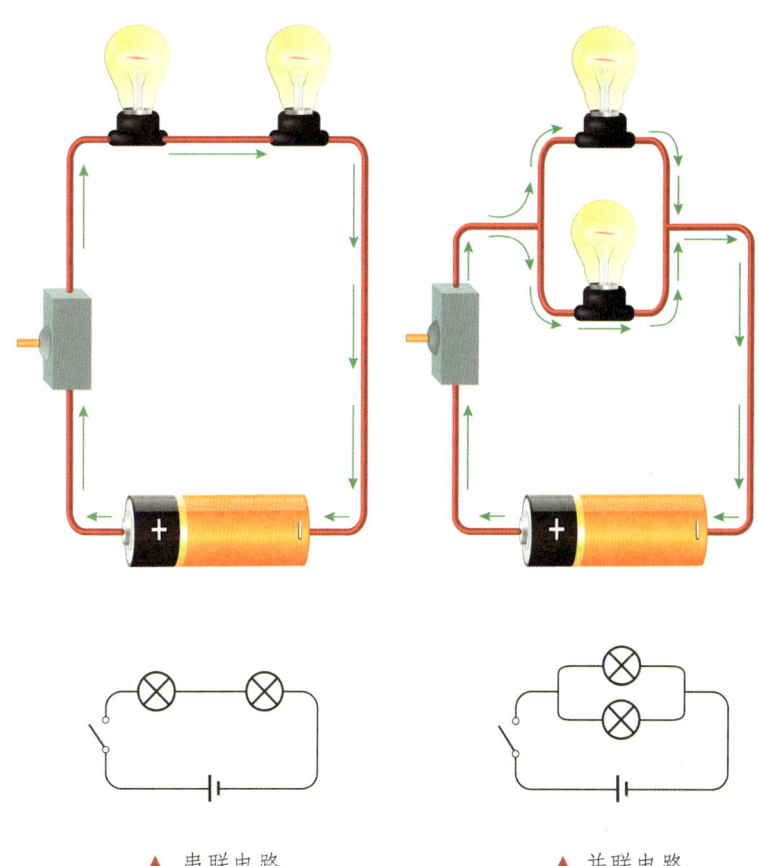

▲ 串联电路　　　　　▲ 并联电路

趣味小知识

在串联电路中,所有连接的部件均必须工作,使其成为完整的电路。即使一个部件停止工作,也会破坏整个电路。

▶ 并联连接的电路

用电器与发电机

我们每天使用用电器，用它们产生热量、光，或者驱动物体移动。电和磁结合发挥作用，驱动电动机工作。

◀ 电风扇

通用型电动机

用电器的共同特点是，它们由电池供电或者通过将插头直接插入电源插座获得供电。除此之外，大多数用电器通过驱动电动机工作。电动机是一种配备电线、磁体和旋转轴的装置。

电动机通电后，将电能转化为旋转的动能，该旋转的动能可以为很多机械作业提供动力。

电风扇、洗衣机和其他类似的用电器通过电动机叶轮或叶片的旋转运动工作。当连接电源时，电动机开始旋转，为用电器提供动力。食品加工机和搅拌机的工作方式相似，它们由安装在电动机轴上的旋转叶片提供动力。

真空吸尘器也使用电动机将电能转化为机械能。这类设备带有进气口、过滤器、排气口，通过旋转装置产生吸力，吸入灰尘等细小物。

▲ 洗衣机

▲ 真空吸尘器

▲ 拆卸的电动机

电热器

电流流过导线时，会产生热量。这是由于金属导体内的自由电子在移动时频繁地与金属正离子发生激烈的碰撞，消耗的能量以热量的形式散发。

为了不消耗过多能量（比如热量），导线通常使用铜线。但是，对于需要产生热量的设备（比如热吹风机或烤面包机），导线则常使用镍铬合金制造。当电子流过该合金时，会产生大量热量。从原子层面来说，这是因为电子撞击镍离子和铬离子的频率比撞击铜离子的频率高，因此产生的热量也更多。

▲ 烤面包机

发电机

发电机的工作与电动机几乎完全相反。电动机输入电能，输出机械能；发电机使用其他能源来产生旋转，并以电能的形式输出。燃气发电机常带有汽油发动机，该汽油发动机可以驱动旋转轴旋转，从而通过发电机将动能转化为电能；踩踏式发电机是将踩踏时消耗的机械能转化为电能，可为电灯供电；一些小型风车也配有发电机，可以将叶片转动的动能转化为电能。

▲ 发电机

安全性

由于电流过高时可能有危险，因此操作用电器时必须小心。必须修理或者更换反复熔断保险丝的用电器。如果电线有磨损或裂纹，也必须更换。电源插座禁止过载。不要让水和电接触，因此用电器必须远离水源，禁止用湿手触摸开关或插头。

趣味小知识

有些用电器使用直流，如手电筒；有些用电器使用交流，如电视机。

▲ 电器的安全操作

磁

磁是某些材料表现出的一种物理现象，这些材料能够产生磁场。磁性材料之间可以相互排斥或吸引。

▲ 磁体的类型

▲ 指南针

▲ 磁铁矿（天然磁石）

磁的认识历史

磁性材料是一项很古老的发现。古希腊人、古罗马人使用所谓的"天然磁石"吸引铁屑。古代中国人制作了罗盘，用于指示方向。指南针（罗盘）后来被用于导航。

13世纪的法国学者彼得勒斯·佩雷格里努斯（Petrus Peregrinus）是最早详细研究磁体并描述磁体特性的学者之一。后来，英国科学家威廉·吉尔伯特分析了磁体的特性，他是第一位提出地球如同巨型磁体的学者。此后数十年间，人们开展了更多研究，进一步了解了磁产生的原因，以及磁与电的关系。

磁体的性质

磁体带有两个磁极：北极（N极）和南极（S极）。

北极会吸引南极，并且排斥另一个磁体的北极。换言之，同名磁极相互排斥，异名磁极相互吸引。

磁体周围存在能使小磁针偏转的磁场。

小磁针静止时N极一般指向地理北极附近，这是因为地球自身就如同一块巨大的磁体。

无论磁体被切割或分割多少次，它始终有两个磁极。

将磁体与铁钉或镍片等磁性材料接触，该材料就会显示出磁性，这种现象被称为磁化。

趣味小知识

磁共振成像（MRI）设备产生的磁感应强度大约是地球的60 000倍！

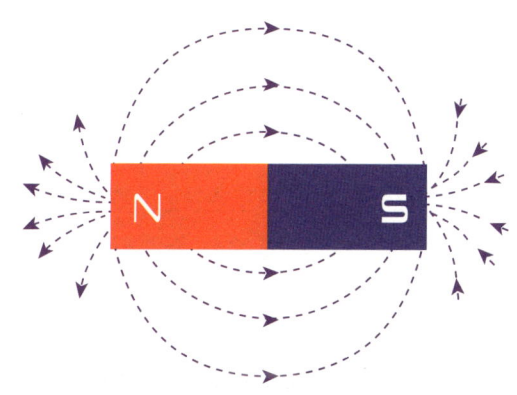 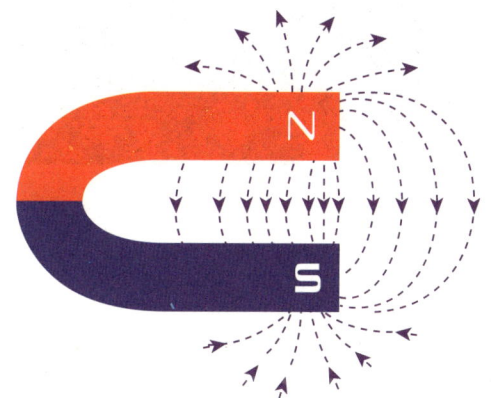

▲ 磁体周围存在磁场

磁如何工作

在深入理解原子、亚原子粒子之前，人们运用磁畴理论来解释磁化机理。按照该理论，铁棒等铁磁性物质（也叫强磁性物质）由许多被称为磁畴的已经磁化的小区域组成。当磁畴的磁化方向不同，并杂乱无章地混在一起时，铁棒不存在磁性。但是，当受到外磁场的影响，这些磁畴的磁化方向有规律地排列起来时，铁棒的磁场就会大大增强。当使用磁体摩擦铁棒时，铁棒会被磁化，原本杂乱无章的磁畴会对齐，最终指向同一方向。

后来，人们发现磁性物质与构成磁性物质的原子内部的带电粒子在不停地运动有关。更准确地说，磁是电子运动和自旋的结果。由于电子是带电粒子，它们的运动会产生磁性，每个电子产生一个微小的磁场。磁性物质内部的所有磁场之和赋予磁性物质以磁性。

磁 场

磁性材料或者运动电荷的周围区域可以吸引或者排斥其他磁体或运动电荷，则该区域存在磁场。

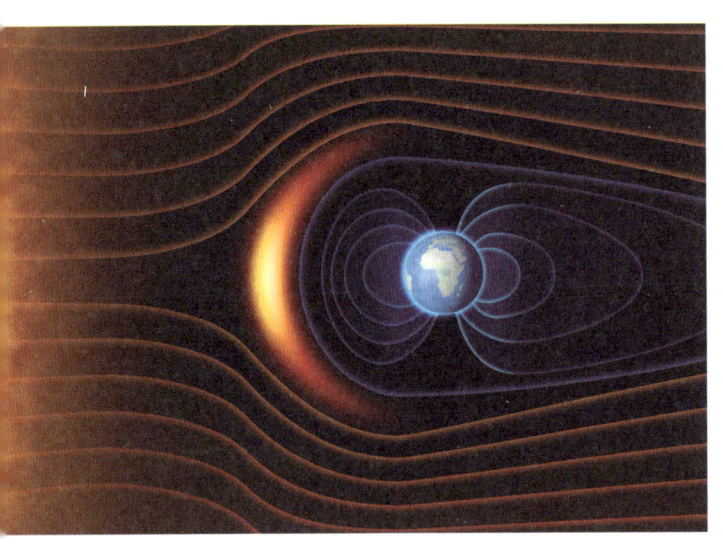

▲ 地球磁层

地球是一个磁体

指南针能够指示南北方向。尽管这种现象早已为人所知，但是在长达几个世纪的时间里都没有人能解释其缘由。1600年，英国科学家威廉·吉尔伯特提出了一种解释。他的著作《论磁石》（De Magnete）不仅是最早以英语出版的科学书籍之一，还是第一部将地球描述为巨型磁体的书籍。后来的研究证明，地球确实起到磁体的作用。

位于地球空间最外层的由稀薄等离子体构成的太空区域称为地球磁层。地球磁层在保护地球免受来自太阳、外层空间的宇宙射线、高能带电粒子的辐射方面发挥着至关重要的作用，没有地球磁层，这些辐射可能穿透地球的上层大气和臭氧层。

地球的磁场从地球内部一直延伸至太空，也被称为地磁场。对地磁场的产生原因，人们至今还没有满意的研究结果。

即使在地球地理南北极附近，地球的地磁北极、地磁南极仍然会在地质时间尺度上发生变化。由于这种变化非常缓慢，因此指南针可以保持准确的导航状态。科学家推测，每过100万年左右，地磁场的南北极就会完全颠倒一次。

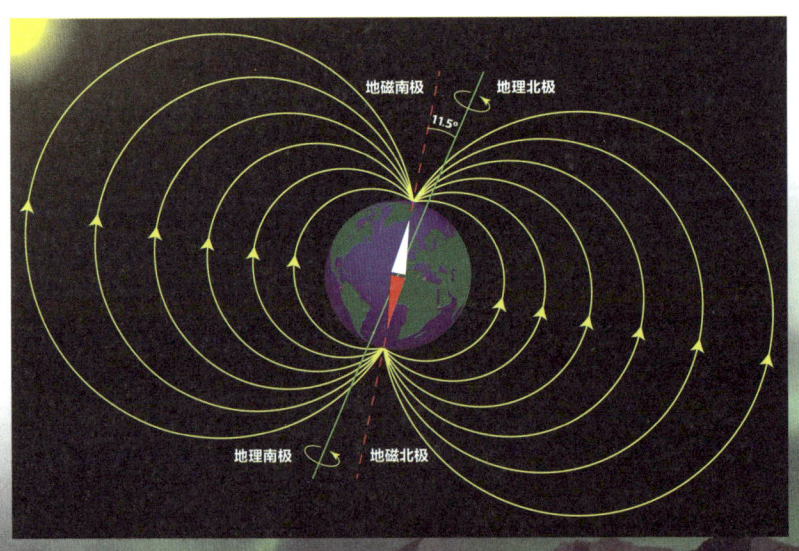

▲ 地球的磁场

▲ 带有强大磁场的中子星

趣味小知识

北极光和南极光是由于太阳风中的带电粒子与地球磁场相互作用形成的。

磁感应强度

在靠近磁体两极的位置，磁体的磁感应强度最强，且磁感应强度随着与磁体距离的增加而减小。磁感应强度的单位特斯拉（T）是以科学家的姓来命名的。

尽管地球如同一块巨大的磁体，但令人惊讶的是，它的磁场很微弱。实际上，地球的磁感应强度比普通条形磁体的弱得多。据说，世界上磁感应强度最大的磁体的实验室磁感应强度是地球磁感应强度的900 000倍！

太阳的磁感应强度比地球的强很多倍。木星、土星、天王星、海王星的磁感应强度也高于地球的。但是，水星、金星、火星的磁感应强度比地球的弱很多。

中子星具有已知的宇宙之中最强的磁场，磁感应强度为 $10^4 \sim 10^{11}$ T。

▼ 北极光

磁性材料

磁体不仅是适合游戏和实验的有趣物体，而且是我们日常所使用的用电器的重要组成部分。不同材料表现出不同强度的磁性。

▲ 磁体

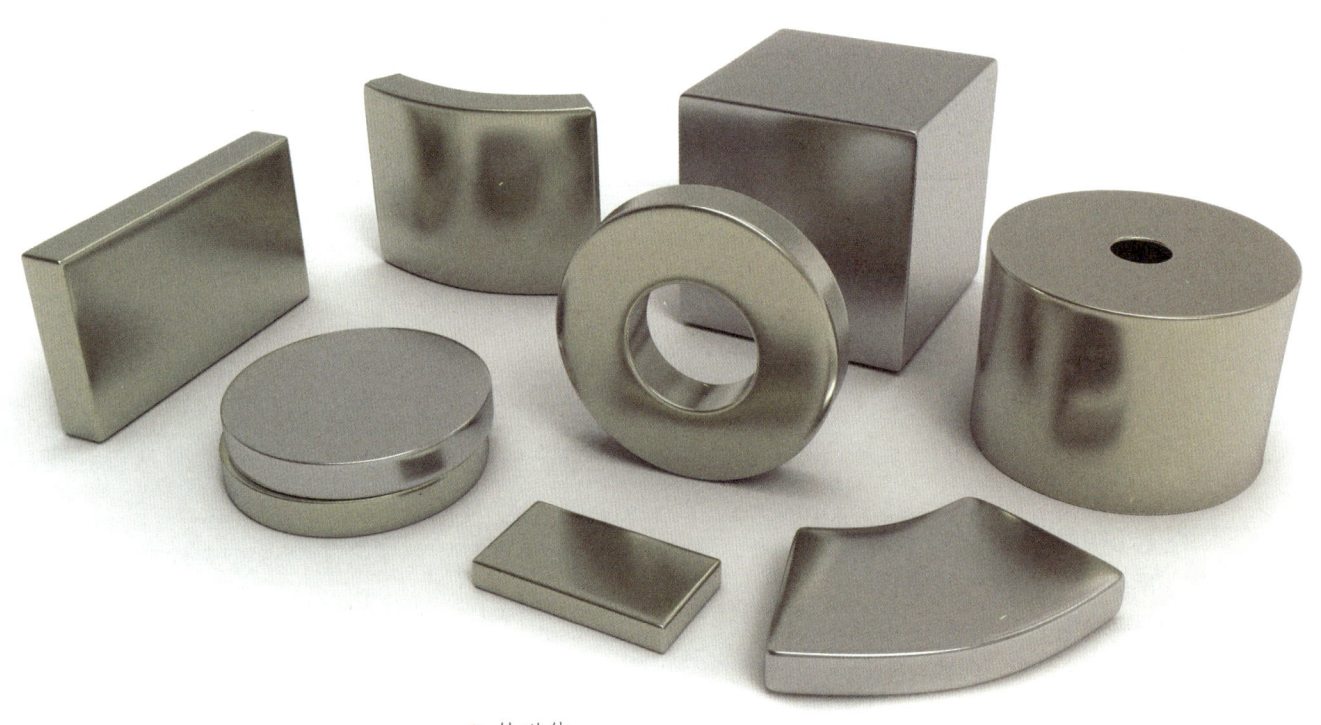
▲ 钕磁体

磁性材料和非磁性材料

当想到磁体时，人们最先想到的金属是铁。铁元素表现出很强的磁性。元素周期表中，其他表现出磁性的元素包括一些稀土元素，如钐、钕等。

铁氧体的主要成分是氧化铁，铁氧体表现出良好的磁性。天然磁石被称为磁铁矿，是天然存在的铁氧体。早在远古时代，人们就已经发现并使用这种化合物了。

铜、铝、金和银等其他金属没有表现出磁性。木材、橡胶、塑料、混凝土、纸张、玻璃、羊毛、布料纤维等材料也没有表现出磁性。

▲ 磁性材料

软磁材料与硬磁材料

有些磁性材料，外磁场撤去后，没有明显的剩磁，这样的材料被称为软磁材料。而有些磁性材料，外磁场撤去后，具有很强的剩磁，这样的材料被称为硬磁材料。材料的可磁化程度被称为磁化率。

材料的磁性种类

按照材料的磁性性质，地球上所有已知材料可以分成五类：抗磁性材料、顺磁性材料、反铁磁性材料、铁磁性材料和亚铁磁性材料。下面我们介绍一下其中三类磁性材料。

抗磁性材料： 水和许多碳化合物具有抗磁性。当将这些材料悬挂在线上时，它们产生的附加磁矩将与外磁场方向相反。这种材料被称为抗磁性材料。

顺磁性材料： 当悬挂在线上时，磁化方向与外磁场方向一致的材料，被称为顺磁性材料。某些金属（如铝），甚至许多非金属，为顺磁性材料。它们表现出的磁性非常弱，几乎无法被观察到。顺磁性性质受温度影响。顺磁性材料温度越高，对于放置在其附近的磁体产生影响的可能性越低。

铁磁性材料： 铁和一些其他材料（如稀土金属），在存在外磁场的条件下会被磁化，并且即使去除了外磁场，它们仍然能保持磁化。这种材料被称为铁磁性材料。"铁磁性"一词的含义是"像铁一样的磁性"。当铁磁性材料被加热至特定温度以上时，它们将失去磁性，该温度被称为居里温度。例如，铁的居里温度为770 ℃，镍的居里温度为800 ℃。将铁磁性材料加热至居里温度以上或者反复击打，可破坏其铁磁性。

▲ 钢筋

▲ 聚苯乙烯泡沫塑料是一种抗磁性材料

趣味小知识

硬磁材料可以制成性能优良的永磁体。

磁 浮

利用磁场克服重力，使主要由金属构成的物体悬浮的技术被称为磁浮。该过程中，仅仅通过磁场支持悬浮物。这项技术有时也被称为电磁悬浮。

磁浮原理

在磁浮中，磁力被用于抵消重力。然而，悬浮是无法通过生成简单的电磁场来实现的。人们运用超导体，实现磁浮的可行性和安全性。超导体是排斥磁场的抗磁性材料。这种磁浮方法也被称为电动力推进。

磁浮列车

现在，由于机场拥堵和频繁的航班延误，人们正在寻求乘坐飞机以外的其他交通方式，以实现快速远距离旅行。科学家们设计了一种新型的、革命性的产品——磁浮列车。某些国家已经研发出高速磁浮列车，并运用功率强大的电磁铁操纵列车。

磁浮列车被设计成悬浮在轨道上方，完全通过磁场力推动列车行驶至目的地。由于列车与轨道不直接接触，因此，除列车车厢与空气之间的摩擦外，列车行进过程中不存在其他摩擦。从而，磁浮列车能够以500～650 km/h的超高速度行驶。这些列车更大的优势在于运行时噪声低、消耗的能量较少。

◀ 磁浮列车

磁浮列车对比传统火车

磁浮列车在多个方面与传统火车存在很大区别：磁浮列车没有配备用以牵引车厢的传统发动机，而且磁浮列车不使用化石燃料，而是由安装在轨道壁上的带电线圈驱动前进。

磁浮列车的工作机理

磁浮列车通过三个主要部件驱动运行：
1. 大功率电源。
2. 轨道内衬的金属线圈。
3. 安装在列车下方的大型磁体，用于沿着轨道引导列车。

沿着轨道运行的磁化线圈与列车底部的大型磁铁相排斥。一旦列车悬浮起来，它就会从铁轨壁的线圈接收能量，并产生磁场来牵引或推动列车沿着轨道前进。

交变电流改变磁化线圈的极性，这种极性的变化使列车前方的磁场引导列车前进。

趣味小知识

典型情形下，磁浮列车悬浮在轨道上方1~10 cm处。

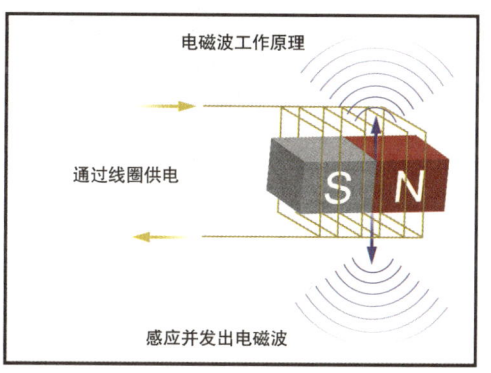
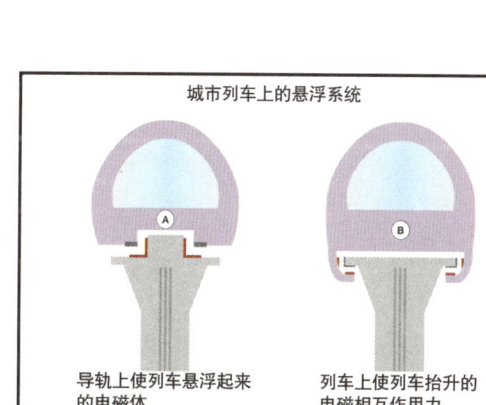
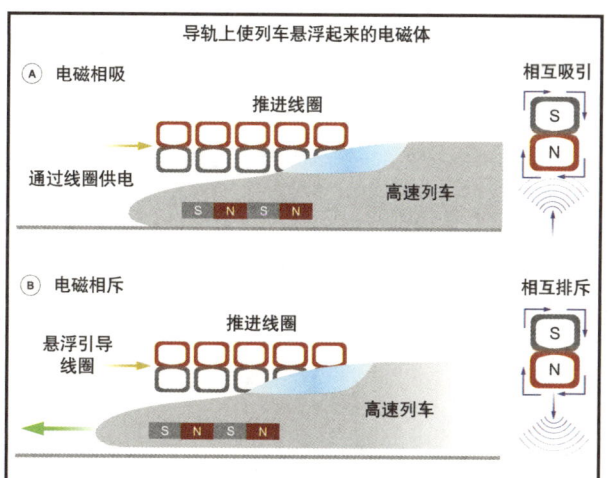
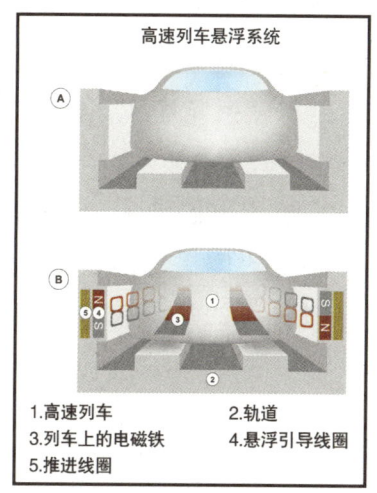

▲ 磁浮工作机理

电磁波

电磁波是存在于我们周围的一种能量形式。与声音或者振动需要介质传播不同，电磁波可以在无任何介质的真空中传播。它是通过电场、磁场的组合振荡发射能量的。

电磁波的发现

詹姆斯·克拉克·麦克斯韦（James Clerk Maxwell）是第一位提出存在电磁波的科学家。他不仅提出了描述电磁波的科学理论，而且还推导出描述电场、磁场之间相互关系的方程组。后来，另一位科学家——海因里希·赫兹（Heinrich Hertz）成功地将麦克斯韦理论应用于电磁波的产生领域。

▲ 詹姆斯·克拉克·麦克斯韦

电磁波的特性

电磁波是通过电场、磁场的组合振荡，呈放射状发射能量的。电磁波具有波粒二象征，即它同时具有波的性质和粒子的性质。

组成电磁波的电场和磁场的振荡方向与电磁波的传播方向垂直。在接触到干扰传播的物质（如金属或水）之前，电磁波通常以光速传播。

电磁波是一个很大的家族。不同的电磁波由于具有不同的波长（频率），因而有不同的特性。无线电波、红外线、可见光、紫外线、X射线和γ射线都是电磁波。其中，X射线和γ射线属于电离辐射。

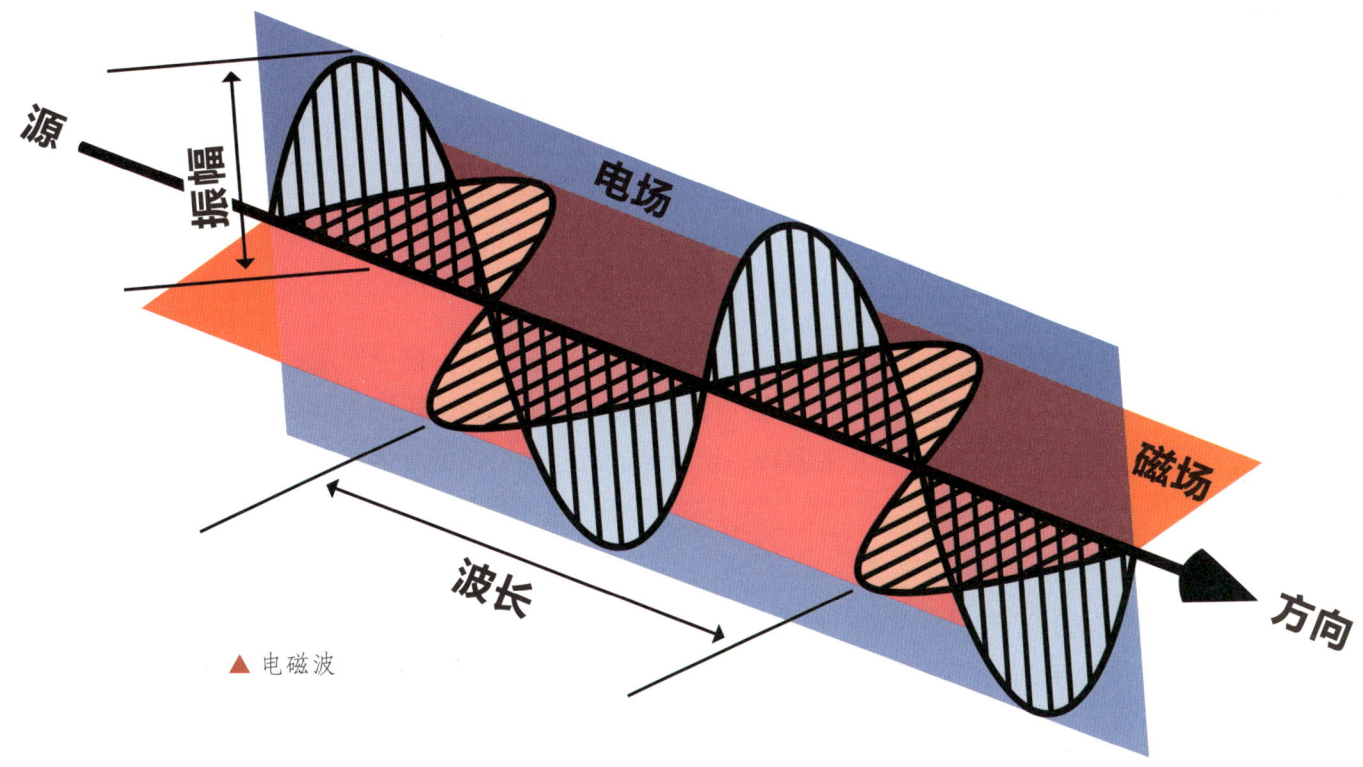

▲ 电磁波

电磁波谱

按电磁波的波长或频率大小的顺序把各类电磁波排列成谱，叫作电磁波谱。描述电磁波谱的不同区段时，可以用波长，也可以用频率。对于无线电波，特别是微波以外的无线电波，习惯上用频率；对于其他电磁波，习惯上用波长。

食物中的水分子在微波的作用下热运动加剧，温度升高，内能增加，这是微波炉的工作原理。

▼ 电磁波谱

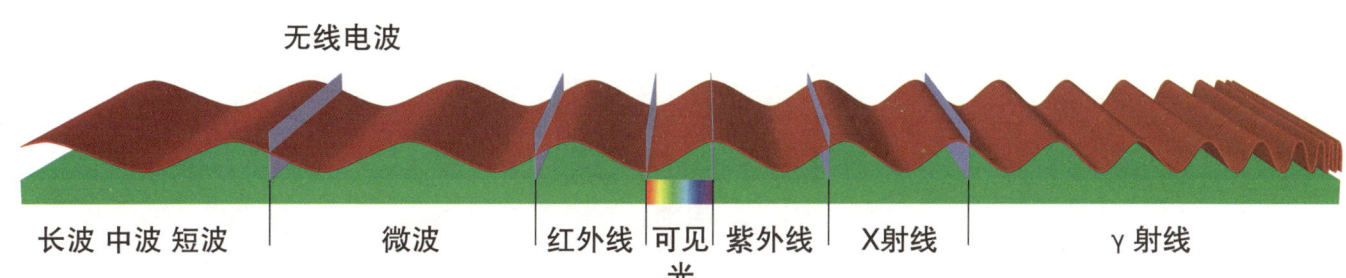

电磁学

当确定了电与磁之间的相互关系后,一个新的研究分支——电磁学出现了,其在现实生活中被广泛应用。

电流的磁效应的发现

1820年,汉斯·克里斯蒂安·奥斯特(Hans Christian Oersted)在一次演讲中偶然发现了电流的磁效应。他认为电和磁可能存在关联,并最终通过实验证明了这一观点。如果导线在小磁针上方并且两者平行,当导线通电时,磁针发生偏转;切断电流后,磁针又回到原位。

电生磁

流过导体的电荷会在导电材料周围形成磁场。磁感线将始终垂直于电流流动的方向。

将电线缠绕成致密线圈,可以增强电线生成的磁场。在这个致密线圈中插入铁芯,就组成了电磁铁。

电磁铁被应用于许多领域,如医学、工业生产、日常生活等。

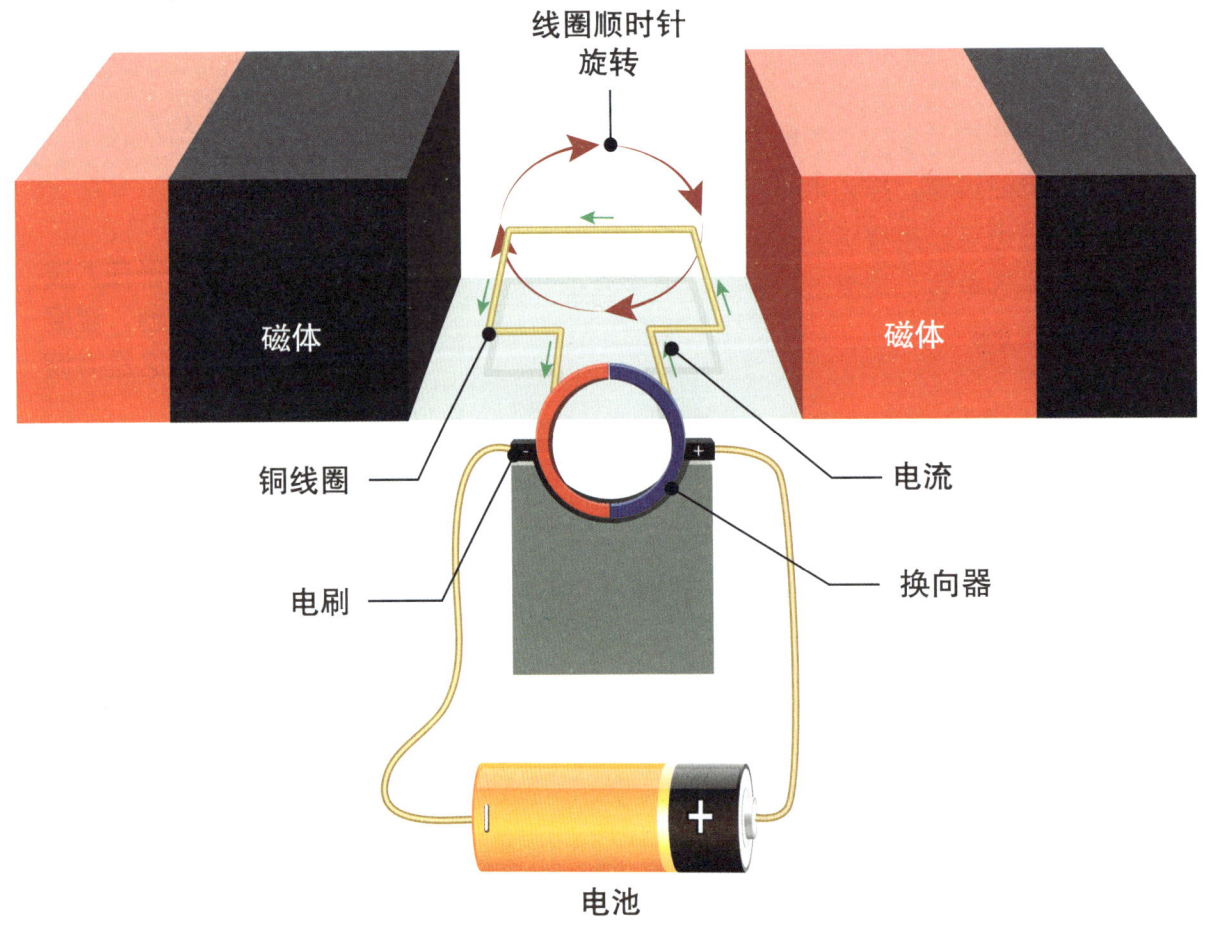

▲ 电与磁的关系

电流磁场的方向和电磁铁的分类

右手握住导线，让伸直的拇指的方向与电流的方向一致，那么，弯曲的四指所指的方向就是磁感线的环绕方向。

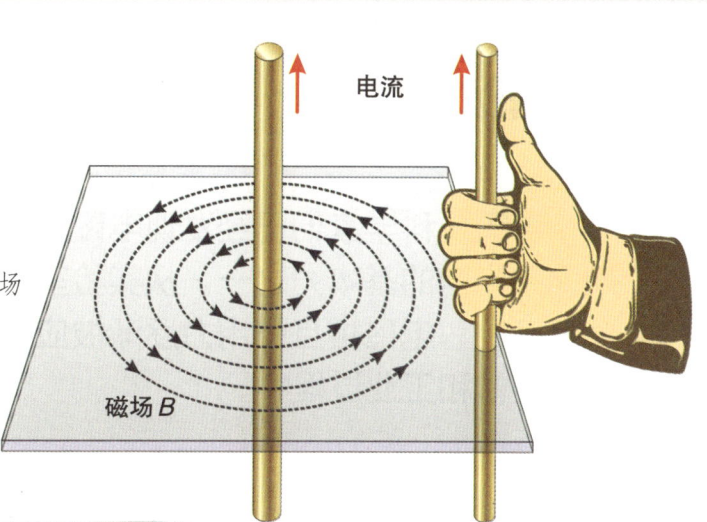

▶ 直线电流的磁场

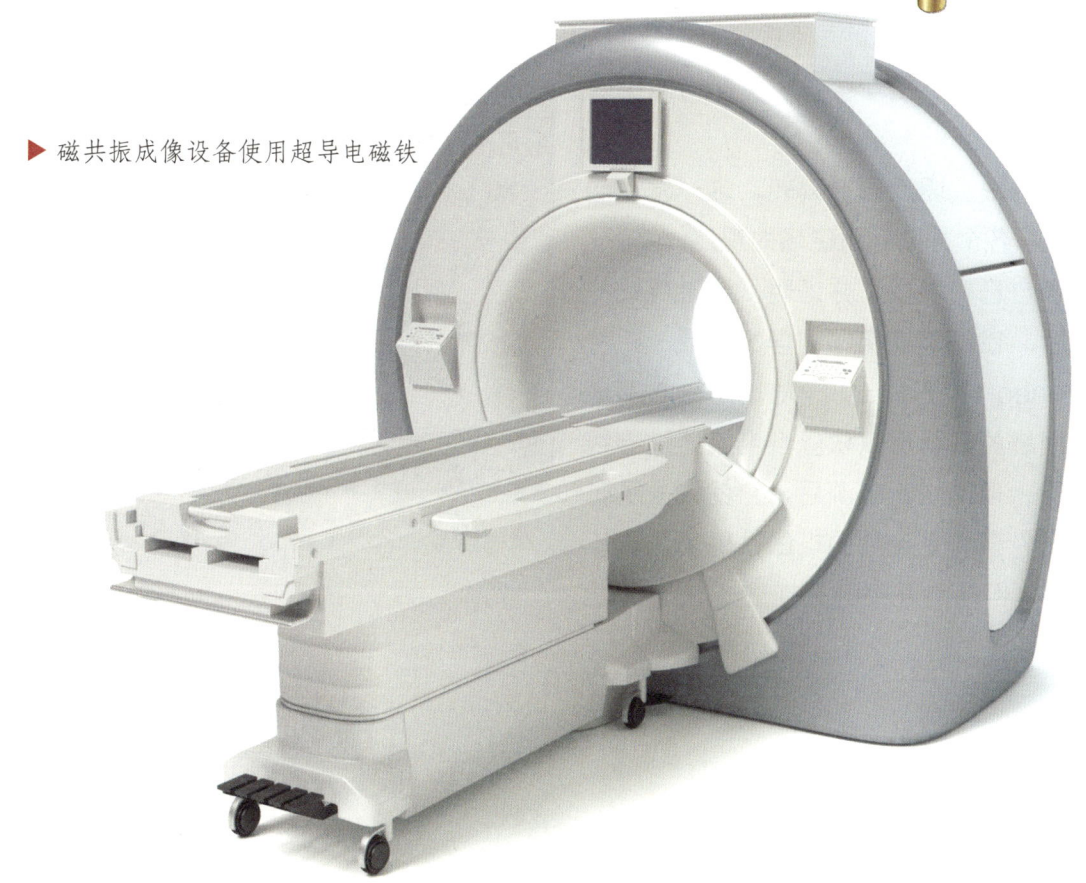

▶ 磁共振成像设备使用超导电磁铁

下面介绍三类为不同目的设计的电磁铁。

电阻式： 电阻式电磁铁使用铜线或铜板生成磁场。可以通过将金属丝缠绕在一块金属上来汇集磁场。

超导式： 超导式电磁铁通过降低电阻工作。它在非常低的温度下运行。

混合式： 混合式电磁铁是将电阻式电磁铁和超导式电磁铁相结合制成的。

趣味小知识

与X光机或CT扫描仪相比，磁共振成像设备更加安全，因为它不使用有害的电离辐射。

电磁铁

今天，科学家们已经发现电磁相互作用力是宇宙的基本力之一。从实验室电磁演示开始，电磁相互作用力逐渐被应用到许多设备和工业过程中。

历史

在丹麦科学家汉斯·克里斯蒂安·奥斯特的突破性发现之后，电磁铁问世。

接通电源时，导线会驱动磁针偏转，这一发现启发奥斯特提出导线从各个方向辐射磁场的观点。

在奥斯特发表自己的发现，并证明了流过导线的电流会产生磁场后，1824年，英国科学家威廉·斯特金（William Sturgeon）研发出第一块电磁铁。那是一块被铜丝紧密缠绕的马蹄形铁块。当电流通过导线时，它会吸引铁屑，但是切断电源后，它就失去了磁性。按照现代标准，斯特金设计的电磁铁磁场太弱，无法产生实际用途，但是约重200 g的它能够提升重达4 kg的物体。

▲ 汉斯·克里斯蒂安·奥斯特

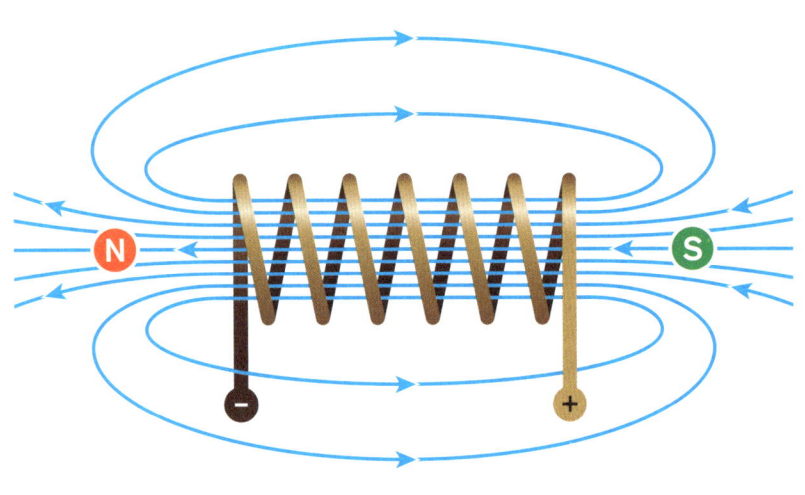

▲ 通电线圈的磁场

20世纪30年代，美国科学家约瑟夫·亨利（Joseph Henry）对电磁铁的基本设计进行了大幅改进。他使用绝缘导线，并将数千匝导线缠绕在单个芯体上。他改造的电磁铁非常有效，可以提升和支撑大约907 kg的重物。约瑟夫·亨利的革命性设计和改进使得电磁铁开始流行，并为科学、工业和实用目的的创新和应用铺平了道路。

电磁铁的工作

电磁铁是通电产生电磁场的一种装置。所有导电材料和通电导线均会产生磁场，但是电磁铁经过专门设计，能够提供最大化的磁感应强度。

取一个铁钉，将一根导线在铁钉上紧密缠绕许多圈，再将导线两端连接到电池上，这样就能制造一个简单的电磁铁。这种电磁铁能够吸引小的铁质物体，如曲别针或铁屑。

永磁体与电磁铁

永磁体带有固定的北极和南极，无法修改或者人为指定；而只需改变施加到线圈的电流方向，即可改变电磁铁的极性。

永磁体的磁感应强度一般不变；而电磁铁的磁感应强度可以通过改变流过线圈的电流大小，或者改变线圈的匝数来改变。

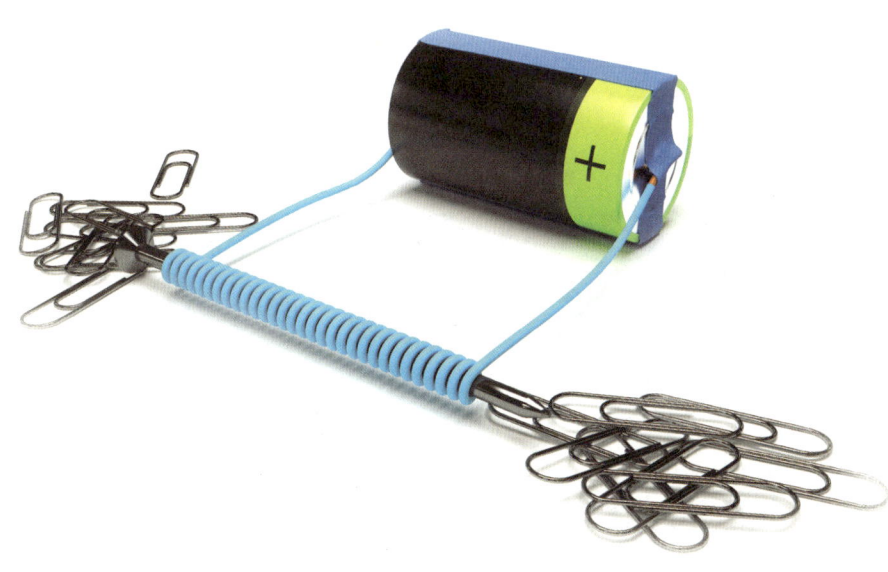
▲ 吸引曲别针的电磁铁

▼ 线圈匝数很多的电磁铁

趣味小知识

我们可以使用铁、镍或钴之类的天然磁性材料（或磁性材料的混合物）制造电磁铁。

电磁铁和电磁波的应用

电磁铁和电磁波有许多用途。如今，在很大程度上，许多日常应用和研究都依赖于电磁铁或电磁波的直接或间接的使用。

▼ 大型强子对撞机

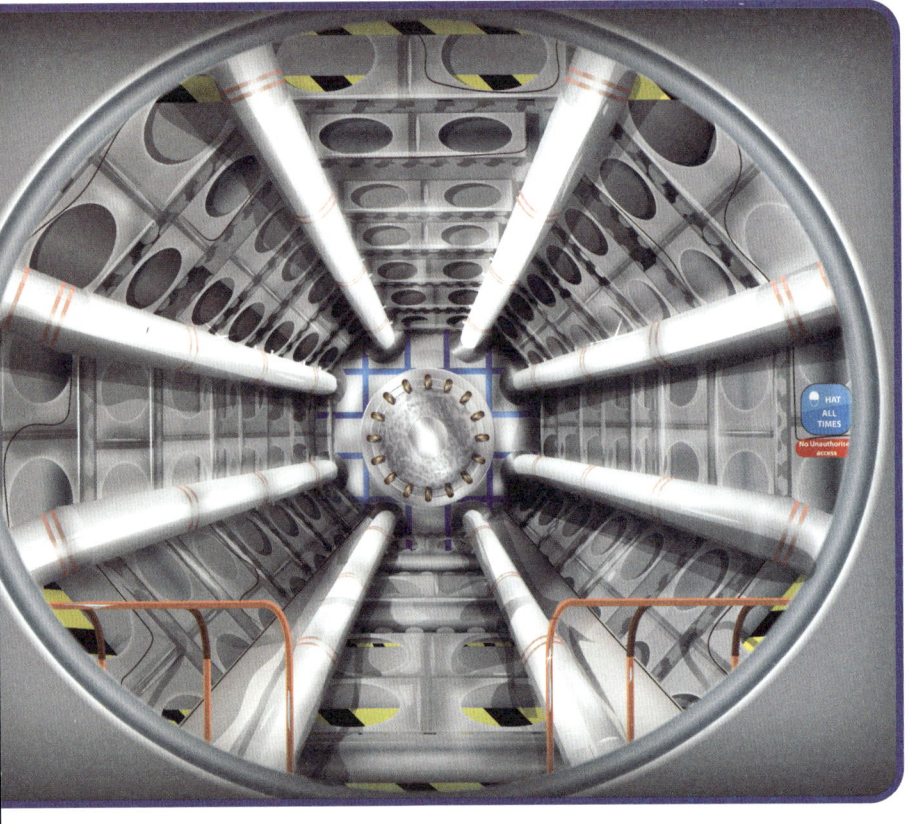

电磁铁的应用

从微小的电子元件到大型工业机械，电磁铁有许多重要的应用。它还被应用于许多科学领域的研究和实验。电磁铁相比常规磁体有许多优势，我们可以通过打开或关闭电源控制电磁铁。

1.螺线管是一种电磁铁，被应用于弹球机、点阵打印机和彩弹枪等。这些设备均依靠精确地施加和控制磁场，驱动某些部件有组织地运动。

2.超导电磁铁被应用于科研设备，如核磁共振（NMR）波谱仪、质谱仪和粒子加速器。大型强子对撞机（LHC）是大型粒子加速器的代表实例。

3.电磁铁被应用于音乐和音响设备，包括扬声器、耳机和电铃，以及录音机实现磁记录和数据存储的过程。

4.在多媒体和娱乐行业，电磁铁还被用于版本控制系统（VCS）和硬盘之类的设备和部件。

5.电动机使用电磁铁来实现将电能转化为机械能的目的。

6.使用电能加热和烹饪食物的电磁炉使用电磁铁。

7.从垃圾场的废弃物中分拣、提取铁磁性材料的磁选机使用电磁铁。

8.用于医学成像和诊断的磁共振成像设备使用电磁铁。

趣味小知识

增大或减小电磁铁铁芯周围的电流，可以影响电磁铁磁性的强弱。

电磁波的应用

电磁波在我们日常生活中发挥着重要作用。下面是部分电磁波的应用实例。

1. 长波和短波等无线电波被用于广播信号传输。
2. 电磁波被广泛用于通信技术，如电视用电磁波传递图像信号和声音信号。
3. 电磁波被应用于雷达，进行引导和遥感，以研究地球特征以及干旱地区的地下水情况等。
4. 紫外线被用于灭菌，以杀死微生物（细菌等）。它还被用于验钞。
5. X射线能够穿透物质，可以用来检查人体内部的器官。

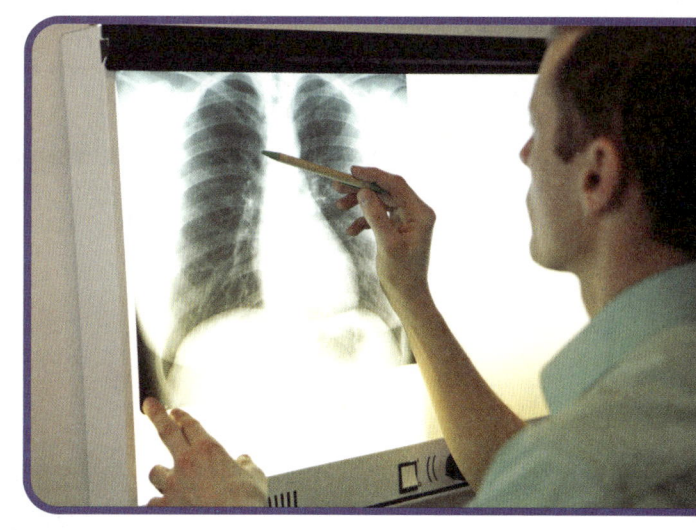

▲ X射线的医疗应用

6. γ射线可以用于杀灭肿瘤细胞。
7. 红外线被用于夜视设备和监控摄像头，并在军事上被广泛应用。
8. 微波被应用于微波炉的加热操作。它还被用于卫星通信。

▲ 微波炉

◀ 天线捕捉无线电波

趣味测试题

知识点：静电

1.说一说下列图片中展示的现象与静电原理无关的是哪一个。

知识点：导体和绝缘体

2.请判断下列材料哪些是导体，哪些是绝缘体。

铜　　　　　　　　铁　　　　　　　　铝　　　　　　食盐水溶液

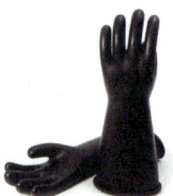

泡沫塑料　　　　　塑料　　　　　　橡胶　　　　　　陶瓷

知识点：电路

3.你能把电路连接，让灯泡亮起来吗？请动手试一试。

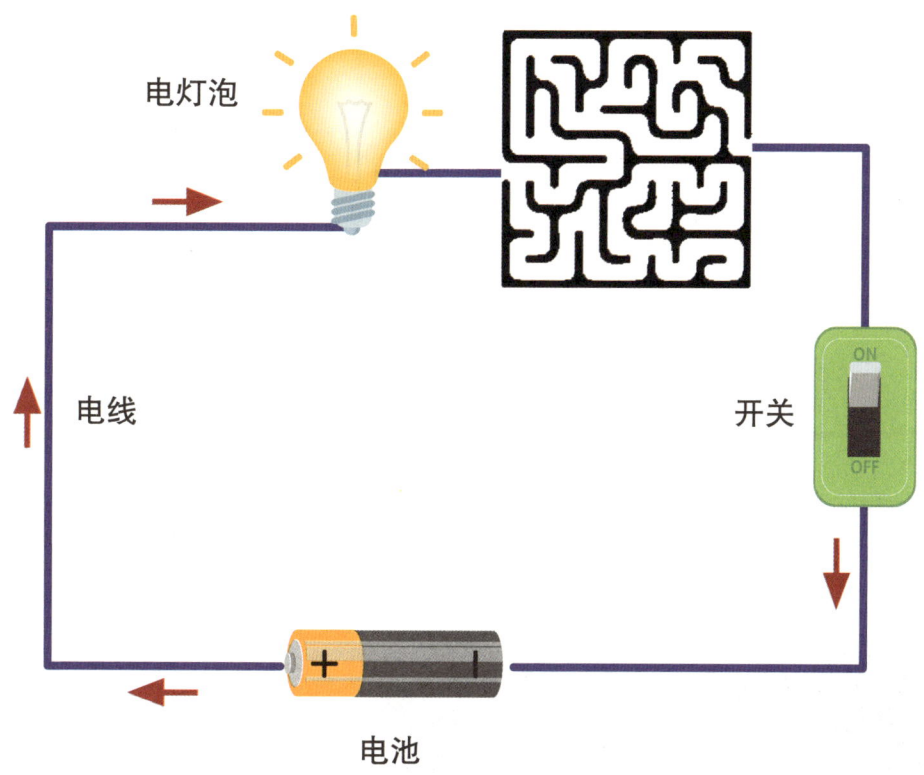

4.请将下图中所示电路与其类型名称用线连起来。

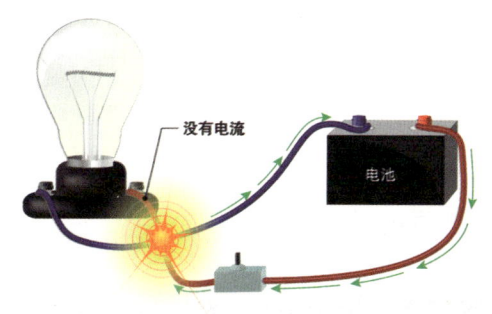

断路

串联电路

并联电路

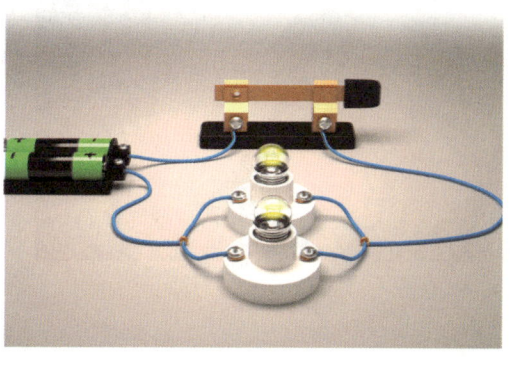

短路

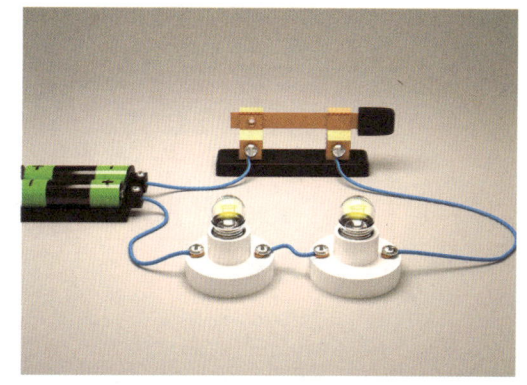

知识点：磁浮、静电

5. 请将下列事物与其原理相连接。

磁浮

静电

知识点：电磁波的应用

6. 说一说下列图片中的事物应用了电磁学中的何种原理。

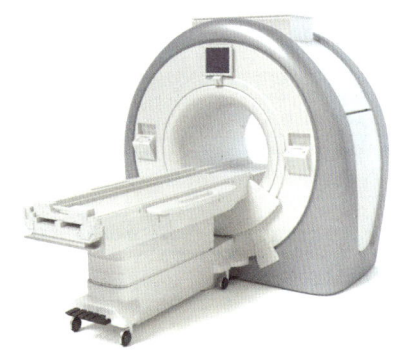

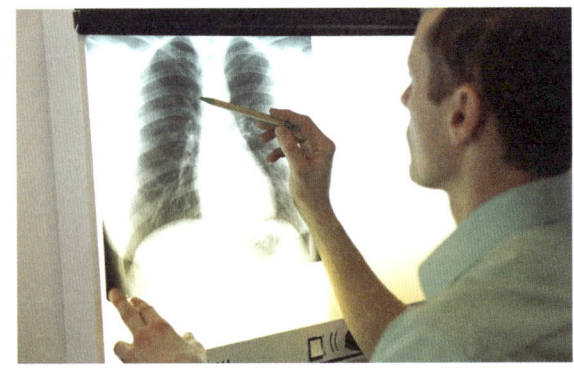

知识点：电磁波

7. 请将下列各类电磁波与其相应的事物相连接。

X射线

无线电波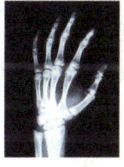

可见光

红外线

γ射线

知识点：地磁场

8.请标出地球的地理北极、地理南极、地磁北极、地磁南极，想一想指南针的应用原理。

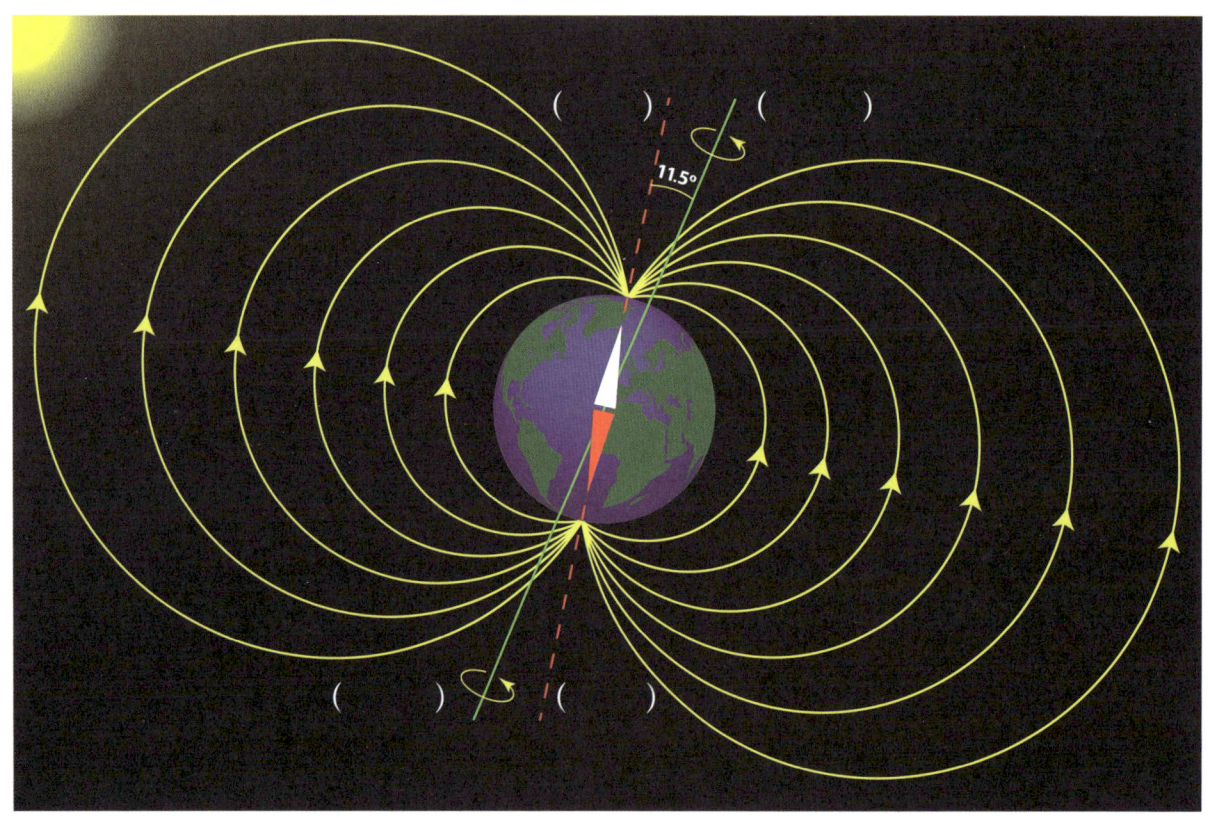

探索化学

DISCOVER CHEMISTRY

你好，科学！
DISCOVER SCIENCE

[英]North Parade Publishing
（北方旅行出版公司） 编　　杨瑞洋 译

青岛出版集团　青岛出版社

Copyright © 2020 North Parade Publishing Ltd, Bath, UK
山东省版权局著作权登记号 图字：15-2020-36

图书在版编目（CIP）数据

你好，科学！.3,探索化学/英国北方旅行出版公司编；杨瑞洋译.— 青岛：青岛出版社,2020.6
ISBN 978-7-5552-9009-4

Ⅰ.①你… Ⅱ.①英…②杨… Ⅲ.①科学知识－青少年读物②化学－青少年读物 Ⅳ.①Z228.2②O6-49

中国版本图书馆CIP数据核字(2020)第051538号

本册审定专家
马之恒　科普作家，中国科技馆特约顾问

本册审定名师
高国芬　北京师范大学成都实验中学
张凤　北京师范大学青岛附属学校
饶远航　北京师范大学卓越实验学校

书　　　名	你好，科学！
分 册 名	探索化学
编　　　者	［英］North Parade Publishing（北方旅行出版公司）
翻　　　译	杨瑞洋
出版发行	青岛出版社
社　　　址	青岛市崂山区海尔路182号（266061）
本社网址	http://www.qdpub.com
邮购电话	0532-68068091
责任编辑	徐　巍　贾华杰
装帧设计	1204设计工作室（北京）文俊
封面插画	1204设计工作室（北京）文俊
照　　　排	青岛千叶枫创意设计有限公司
印　　　刷	青岛嘉宝印刷包装有限公司
出版日期	2025年3月第2版　2025年3月第6次印刷
开　　　本	16开（787mm×1092mm）
印　　　张	18
字　　　数	440千
审 图 号	GS（2020）1934号
书　　　号	ISBN 978-7-5552-9009-4
定　　　价	178.00元（全6册）

编校印装质量、盗版监督服务电话　4006532017　0532-68068050
建议陈列类别：少儿·科普

目录

原子结构 2

元素周期表 4

元素周期表上的元素 6

化学键 8

物质的性质 10

化学反应中的质量变化 12

化学变化 14

电解 16

能量变化 18

化学反应 20

有机化合物——碳氢化合物 22

有机化合物——醇和羧酸 24

聚合物 26

化学分析 28

大气化学 32

地球资源 34

污染 36

水处理和肥料 38

金属和合金 40

趣味测试题 42

原子结构

据目前科学所知，物质主要由原子、分子、离子等微观粒子构成。原子结合形成分子，分子拆分变成原子；原子得到电子变成阴离子，失去电子变成阳离子。

原子由原子核和核外电子构成，电子围绕原子核做高速不规则运动。原子核由质子和中子构成。

▲ 金块是一种由金原子构成的物质

元素

元素，又称化学元素，是质子数（核电荷数）相同的一类原子的总称。

元素是宏观概念，迄今已经发现一百多种元素。世间万物都是由这些元素组成的。

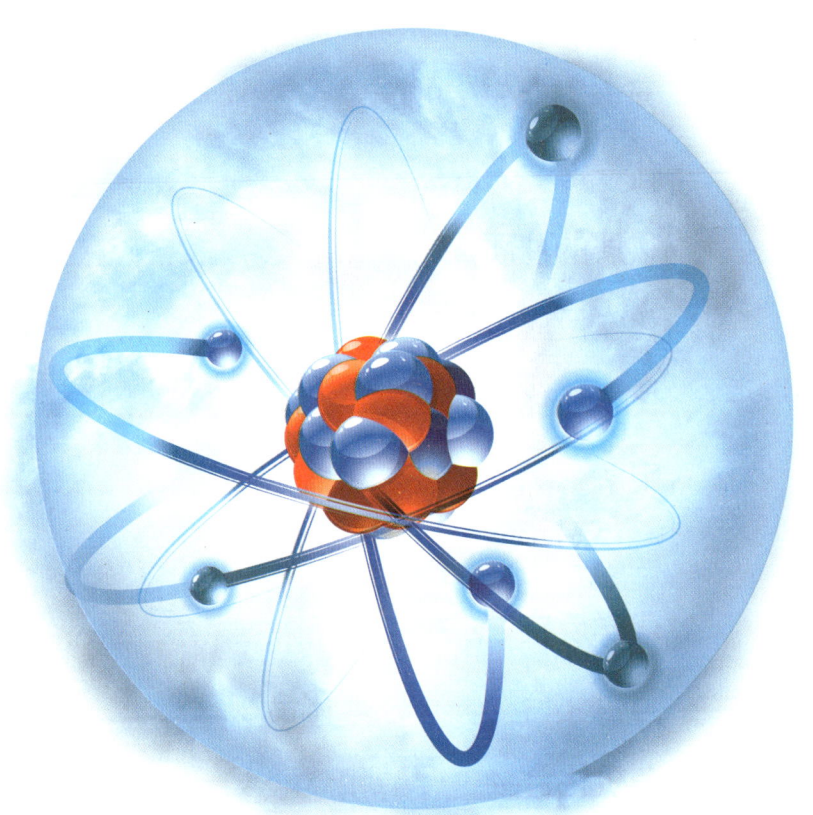

纯净物与混合物

纯净物由一种物质组成，比如纯氧、蒸馏水等。

混合物由两种或多种物质组成，比如空气、汽水、牛奶等。

由同种元素组成的纯净物叫作单质，比如氧气、氮气、金等。

由两种或两种以上元素组成的纯净物叫作化合物，比如二氧化碳、水等。

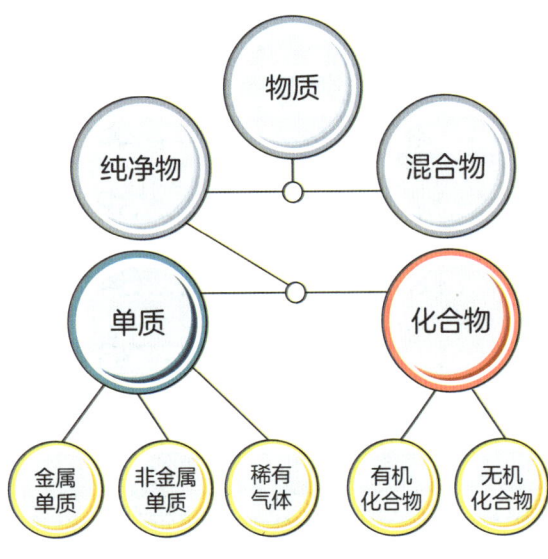
▲ 物质可以分为纯净物和混合物

原子模型

在原子被发现是化学变化中最简单的微粒时，其确切结构仍是未知的。在很早之前，原子被认为是无法细分的球体。最早的原子模型之一是英国物理学家汤姆孙提出的西瓜模型（或枣糕模型）。他认为，原子是一个内部均匀分布着正电荷的球体，其中镶嵌着许多电子。

α粒子散射实验对于更好地了解原子的性质非常重要。它帮助科学家确定了原子的正电荷集中在其中心。这个中心被称为"原子核"。核模型取代了西瓜模型。

后来，进一步的实验表明，原子核由较小的粒子——带正电荷的质子和不带电的中子组成。

詹姆斯·查德威克提供了实验证据来证明原子核中除了质子之外，还有中子的存在。

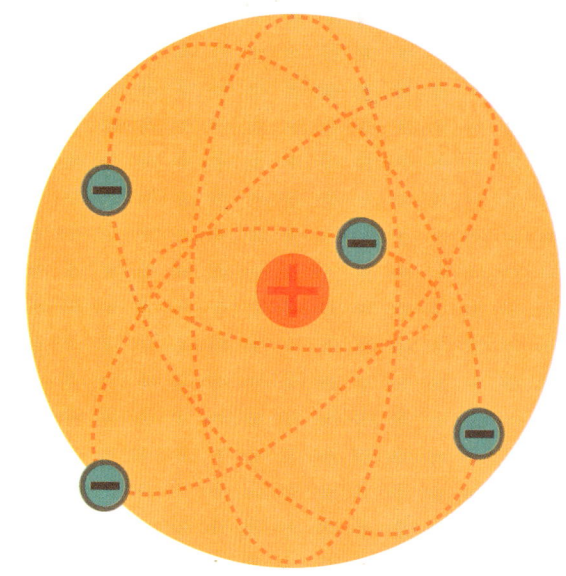

▲ 经过多位科学家的不懈努力，人类才认识了原子的结构

原子的性质

在任何原子中，电子的数量等于原子核中质子的数量。

质子和中子的质量总和约等于原子质量。

质子数或核外电子数的总和等于核电荷数。电子围绕原子核在一定能级上运动，形成了电子层。

质子数=核外电子数=核电荷数=原子序数

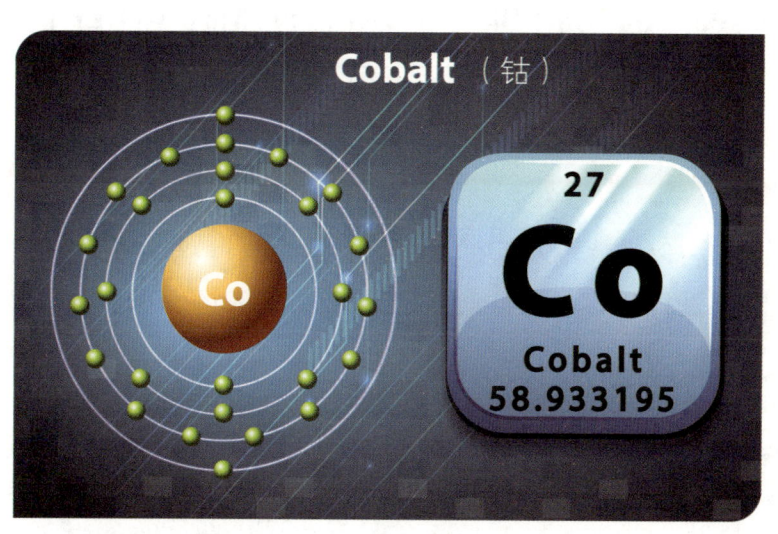

▲ 钴的原子序数为27，相对原子质量（原子量）约为58.93

事实档案

原子核直径不到原子直径的1/10000！

元素周期表

元素周期表是对我们已知的元素的系统排列。元素周期表之所以称为元素周期表，是因为有相似特性的元素被发现具有周期性的变化规律。

元素周期表

周期	IA₁	IIA₂	IIIB₃	IVB₄	VB₅	VIB₆	VIIB₇	ⅧB 8	Ⅷ 9	Ⅷ 10	IB₁₁	IIB₁₂	IIIA₁₃	IVA₁₄	VA₁₅	VIA₁₆	VIIA₁₇	0₁₈
1	1 H 氢																	2 He 氦
2	3 Li 锂	4 Be 铍											5 B 硼	6 C 碳	7 N 氮	8 O 氧	9 F 氟	10 Ne 氖
3	11 Na 钠	12 Mg 镁											13 Al 铝	14 Si 硅	15 P 磷	16 S 硫	17 Cl 氯	18 Ar 氩
4	19 K 钾	20 Ca 钙	21 Sc 钪	22 Ti 钛	23 V 钒	24 Cr 铬	25 Mn 锰	26 Fe 铁	27 Co 钴	28 Ni 镍	29 Cu 铜	30 Zn 锌	31 Ga 镓	32 Ge 锗	33 As 砷	34 Se 硒	35 Br 溴	36 Kr 氪
5	37 Rb 铷	38 Sr 锶	39 Y 钇	40 Zr 锆	41 Nb 铌	42 Mo 钼	43 Tc 锝	44 Ru 钌	45 Rh 铑	46 Pd 钯	47 Ag 银	48 Cd 镉	49 In 铟	50 Sn 锡	51 Sb 锑	52 Te 碲	53 I 碘	54 Xe 氙
6	55 Cs 铯	56 Ba 钡	57~71 La-Lu 镧系	72 Hf 铪	73 Ta 钽	74 W 钨	75 Re 铼	76 Os 锇	77 Ir 铱	78 Pt 铂	79 Au 金	80 Hg 汞	81 Tl 铊	82 Pb 铅	83 Bi 铋	84 Po 钋	85 At 砹	86 Rn 氡
7	87 Fr 钫	88 Ra 镭	89~103 Ac-Lr 锕系	104 Rf 𬬻	105 Db 𬭊	106 Sg 𨭎	107 Bh 𬬭	108 Hs 𬭳	109 Mt 鿏	110 Ds 𫟼	111 Rg 𬬻	112 Cn 鿔	113 Nh 鉨	114 Fl 𫓧	115 Mc 镆	116 Lv 𫟷	117 Ts 鿬	118 Og 鿫

镧系	57 La 镧	58 Ce 铈	59 Pr 镨	60 Nd 钕	61 Pm 钷	62 Sm 钐	63 Eu 铕	64 Gd 钆	65 Tb 铽	66 Dy 镝	67 Ho 钬	68 Er 铒	69 Tm 铥	70 Yb 镱	71 Lu 镥
锕系	89 Ac 锕	90 Th 钍	91 Pa 镤	92 U 铀	93 Np 镎	94 Pu 钚	95 Am 镅	96 Cm 锔	97 Bk 锫	98 Cf 锎	99 Es 锿	100 Fm 镄	101 Md 钔	102 No 锘	103 Lr 铹

（原子序数 — 1 H 氢 — 元素符号 / 元素名称）

元素周期表的历史

尽管许多元素（如金、铂、银和锡）自古以来就为人所知，但近几个世纪，科学家们才试图设计一套系统体系，依据元素性质对已知元素进行分类。从某种意义上说，新元素的发现也为周期表的发明铺平了道路。

拉瓦锡是一位法国化学家，他定义元素为不能再被分解的"简单物质"。他列出的名单里包括氢、氧、氮、磷、汞、锌和硫等。这构成了现代元素周期表的基础。

另一位化学家约翰·沃尔夫冈·德贝赖纳根据元素的相似性将部分元素3个组成一组，称它们为"三元素组"。氯、溴和碘是"三元素组"的一个例子。1865年，英国化学家约翰·纽兰兹将当时已知的61种元素分为8组，称之为"元素八音律"。

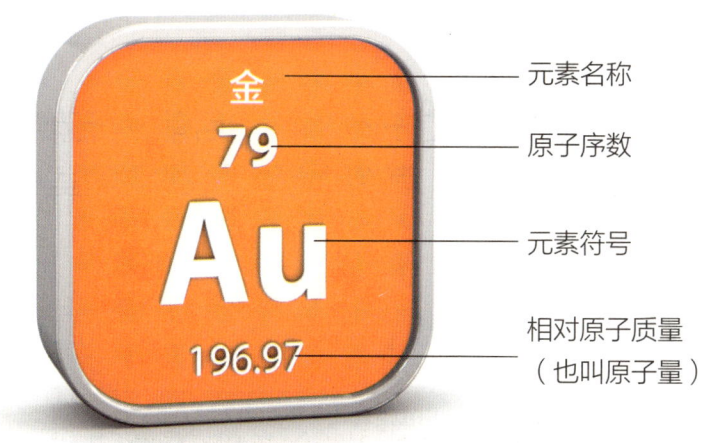

- 元素名称
- 原子序数
- 元素符号
- 相对原子质量（也叫原子量）

国际上统一采用元素拉丁文名称的首字母（大写）来表示元素；如果几种元素拉丁文名称的首字母相同，则在首字母后附加一个字母（小写）来表示。例如，Au表示金，取自其拉丁名称Aurum。

门捷列夫的分类

俄国化学家德米特里·门捷列夫首先编制出了第一张元素周期表。门捷列夫将当时已经发现的63种元素按相对原子质量递增的顺序排列起来，使具有相似化学性质的元素排在同一列中。以这种方式排列时，元素的属性表现出周期性。

门捷列夫能够预测到当时尚未发现的一些元素的性质。他在表中留下了一些空隙，这些空隙与后来填充上而当时并未发现的元素相对应。锗、镓和钪后来也被发现并收入在表中相应空隙处。门捷列夫的元素周期表正式发表于1869年。

▲ 德米特里·门捷列夫被认为是元素周期表之父

▲ 锗元素的存在在被发现之前就已被预测了

事实档案

德国炼金术士布兰德是第一个发现磷元素的人。他是在高温下蒸馏人的尿液的实验中，发现了磷元素。

元素周期表上的元素

在元素周期表中，具有相似化学性质的元素被放置在一个族下。目前，元素周期表有118种已知元素，其中94种元素是自然产生的，其余元素仅能在实验室中合成。

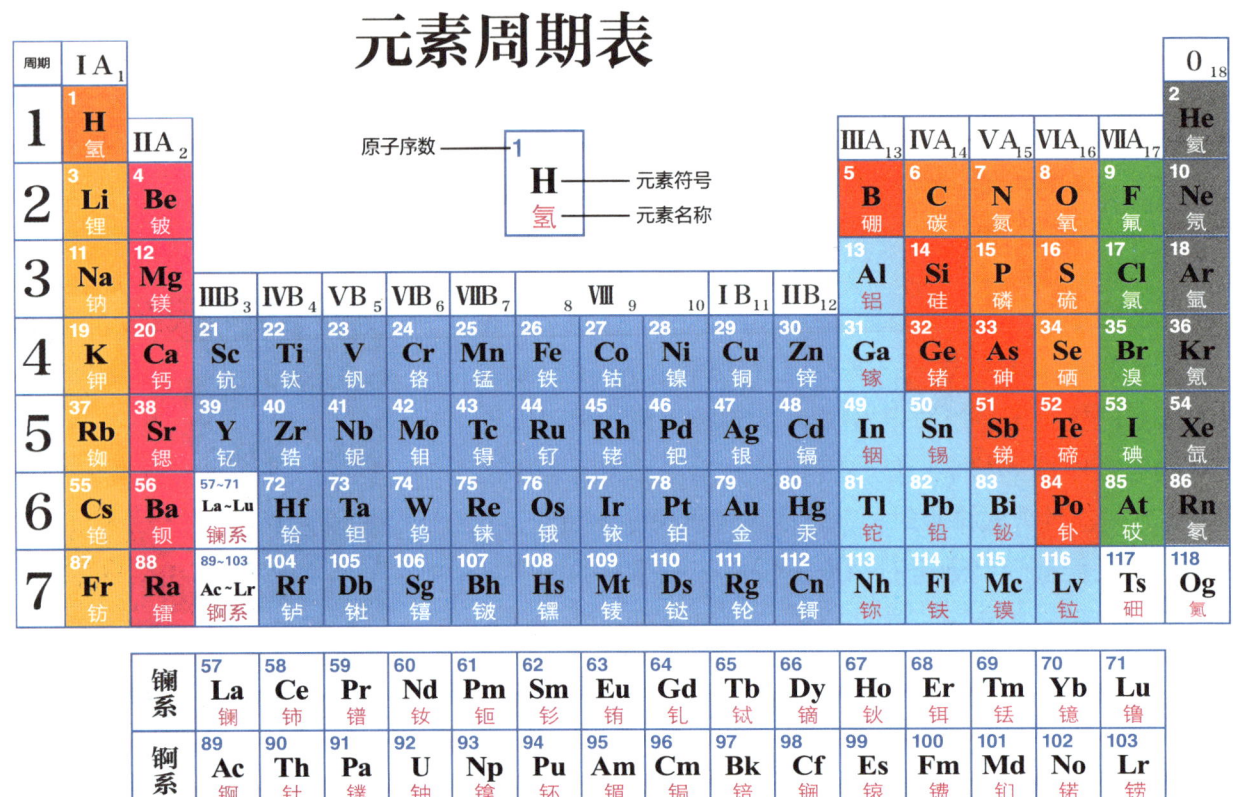

镧系元素和锕系元素

镧系元素和锕系元素均位于元素周期表下方。由30种元素组成，包括许多地球上罕见的元素。

过渡金属

过渡金属具有金属特性，但与ⅠA族中所列的碱金属不同。它们由ⅡA族和ⅢA族之间的元素组成。铁（Fe）、铜（Cu）、金（Au）、银（Ag）是最常见的过渡金属。

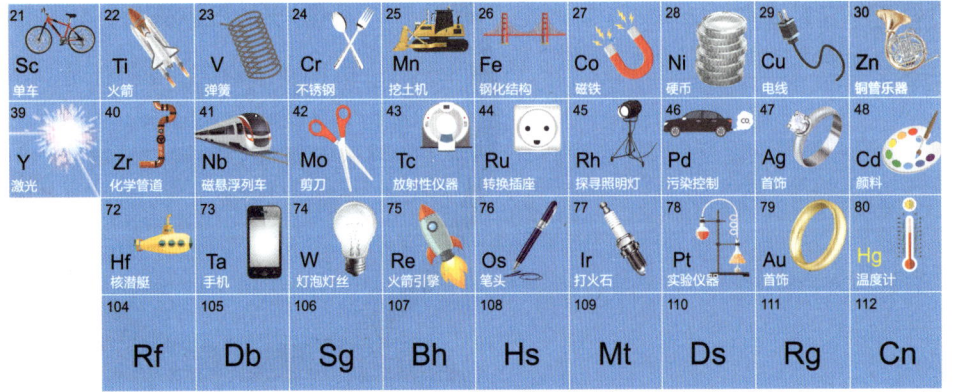

事实档案

铯的反应活性非常强，哪怕是接触到水都会爆炸！

碱金属

碱金属位于元素周期表的ⅠA族。它们是一些活泼性较强的金属元素，具有较大的原子半径，且原子核外最外层只有1个电子，在反应中极易失去这个电子而形成金属阳离子。锂（Li）、钠（Na）、钾（K）、铷（Rb）、铯（Cs）和钫（Fr）是周期表中最左侧的碱金属。

稀有气体

周期表中的0族包含了稀有气体，也称为"稀有气体"。这个族的原子在其最外层电子层中有8个电子（氦除外，氦有2个电子），这赋予了这些元素稳定性和惰性。氦（He）、氖（Ne）、氩（Ar）、氪（Kr）、氙（Xe）和氡（Rn）等构成了这一族。

卤素

周期表ⅦA族中的元素称为"卤素"。卤素在其最外层电子层中含有7个电子。氟（F）、氯（Cl）、溴（Br）、碘（I）、砹（At）是卤素。所有卤素都以分子（一对原子）的形式存在。当卤素与另一种元素结合时，形成物被称为卤化物。常用的食盐氯化钠就是卤化物。寿命长、发光效率高的卤素灯的玻璃壳内就充有卤素气体（通常是溴或碘）。

碱土金属

碱土金属指元素周期表中ⅡA族元素，包括六种元素：铍（Be）、镁（Mg）、钙（Ca）、锶（Sr）、钡（Ba）、镭（Ra）。与碱金属一样，它们具有较强的活泼性。其中，镭是具有放射性的，也就是说，它有一个不稳定的原子核，可衰变并发出辐射。

金属与非金属

元素的分类是由原子的最外层电子数决定的。一般来讲，原子最外层电子数小于4个，属于金属元素，容易失去电子，形成阳离子；原子最外层电子数大于4个，属于非金属元素，容易得到电子，形成阴离子。周期表中的许多元素都是金属元素。它们大多位于周期表的左侧和底部。非金属元素出现在周期表的右侧和顶部。

7

化学键

原子可以以不同的方式排列，形成分子，因为它们之间能够形成化学键。化学键的相关知识可以帮助科学家们创造出具有理想特性的新材料。

化学键的形成

当原子彼此接近时，最外层电子层中的电子以尽可能低的能级排布方式分布，而不是以其他的方式排列。

如果两个原子组合的总能量低于它们各自组分的总能量，那么原子将通过形成化学键的方式进行组合。可以根据两种元素在周期表中的位置预测两种元素之间形成的化学键类型。

化学键的类型

化学键有三种主要类型——共价键、离子键和金属键。原子间通过共用电子对形成共价键。带相反电荷的离子之间形成离子键。金属或合金之间形成金属键。

共价键

原子间通过共用电子对所形成的化学键叫作共价键。这些原子之间形成的共价键通常非常强。小分子和大分子聚合物均可以通过共价键形成。

钻石的结构是通过共价键形成的。钻石中的碳原子通过强共价键结合在一起，这使其成为世界上最硬的材料之一。

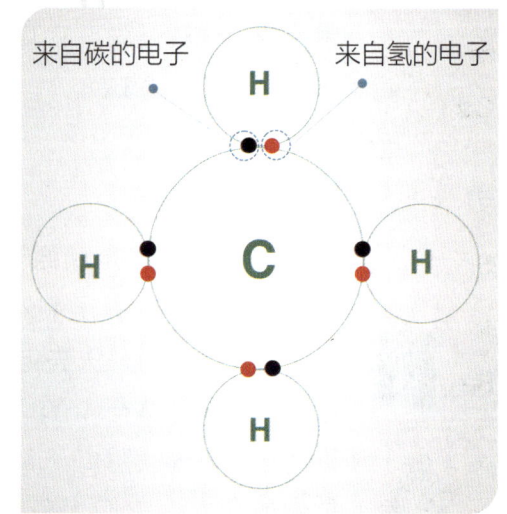

▲ 碳原子与四个氢原子通过共用电子对形成甲烷

金属键

金属由规则排列的原子构成。金属原子核外的电子能够在整个结构中自由移动。大量的电子在整个结构中共用赋予了金属键较强的强度。

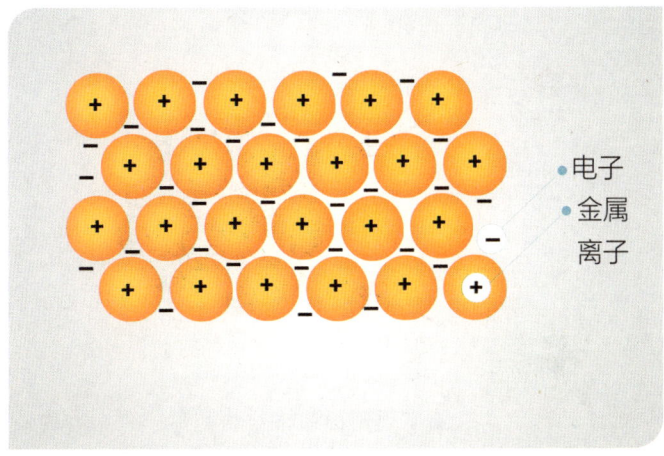

▲ 金属的强度来自金属键

氢键

氢键在氢原子与另一个带有一对孤对电子的原子之间形成。氢键弱于共价键或离子键。氢键常见于DNA（脱氧核糖核酸）和蛋白质中。

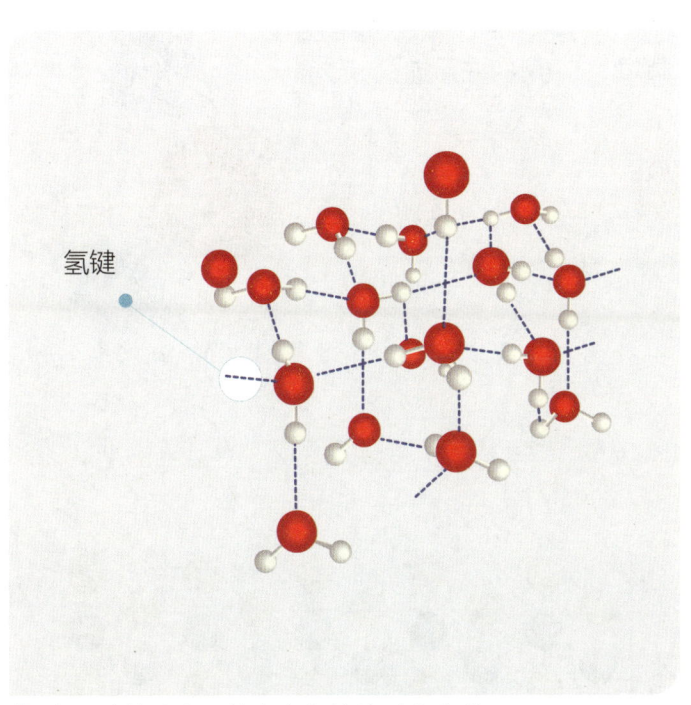

▲ 水、醇等的分子缔合与氢键的形成有关

离子键

当金属原子和非金属原子相互作用时，金属原子最外层的电子被转移到非金属原子上。由于失去电子，金属原子成为带正电荷的阳离子，而接受了电子的非金属原子成为带负电荷的阴离子。离子化合物由相反电荷之间的强静电力结合在一起。常见的盐（如氯化钠）就是通过离子键形成的。

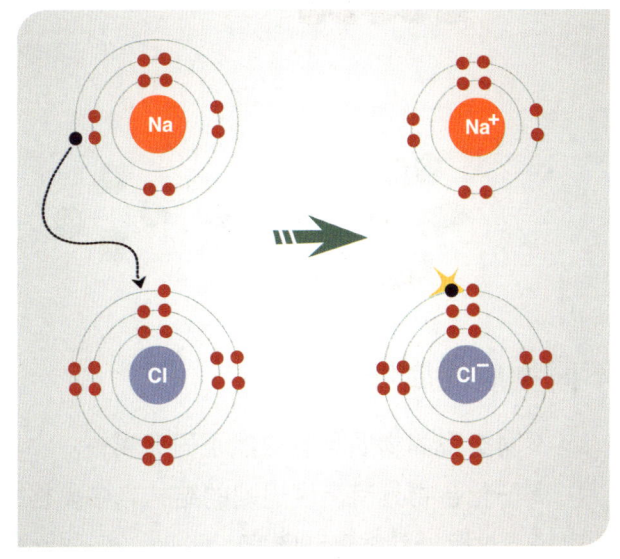

▲ 钠和氯通过离子键结合形成我们常见的盐

事实档案

稀有气体（除了氦）是最外层具有8个电子稳定结构的元素。其他的元素需要通过化学键来维持稳定。

物质的性质

物质常见的三种状态是固态、液态和气态。

沸腾、凝固和冷凝是将物质从一种状态转换到另一种状态的三种方法。物质的三种状态是由粒子的排列和相互作用的方式决定的。

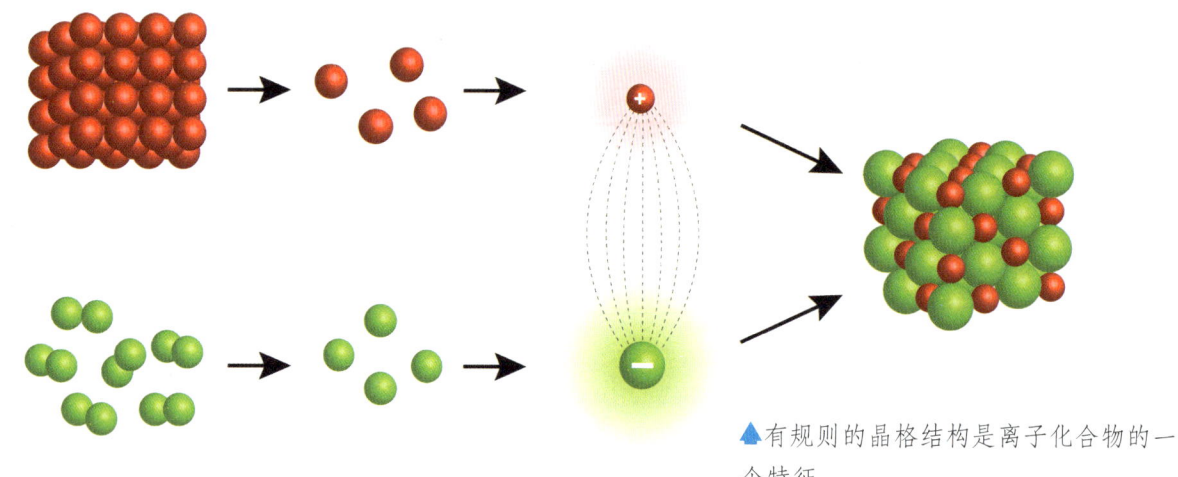

▲有规则的晶格结构是离子化合物的一个特征

不同物质的属性

不同类型的物质具有截然不同的属性。

离子化合物具有高度规则的结构，由晶格组成。晶格强大的静电力从四面八方吸引带有相反电荷的离子，这赋予其强度和刚度。因此，离子化合物具有高熔点和高沸点；它们必须被加热到非常高的温度，并需要巨大能量来破坏强化学键。离子化合物溶解在水中时能够导电，是因为离子可以自由移动。

聚合物是由单体通过共价键聚合而成的高分子化合物。自然界中存在许多天然的聚合物，如纤维素、蛋白质等。铁氟龙是一种人造聚合物，它被用于制造不粘锅涂层。

氧气、氮气、氢气和水等都是常见的小分子物质。它们具有非常低的沸点、熔点等，因为结合其分子的作用力很弱，非常容易被打破。

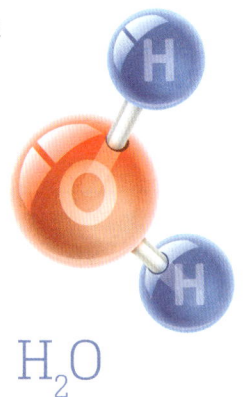

▶水是地球上大量存在的小分子物质

H_2O

▼聚合物由许多重复的结构单元组成

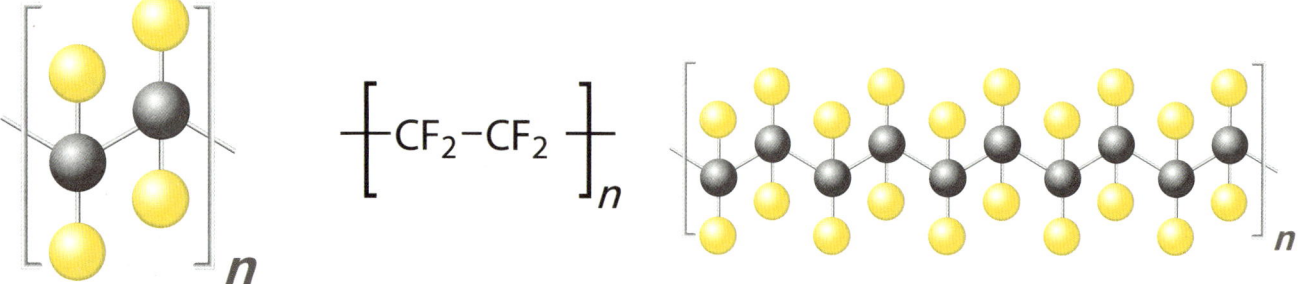

巨型共价结构中的原子通过强共价键连接在一起。钻石和二氧化硅都属于具有巨型共价结构的物质。

▲ 铜等金属能够导电，常被用作电缆

▲ 钻石是地球上自然生成的最坚硬的物质

碳的化合物与同素异形体

钻石中的每个碳原子通过共价键与周围四个碳原子相连。这是一个巨型共价结构，这种结构非常强。因此，钻石是地球上目前已知的最坚硬的物质之一。它的熔点非常高。

石墨的每个碳原子与另外三个碳原子形成六角环状结构。这些六元环的每层之间没有共价键。石墨虽然坚固，但不如钻石。因为钻石的每个原子都是由共价键相连接的。

金属和合金中的原子由金属键结合在一起。在纯金属（如金或银）中，原子呈层状排列，这让它们能够被弯折和塑形。金属具有高熔点和高沸点。由于纯金属质地较软，通常将它们与其他金属熔合，形成更坚硬、更实用的合金。金属是热和电的良导体，因为金属中的电子可以自由移动。

富勒烯是空心的，它由排列成六元环的碳原子组成。第一个被发现的富勒烯被称为"巴克敏斯特富勒烯"，它是球形的。

碳纳米管是一种圆柱形结构，长度长，直径小。它的特性使其在纳米材料制造、纳米技术和电子学方面十分有用。

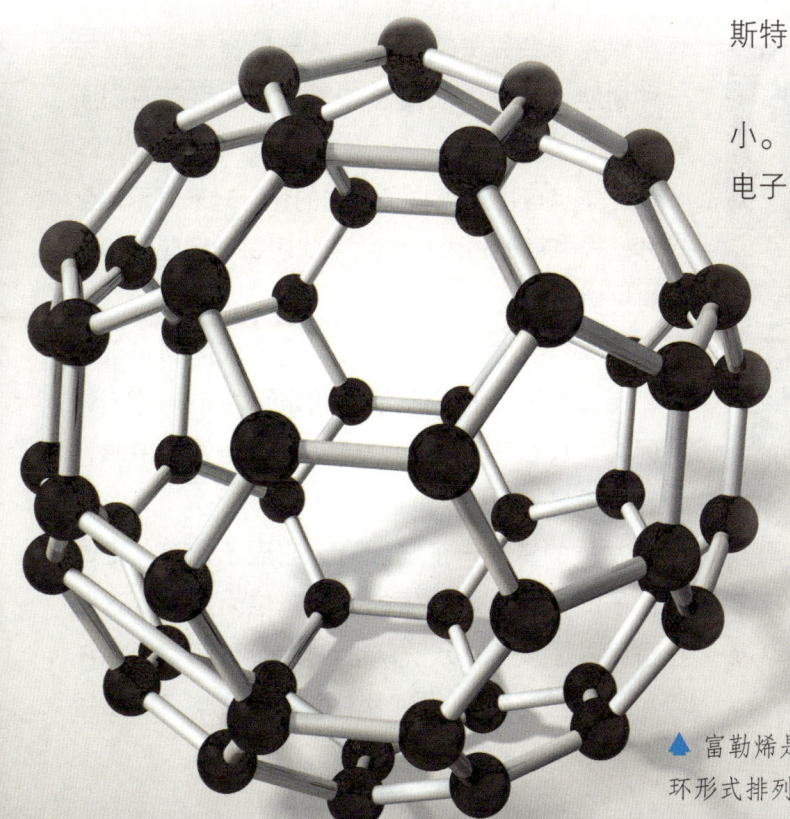

▲ 富勒烯是由碳原子以六元环形式排列形成的球形结构

事实档案

石墨烯是单层的石墨。其在光电器件、复合材料等方面的应用研究正在不断深入。

化学反应中的质量变化

化学方程式为我们了解不同化学物质在组合时会产生什么样的反应提供了重要的线索。除了了解化学反应的方式外，了解反应物及产物的质量变化也非常重要。

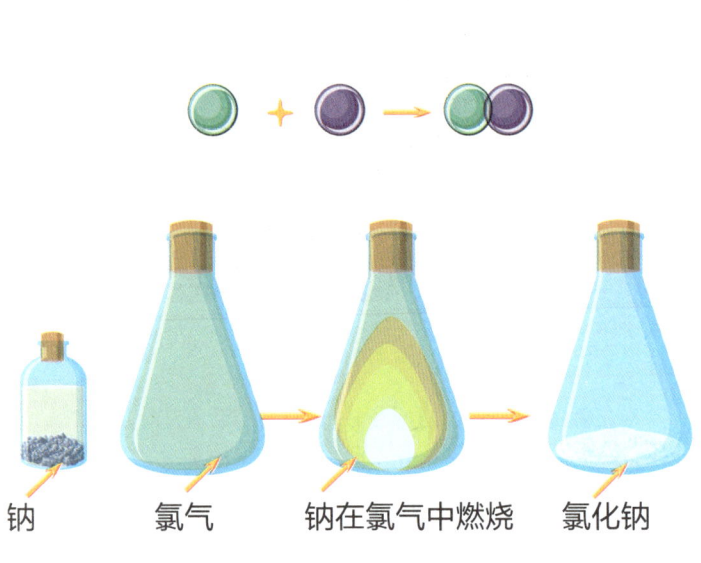

▲反应物的质量总和等于产物的质量

质量守恒

质量守恒定律表明，在化学反应过程中，没有任何原子会丢失或产生。从一种物质转化成另一种物质，产物的质量总和等于参加反应的物质的质量总和。

化学反应由反应物和产物的化学式来表示，化学方程式中每种物质前的数字代表每种反应物和产物的化学计量数。

在某些化学反应中，当反应物或产物是气体时，反应物和产物的质量看起来可能不相等。这是因为气体很容易挥发，当它扩散到大气中时，会导致质量变化。

物质的量是一个物理量，它表示含有一定数目粒子的集合体。物质的量的单位为摩尔。这些粒子可以是原子、分子，也可以是离子。1摩尔任何粒子的粒子数叫作阿伏伽德罗常数。1摩尔粒子集合体所含的粒子数约为 6.02×10^{23} 。

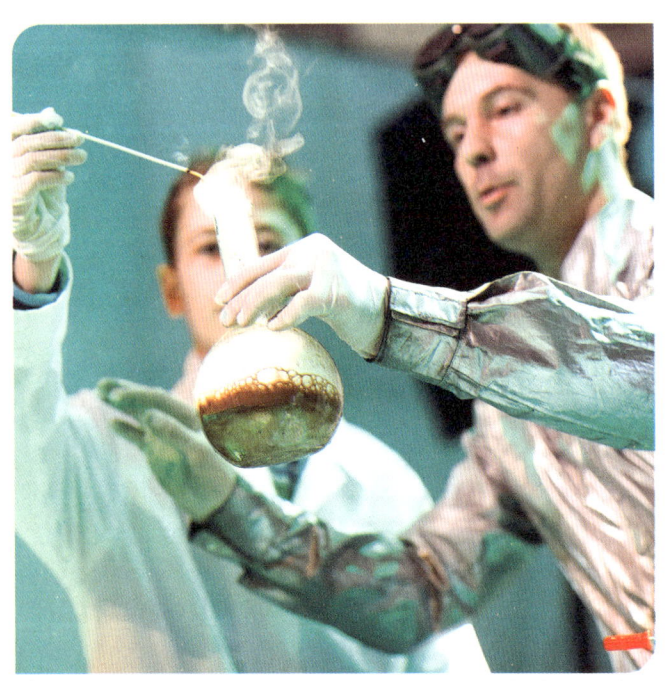

▲当反应过程中产生气体时，则很难测量反应产物的确切数量

在化学反应中：
Mg（镁）+2HCl（氯化氢）═ $MgCl_2$（氯化镁）+H_2（氢）↑
1摩尔镁和2摩尔氯化氢反应生成1摩尔氯化镁和1摩尔氢气。

限制反应物

在化学反应中，通常有多种反应物。在只有两种反应物的情况下，通常会增加其中一种反应物的量，以便另一种反应物能被完全消耗掉。被完全消耗的反应物称为"限制反应物"，因为它可以控制最终形成的产物的数量。

百分产率与原子经济性

不是所有的化学反应都能进行得比较完全。有些化学反应中反应物质量的总和与产物的质量相等，但在一些化学反应中并不能够得到理论上或计算上那个质量的产物。原因如下：

1.反应是可逆的，也就是说，它永远不会达到完全反应的水平。

2.将反应混合物分离时，部分产物会丢失。

3.一种或多种反应物形成产物的反应方式难以预测。

反应中生成产物的最终质量称为"产量"，其与预期形成产物的最大理论质量的比值称为"产率"。产率可以用百分比表示。

$$百分产率 = \frac{产量}{预期形成产物的最大理论质量} \times 100\%$$

原子经济性是指原料中有百分之多少的原子转化成了产物。

▲镁和氯化氢发生反应，产生氯化镁

事实档案

其中的原子经济性越高，化学反应在商业和经济方面就越实用。

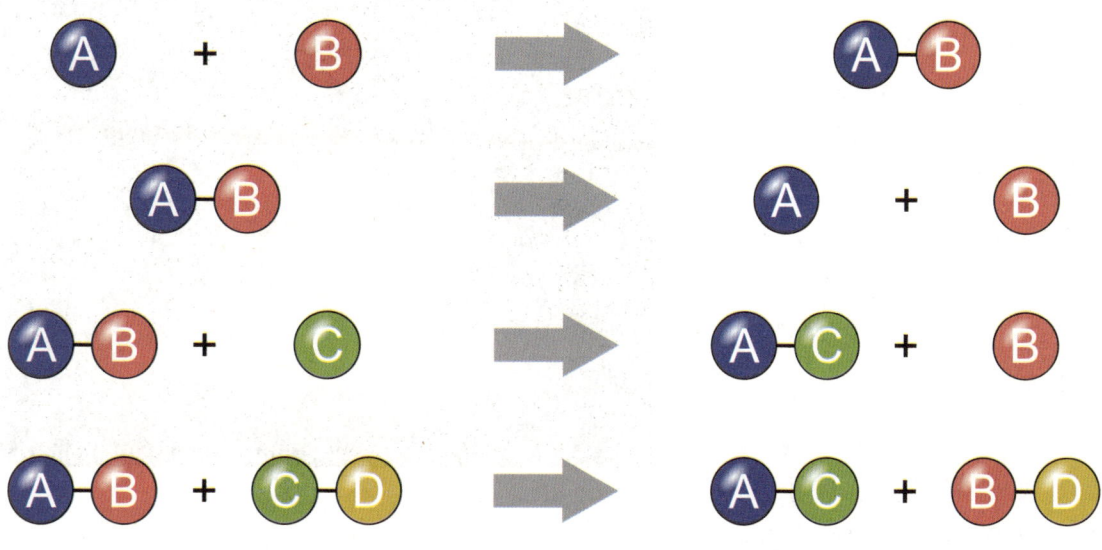
▲化学反应有多种类型

化学变化

系统研究法被用于测试不同元素和化合物的反应，以观察它们发生的不同的化学变化。这有助于科学家准确预测物质的反应，并帮助研发不同的材料和推进工艺优化。

反应元素

并非所有元素都能与其他物质相互作用并产生反应。稀有气体（0族），包括氦、氖、氩、氪和氙等，通常不与其他物质相互作用，因此它们也被称为"惰性气体"。

▲ 深海潜水员呼吸的气体是氦气和氧气的混合气体

许多金属，特别是碱金属的反应活性很强。它们与水、酸和许多其他物质可以发生反应。它们的这一特性已被化学家进行研究。

元素的活泼程度取决于其原子结构。金属通常在最外层的轨道上有一个或多个自由电子，它们可以与其他原子相互作用。

当金属与其他物质发生反应时，金属原子会失去一个或多个电子，成为阳离子。金属的反应活性取决于其形成阳离子的难易程度。按活性顺序由强到弱排列是钾、钙、钠、镁、铝、锌、铁、锡、铅、铜、汞、银、铂、金。

某些非金属（如氢和碳）也属于活性元素，因为它们很容易与许多物质发生反应。

▲ 碱金属的活性非常强，如铯接触到水时会发生爆炸

在一些化学反应中，某些元素会被氧化或被还原。氧化反应是失去电子的过程，而还原反应是得到电子的过程。

氧化反应和还原反应是在一个反应中同时发生的，这样的反应称为"氧化还原反应"。一种物质因失去电子而被氧化，而另一种物质因获得电子而被还原。

金属可与氧气发生反应，形成金属氧化物。当活泼金属与酸发生反应时，它们会形成相应的盐和氢气。

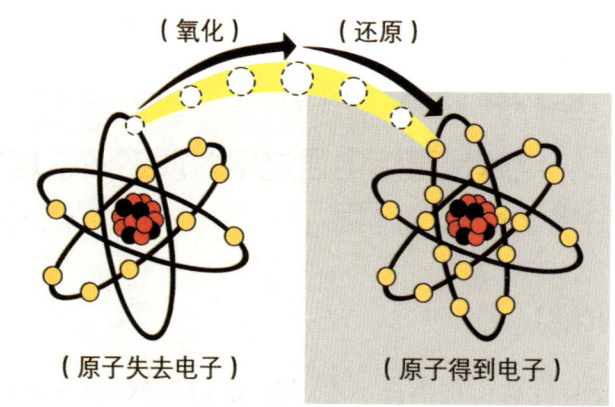

▲ 氧化还原反应会导致一种物质被氧化和另一种物质被还原

盐

当一些不溶性固体物质与酸混合时，能形成可溶性盐。不溶性物质可以是金属氧化物、氢氧化物或碳酸盐。盐溶液可以结晶生成固体盐。

当酸和碱相互作用时，它们发生中和反应，形成盐和水。酸、碱溶液相互作用可在实验室通过滴定进行测量。

◀ 酸和碱反应形成盐

事实档案
黄金是一种惰性金属，不易与大多数物质发生反应。

pH

酸在水中溶解时电离产生氢离子（H^+），而碱的溶液中含有氢氧根离子（OH^-）。在一定量的水溶液中，H^+越多，酸性越强；OH^-越多，碱性越强。在化学中可用pH表示溶液酸碱性的强弱程度。pH通常在0到14之间：pH为7的溶液呈中性，pH小于7的溶液呈酸性，pH大于7的溶液呈碱性。

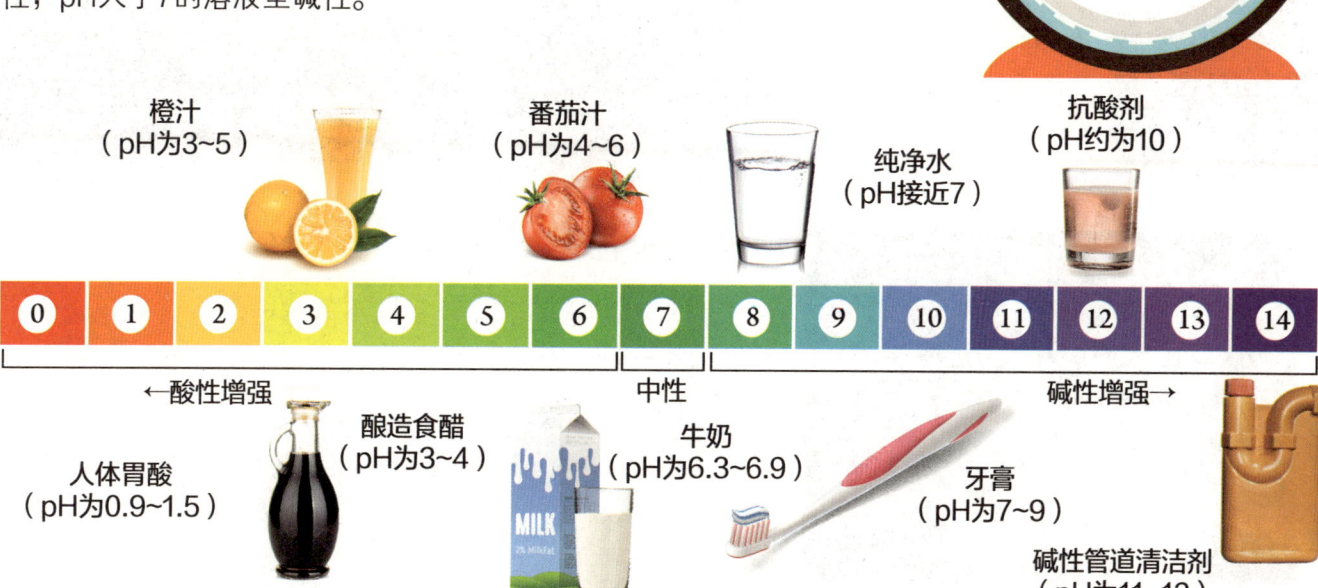

电解

电解是直流电通过电解质溶液或熔融电解质，使在两极上（或电极旁）同时产生化学反应的过程。

电解过程

电解质是指在水溶液中或在熔融状态下能够导电的化合物。当电流通过电解液时，离子依赖其电荷移动到电极上。阳离子向与电源负极相连的电极（被称为"阴极"）移动。阴离子向与电源正极相连的电极（被称为"阳极"）移动。当离子在电极上放电时，它们会产生新的物质，这个过程被称为"电解"。

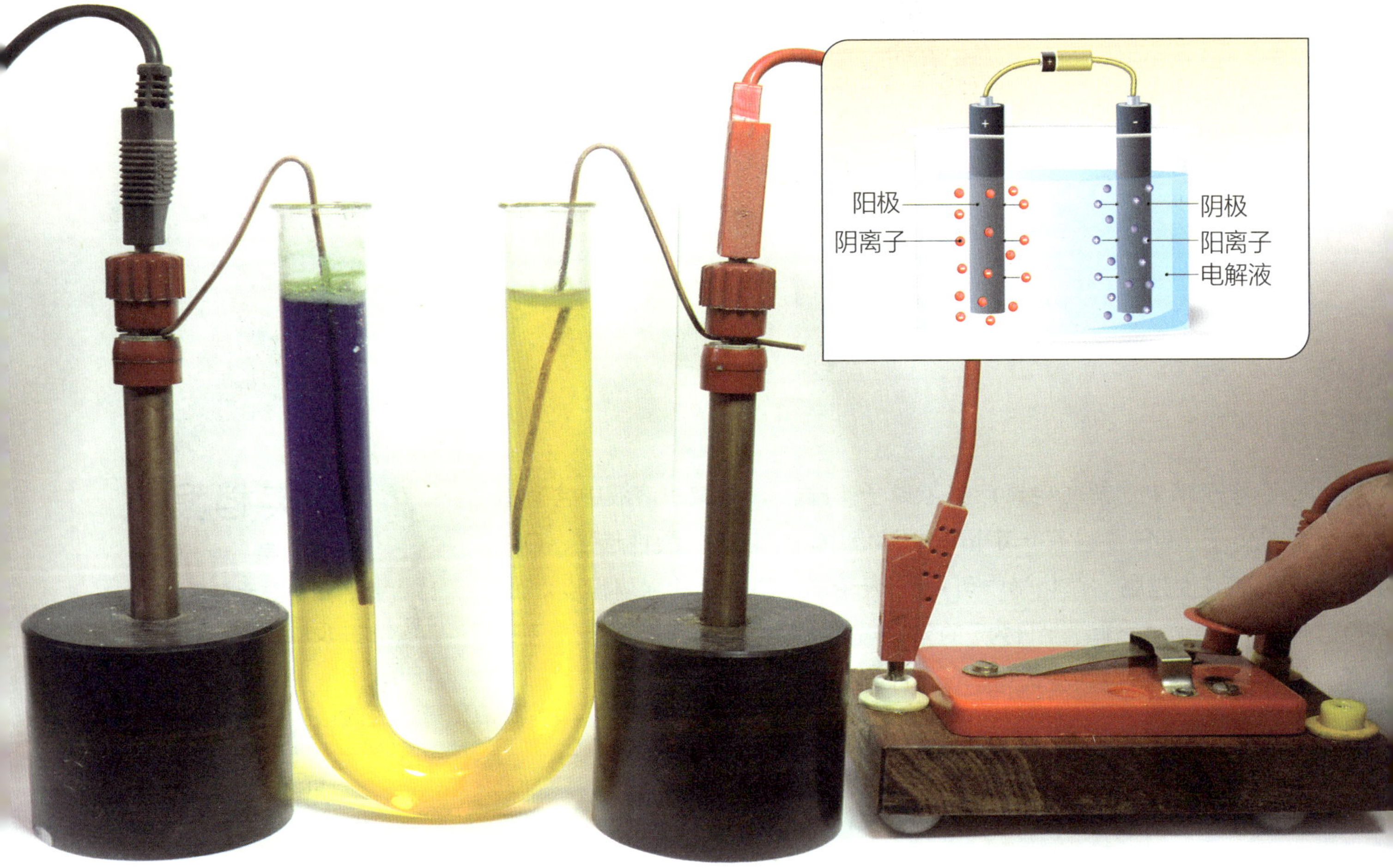

水溶液的电解

纯水因不是离子化合物而不能导电。当离子化合物溶解在水中时，水溶液可用于电解。水溶液电解使用惰性的或无活性的电极。在阴极，带正电荷的离子获得电子，这个过程被称为"还原反应"。在阳极，带负电荷的离子失去电子，这个过程被称为"氧化反应"。

◀ 电解可以在实验室中通过简单的仪器进行

熔融状态下离子化合物的电解

当使用惰性电极对离子化合物在其熔融状态下进行电解时，会在阴极产生金属，在阳极产生非金属。

电解熔融的溴化铅是电解熔融离子化合物的一个例子。铅作为金属，在阴极产生；而溴为非金属，在阳极产生。

金属提取

电解在金属提取中起到重要作用。如果金属的活泼性太强，则一般选用电解的方式进行提取。当氧化铝和冰晶石以碳为电极进行电解时，则会产生铝。

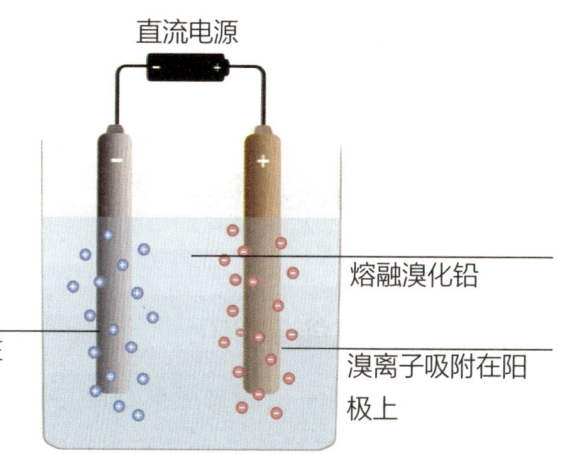

▲ 电解熔融的溴化铅，在阴极产生铅，在阳极产生溴

电解的用途

许多金属如铝、镁、钠和钙是通过电解过程获取的。其他金属，如金、银和铜，也是通过这个过程进行提纯的。氢气也可以通过电解水产生，被用作燃料电池的燃料。

电镀

电镀是借助电解作用在金属制品表面沉积一层结合力良好的金属或合金镀层的方法。电镀时，镀层金属或其他不溶性材料做阳极，待镀的工件做阴极，含镀层金属阳离子的溶液做电镀液。

如果要将黄铜（铜与锌的合金）制成的勺子涂覆上纯铜（紫铜），可将黄铜勺作阴极，纯铜作阳极，硫酸铜溶液作为电镀液。当电镀反应发生时，黄铜勺上会覆盖一层薄薄的纯铜。

▲ 可以通过电解生产金属铝

事实档案
你知道宇航员和潜水艇上的潜水员会通过电解获得呼吸所需的氧气吗？

▶ 电镀可用于制造美观的餐具

能量变化

化学反应在发生物质变化的同时伴随有能量变化,这是人类获取能量的重要途径。

化学反应与能量变化

化学键的断裂与形成是化学反应中能量变化的主要原因。化学反应分为放热反应和吸热反应两种类型。

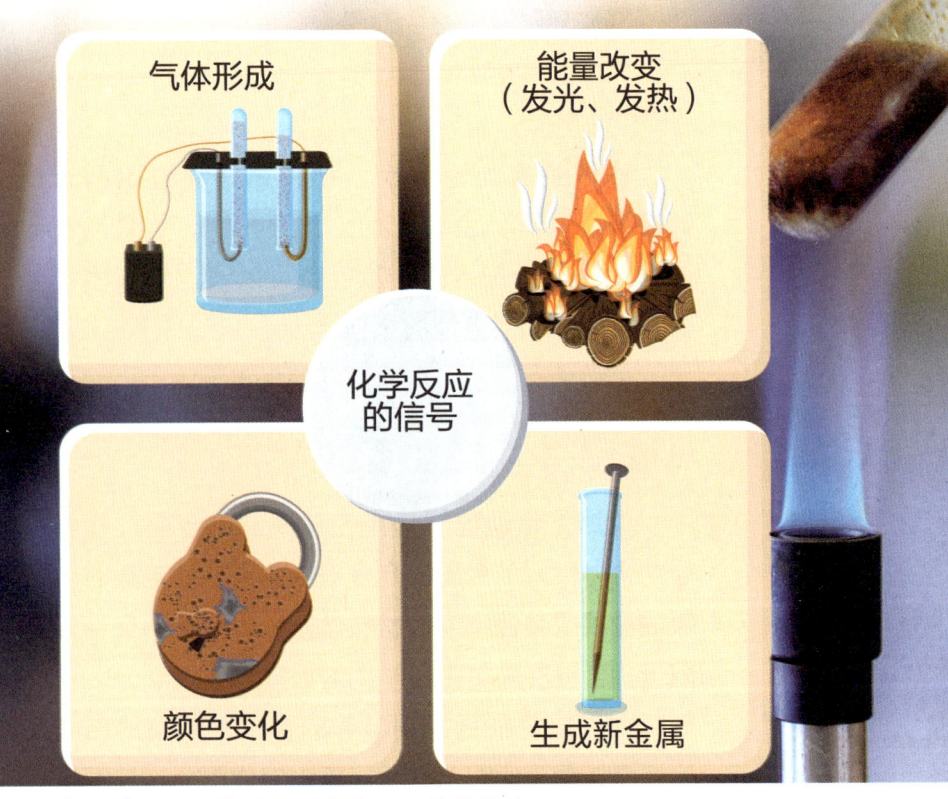

▲ 化学反应可导致不同的肉眼可见的结果

当化学反应发生时,会出现以下现象:

1. 化学反应中反应物吸收的能量使反应物的化学键断裂。

2. 产物形成化学键时,释放能量。

3. 化学键断裂所需的能量和化学键形成释放的能量可以通过键能计算出来。

4. 反应的能量变化是在反应物中化学键被破坏时所需的总能量和在产物中形成化学键时释放的总能量之间的差值。

5. 在放热反应中,形成新键时释放的能量大于破坏旧键所需的能量。

6. 在吸热反应中,破坏旧键所需的能量大于形成新键所释放的能量。

放热反应和吸热反应

放热反应发生时，能量转移到了环境中，因此环境的温度升高。而在吸热反应中，需从环境中吸收能量，因此环境的温度降低。

单体电池与电池组

单体电池中含有能够反应并产生电能的化学物质。电池组通常由两个或多个串联在一起的单体电池组成，以提供更高的电压。

在一次性电池中，当能发生氧化还原反应的物质逐渐被消耗到一定程度时，电池就不能继续使用了。碱性电池就属于这种。可反复充电的电池组可以被反复使用和充电，是因为当提供电流给电池组时，里面的化学反应是反向进行的。这种电池组可以放置在电池充电器中，并连接到电源插座上进行充电。

燃料电池

氢氧燃料电池以氢气为燃料、氧气为氧化剂、铂做电极材料，电解质溶液可以是酸性的，也可以是碱性的。燃料电池能将化学能直接转化成电能，能量利用率较高。

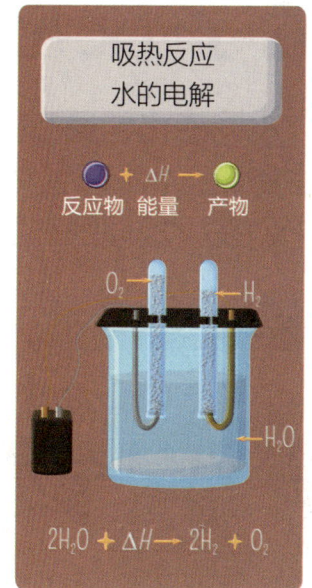

▲ 放热反应释放能量，吸热反应吸收能量

▲ 可充电电池组被广泛用于为不同的电子设备供电

◀ 电化学反应是燃料电池的主要工作原理

事实档案

有的电池只有一粒沙子那么大，是用3D打印机制造的。

化学反应

不同的化学反应以不同的速率发生。可通过改变影响化学反应速率的因素使其发生得比正常情况更慢或更快。科学家们研究影响产物生成速率的不同变量，以便使它们在大规模的工业应用中更好地发挥作用。

化学反应速率

通过了解反应物的数量和在给定时间内形成的产物的数量，我们可以测量化学反应的速率。影响反应速率的因素有浓度、压强、温度及催化剂等。

碰撞理论

碰撞理论有助于确定不同因素在化学反应速率中的作用。根据这一理论，只有当反应物分子具有足够的能量去相互碰撞时，才能发生化学反应。反应发生所需的最小能量称为"活化能"。

当反应物的浓度增大时，碰撞的频率和反应的速率也随之增加。当反应温度升高时，碰撞会变得更为剧烈，从而提高反应速率。

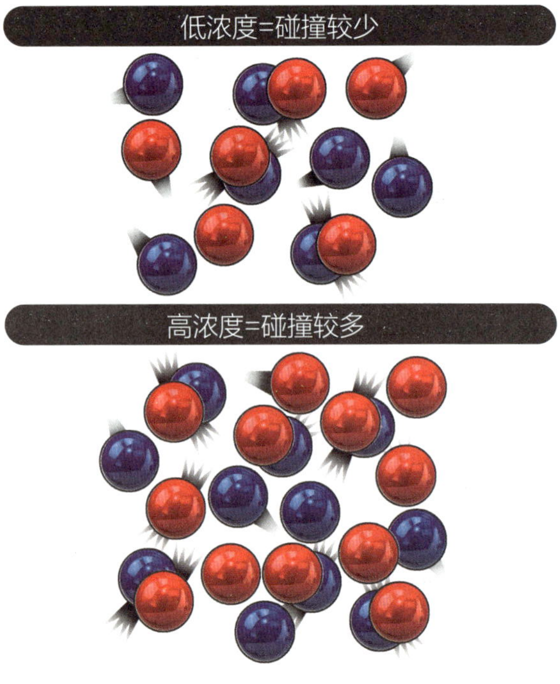

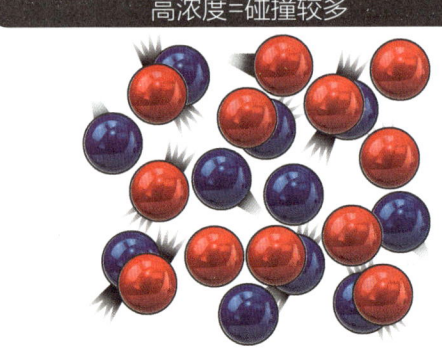

▲分子碰撞的频率决定了反应的速率

催化剂

催化剂是能够改变化学反应速率而不被消耗的物质。不同的化学反应需要不同的催化剂。酶是生物体中最重要的催化剂。

催化剂可以通过提供一种低活化能的反应途径来加速化学反应。

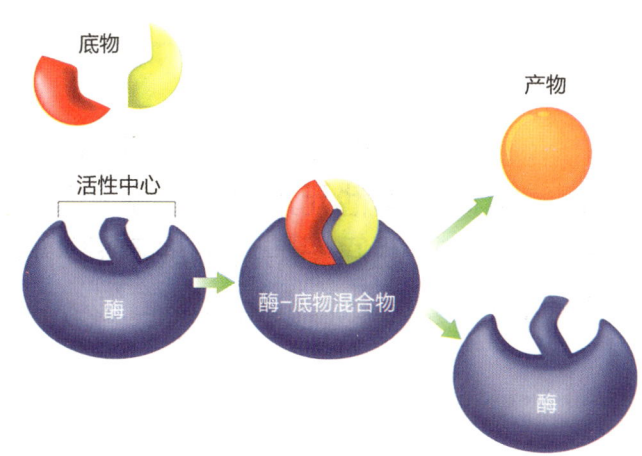
▲ 酶是生物催化剂，对许多生命过程都至关重要

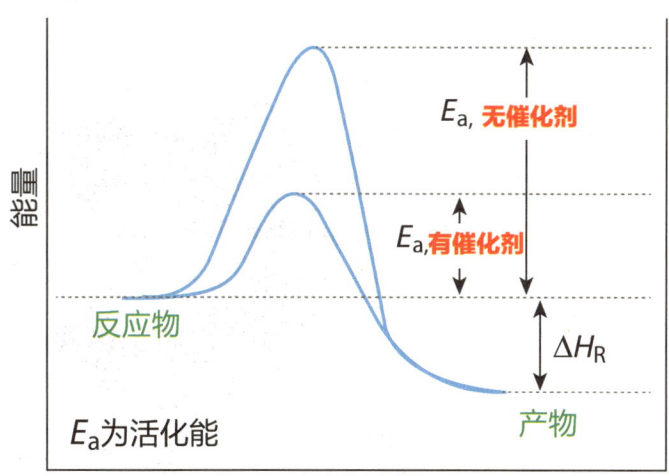
▲ 如图所示，催化剂用于提高反应的速度或速率

可逆反应和不可逆反应

在同一条件下，既能向正反应方向进行，同时又能向逆反应方向进行的反应，叫作可逆反应。绝大部分反应都存在可逆性，一些反应在一般条件下并非可逆反应，而改变条件（如将反应物置于密闭环境中、升高温度等）会变成可逆反应。在学习可逆反应之前我们所接触的许多反应都是可逆的，只不过可逆程度小而将其忽略了而已。在相同条件下，生成的产物都不能产生原始反应物的化学反应则为不可逆反应。

事实上，如果可逆反应在一个方向上是放热的，则在相反方向上是吸热的。反应物或产物的温度、压力和浓度等条件对反应速率均有影响。

二氧化碳溶于水生成碳酸属于可逆反应。

事实档案

有一些物质能改善催化剂的表面结构，增加表面上的活性组分，或毒化某种不需要的活性中心，被称为"助催化剂"。

不可逆反应

▲ 不可逆反应在日常生活中随处可见

有机化合物——碳氢化合物

有机化合物是碳与其他元素结合而成的，最常见的其他元素是氢、氧和氮。由于碳能够与其他原子结合形成不同种类的有机化合物，因此有机化合物有很多种。

常见有机化合物

有机化合物是生物体的重要组成部分，对所有生物的生命活动都至关重要。许多有机化合物也可以被人工合成或提取。重要的有机化合物举例：

- 化石燃料（多种有机化合物组成的混合物）
- 药物
- 香水
- 香料
- 染料
- 洗涤剂

碳氢化合物和原油

原油是由数百万年前埋藏在地球表面下的生物遗骸形成的。它是由不同化合物组成的混合物，其中大部分被称为"碳氢化合物"。碳氢化合物是由碳原子和氢原子构成的物质。

烷烃是最常见的碳氢化合物。烷烃的通式为 C_nH_{2n+2}。烷烃家族的前四个成员是：

甲烷（CH_4）　　　　丙烷（C_3H_8）

乙烷（C_2H_6）　　　　丁烷（C_4H_{10}）

◀ 原油被从地下开采出来，然后经过分馏、裂化等过程形成不同的产品

碳氢化合物的分离

原油中的碳氢化合物可通过分馏的方法进行分离。汽油、柴油、煤油、液化石油气等可以通过将原油分馏获得。

碳氢化合物的物理性质和化学性质在很大程度上取决于分子的大小。碳氢化合物的沸点、熔点随相对分子质量的增大而增大。

碳氢化合物的性质也决定了它们的用途以及燃烧时它们可以释放出多少能量。碳氢化合物完全燃烧时会产生水和二氧化碳。

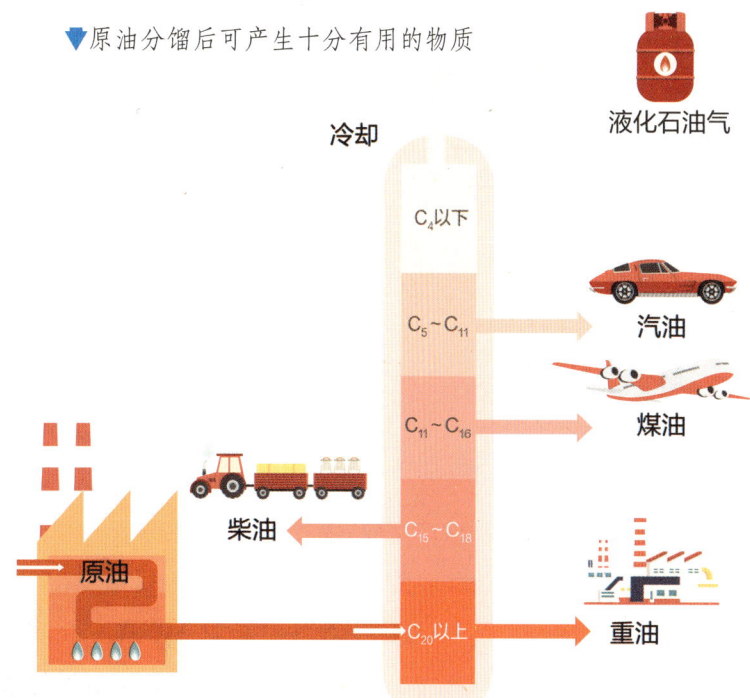
▼ 原油分馏后可产生十分有用的物质

碳氢化合物的裂化

长链碳氢化合物可以分解成更小更有用的分子，这个过程被称为"裂化"。有两种常见的裂化方式：热裂化和催化裂化。这个过程可产生烷烃和另一类被称为"烯烃"的分子。

烯烃比烷烃更活泼，可用作燃料。它们还可用于生产不同类型的聚合物和化学品。烯烃是两个碳原子间有双键的碳氢化合物。烯烃的化学通式为C_nH_{2n}。烯烃家族的前四个成员：

乙烯（C_2H_4）　　　　丁烯（C_4H_8）
丙烯（C_3H_6）　　　　戊烯（C_5H_{10}）

烯烃燃烧需要消耗更多的氧气。因此，当烯烃燃烧时，往往会冒黑烟，因为它没被完全燃烧。

事实档案

防蛀球是一种芳香烃，由萘制成，用作衣物除臭剂和杀虫剂。

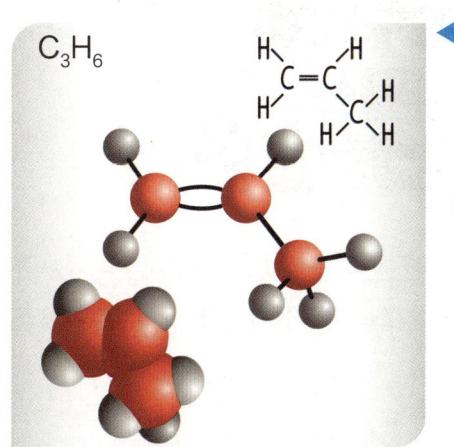
▶ 丙烯是一种烯烃

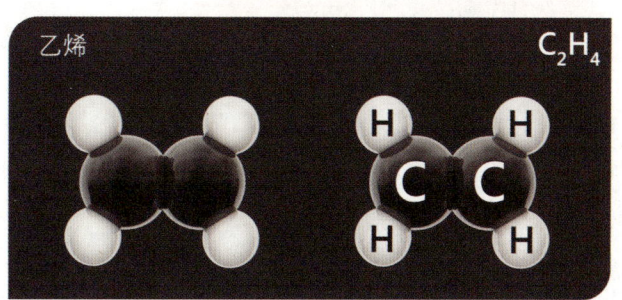
▶ 乙烯是烯烃家族的第一个成员

有机化合物——醇和羧酸

醇和羧酸是另两类重要的有机化合物。这两类化合物能够相互作用产生名为"酯"的化合物。

醇

醇带有羟基（—OH）。醇的通式为$C_nH_{2n+1}OH$。醇家族的前四个成员是：

甲醇（CH_3OH）　　丙醇（C_3H_7OH）
乙醇（C_2H_5OH）　　丁醇（C_4H_9OH）

醇的用途

甲醇和乙醇是最常见的拥有不同用途的醇。甲醇被用作汽油的添加剂以改善其燃烧性能。它也可以被单独用作燃料。

▶ 用农作物生产的乙醇被用作燃料

乙醇是溶解许多不溶于水的有机化合物最常用的溶剂。它被广泛应用于香水和化妆品中。从不同来源提取的乙醇，可以同汽油混合，作为生物燃料。浓度70%的乙醇可用作消毒药。可用于麻醉的乙醚也是由乙醇制成的。

羧酸

羧酸是带有羧基（-COOH）的有机化合物。碳原子通过双键与氧原子结合，羟基通过单键与碳原子结合。羧酸是一种弱酸，在自然界中以脂肪酸、乳酸、柠檬酸等多种形式存在。羧酸家族的前几个成员包括：

甲酸（HCOOH）　　　丁酸（C_3H_7COOH）
乙酸（CH_3COOH）　　戊酸（C_4H_9COOH）
丙酸（C_2H_5COOH）

羧酸的用途

肥皂是由某些脂肪酸的钠盐或钾盐制成的。许多有机酸，如醋酸和柠檬酸，在食品工业中被广泛应用。醋酸可被用于生产食醋，也可被用作制造食品增味剂。某些羧酸的钠盐可被用作防腐剂。在制药工业中，羧酸被用于生产阿司匹林等药物。羧酸还可被用于制造香水、染料和合成纤维。许多有机酸被广泛应用于食品工业，特别是软饮料制造领域。

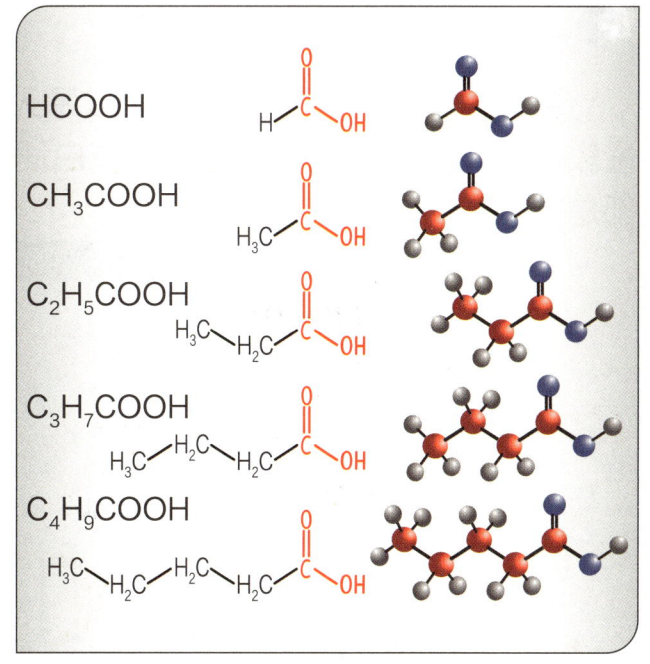

▲ 羧酸家族的前五个成员

▶ 醋和阿司匹林均由羧酸制成

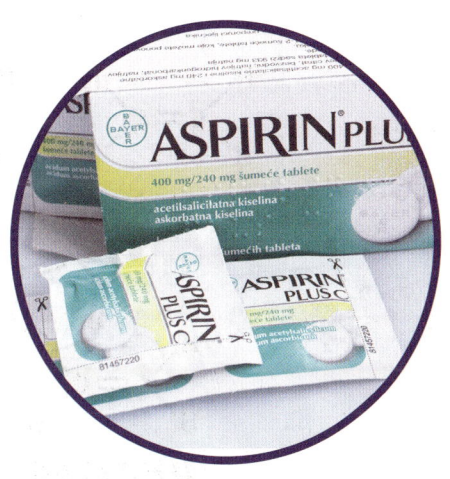

事实档案

甲醇也被称为"木醇"，因为它是干馏木材的副产品。木材干馏是在没有空气的情况下加热木材的过程。

聚合物

聚合物可以是天然材料也可以是人造材料，它们是由单体重复键合而成分子量较高的化合物。塑料、树脂、蛋白质、DNA（脱氧核糖核酸）、淀粉和纤维素都是聚合物。

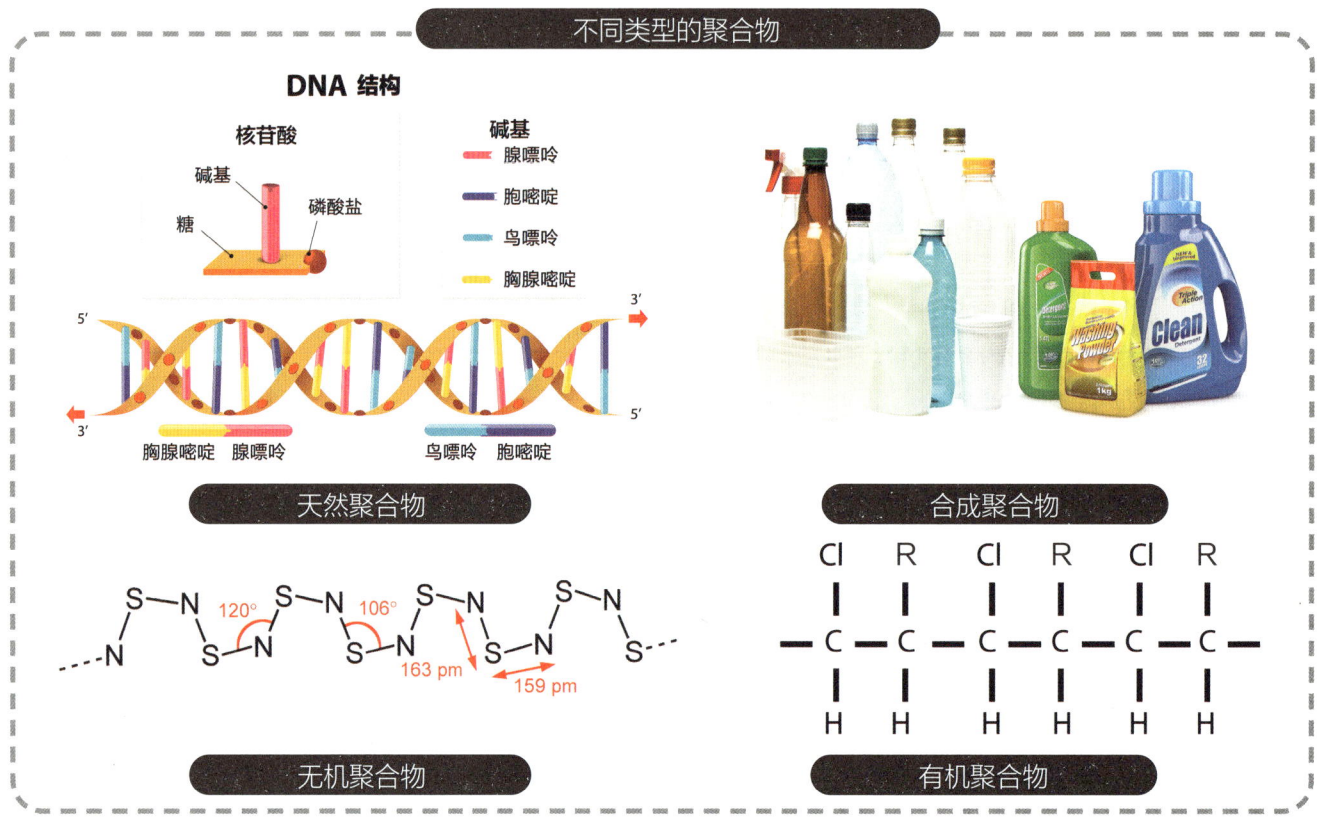

聚合

聚合是重复单元形成大分子的过程，有两种类型：加成聚合和缩合聚合。

加成聚合一般是含有双键的烯类单体发生的聚合反应。在由这种反应形成的聚合物中，所有的单体完全相同，因为没有其他组分的形成或加入。

缩合聚合一般是含有两个（或两个以上）官能团的单体之间发生的聚合反应。氨基酸通过缩聚作用结合，释放出副产物水。

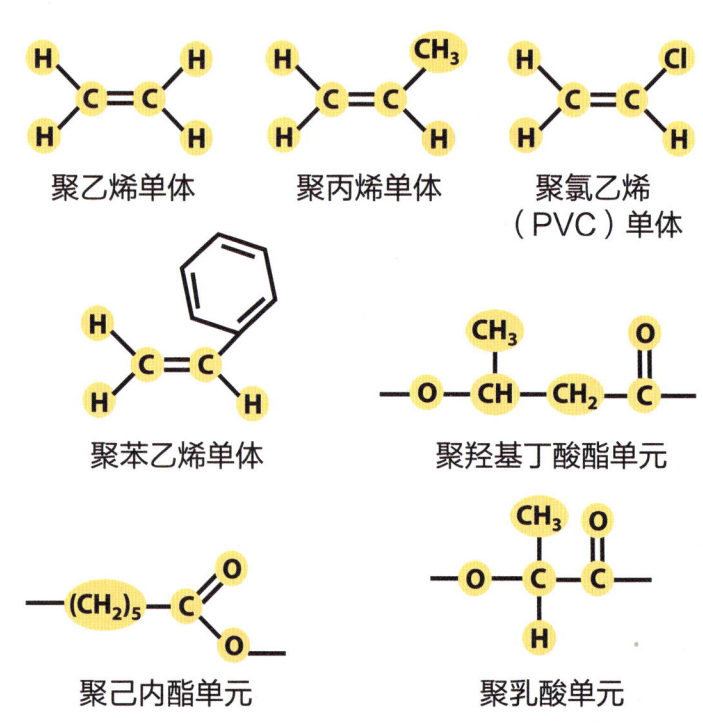

▲ 聚合物的单体结构

天然聚合物

蛋白质、DNA、RNA等都是天然聚合物。

组成蛋白质的基本单位是氨基酸，氨基酸通过脱水缩合形成肽链，蛋白质就是由一条或多条肽链组成的生物大分子。胰岛素是由胰岛β细胞所产生的一种蛋白质类激素，由A、B两条肽链通过二硫键连接而成。

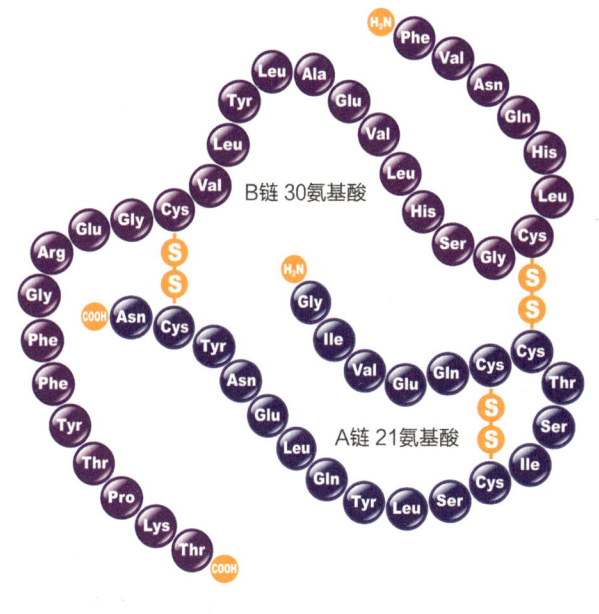

▲胰岛素是一种蛋白质，是氨基酸的聚合物

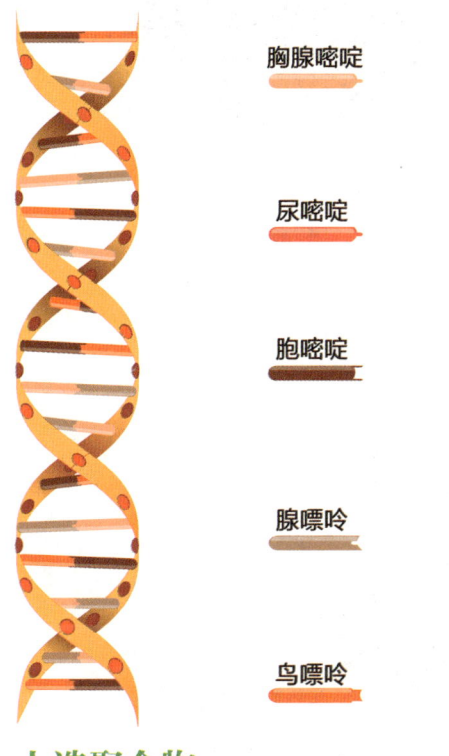

◀ DNA和RNA共含有5种不同的碱基

DNA是由四种脱氧核苷酸——脱氧腺苷酸、脱氧鸟苷酸、脱氧胸苷酸和脱氧胞苷酸组成的。DNA是储藏、复制和传递遗传信息的主要物质基础。

RNA主要的组成核苷酸为腺苷酸、鸟苷酸、胞苷酸、尿苷酸四种，此外还可含有少量的核酸的修饰成分。

人造聚合物

人造聚合物是指那些由人类制造的，非自然产生的聚合物。聚乙烯是已知的最简单的聚合物之一。它由重复的结构单元"$-CH_2-CH_2-$"组成。尼龙、铁氟龙、聚氯乙烯（PVC）、聚乙烯和聚丙烯是一些常用的塑料，用于制造织物、管道、不粘锅和其他物品。

▲聚氯乙烯管和聚四氟乙烯锅是由人造聚合物制成的

合成聚合物让人类担忧，因为它们不容易被生物降解，被认为是对环境有危害的。

事实档案

聚合物的英文polymers出自希腊语，poly指"多"，mers指"单元"。

化学分析

在化学实验室，分析员通过不同的测试来检测化合物的存在。测试通常依靠观察化学反应产生的沉淀现象、颜色变化、出现的新气味或可识别的气体来实现。当化合物含量较少时，也会用到化学仪器进行检测。

鉴定纯净物和混合物

纯净物由一种物质组成。混合物由多种物质组成，且各组成物质保持原有的性质。纯净物有特定的熔点和沸点，而混合物往往没有固定的熔点和沸点，所以它们可以被区分开来。

色谱法是一种用于分离混合物的各个成分的化学方法。色谱法有不同类型，最简单的是纸色谱法。这种方法的原理是通过在流动相和固定相之间分配物质来实现分离。

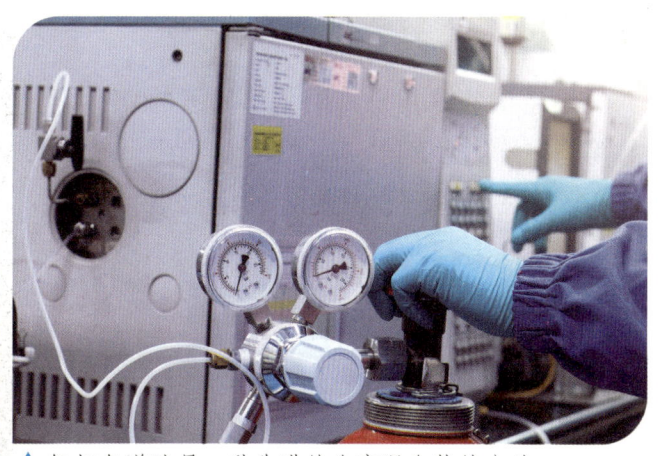
▲ 气相色谱法是一种先进的分离混合物的方法

在典型的纸色谱装置中，流动相是乙醇等溶剂，固定相是滤纸条。当一滴有色化学混合物被置于纸上时，混合物中不同的物质以不同的速度沿固定相移动，从而形成与各组分相对应的斑点。

▲ 薄层色谱法可分离简单的食品色素成分

识别气体

氢气测试：在导出氢气的玻璃尖嘴处点燃氢气，火焰呈淡蓝色。在火焰上方罩一只干而冷的烧杯，烧杯内壁有水珠生成。

氧气测试：将带火星的木条放入盛有氧气的集气瓶中，木条重新燃烧起来。

事实档案

纸色谱法是马丁等人在1944年发明的。

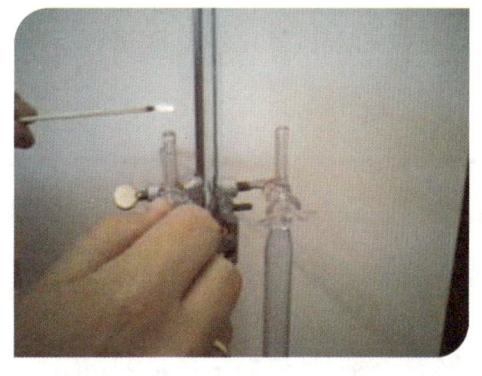
◀ 带火星的木条可以用来检测氧气的存在

二氧化碳测试：将二氧化碳气体通入盛有澄清石灰水的试管时，溶液会出现白色沉淀。

氯气检测：湿润的淀粉碘化钾试纸可用于检测氯气的存在。当湿润的淀粉碘化钾试纸被放入装有氯气的集气瓶时，试纸会变成蓝色。

焰色试验

焰色试验是识别不同金属离子的最简单方法。含有 Li^+、Na^+、K^+、Ca^{2+} 和 Cu^{2+} 等金属离子的化合物可通过这种试验来鉴定。

金属离子	火焰颜色
锂离子	紫红色
钠离子	黄色
钾离子（透过蓝色钴玻璃）	紫色
钙离子	砖红色
铜离子	绿色
锶离子	洋红色

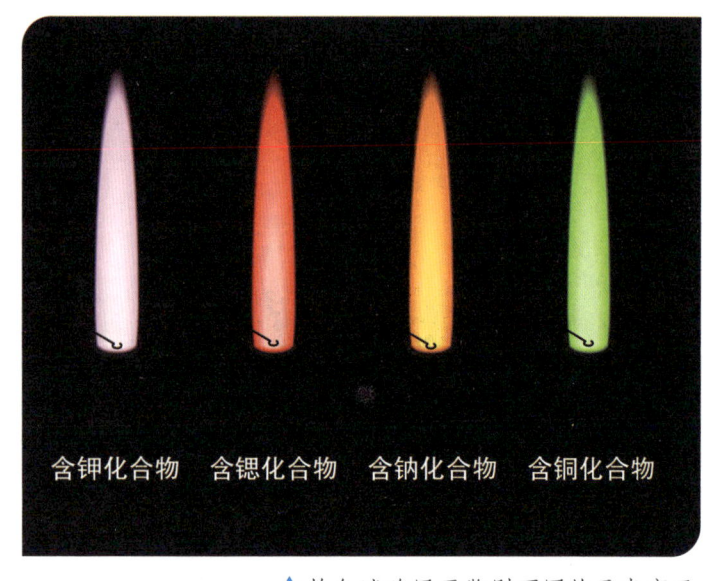

▲ 焰色试验用于鉴别不同的元素离子

识别碳酸盐、卤化物、硫酸根离子及溶液中的金属离子

碳酸盐可以通过与酸混合来鉴别。酸和碳酸盐混合后，发生反应产生二氧化碳，将二氧化碳气体通入澄清石灰水后，可观察到浑浊现象，用此方法可鉴别碳酸盐。

卤化物可与硝酸银溶液结合形成沉淀且沉淀不溶于稀硝酸。氯化银为白色沉淀，溴化银为浅黄色沉淀，碘化银为黄色沉淀。

硫酸根离子与氯化钡溶液反应生成白色沉淀。

有些金属离子可通过加入氢氧化钠溶液进行检测。

金属离子	沉淀物颜色
铝离子	白色
钙离子	白色
镁离子	白色
二价铜离子	蓝色
二价铁离子	白色→灰绿色→红褐色
三价铁离子	红褐色

▲ 通过生成金属氢氧化物的颜色可检测溶液中的金属离子

◀ 金属离子与氢氧化钠反应生成不同颜色的沉淀物

火焰发射光谱法

仪器能准确、灵敏、快速地检测元素和化合物的存在。

火焰发射光谱法常用于测定碱金属、碱土金属及其他较易激发的元素。

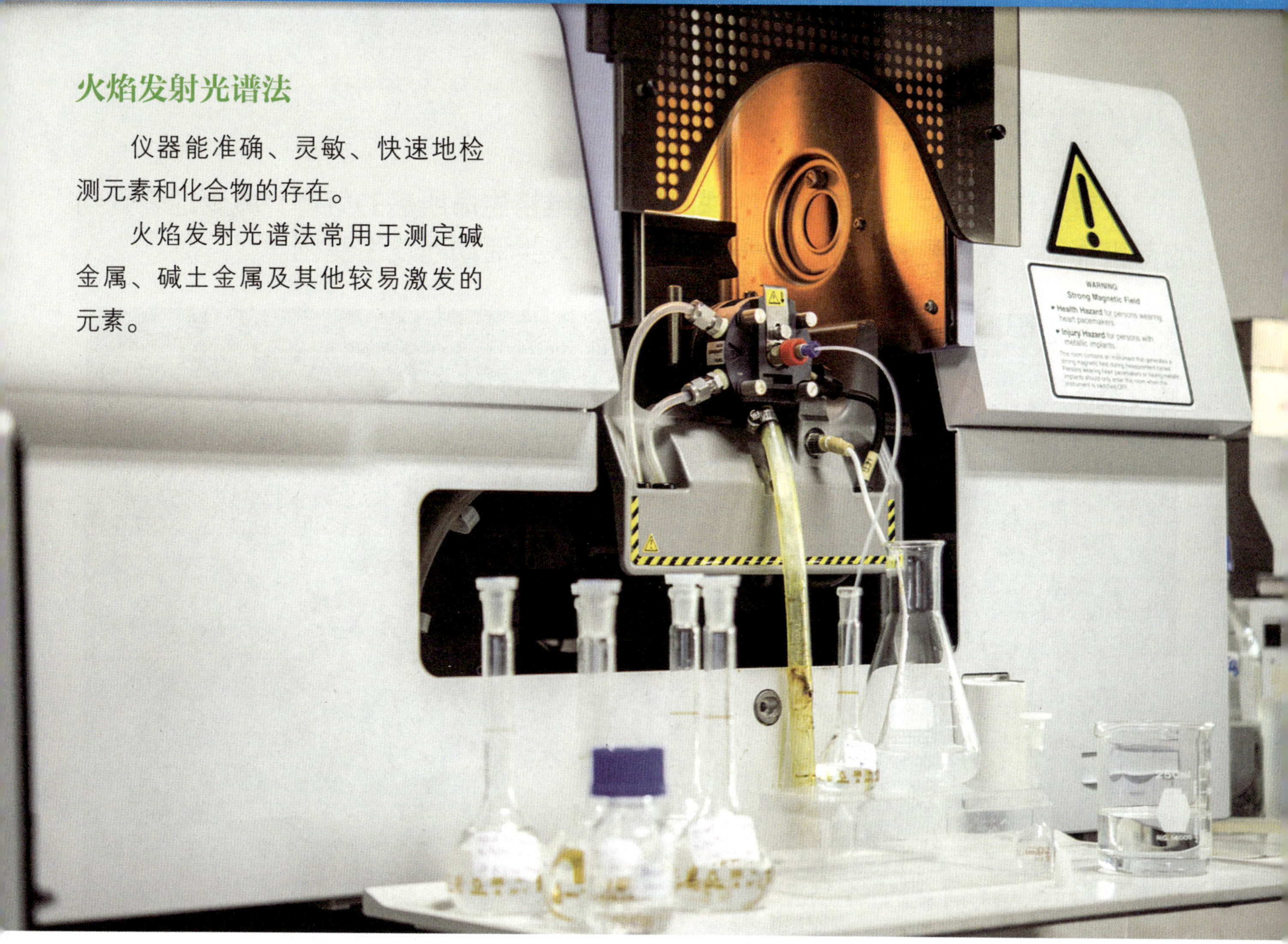

▲ 原子吸收光谱仪可用于金属离子的定量分析

质谱法

质谱法是一种根据试样中带电粒子（原子、基团或分子）在高真空条件下于电场或磁场中运动而按照质量/电荷比排列的谱图对试样的成分和结构进行分析的方法。其使用的仪器称为"质谱仪"。

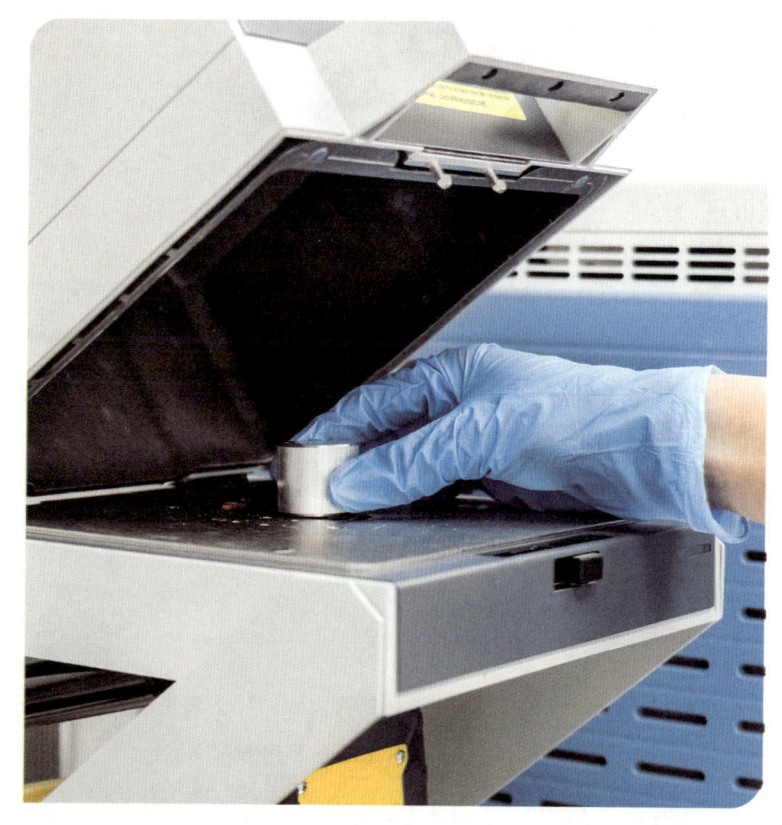

▶ 质谱仪在制药、采矿等领域有着广泛的应用

大气化学

大气是包围地球的空气层。地球大气提供维持生命所需的气体，减少地表受到的有害辐射。大气是动态的，由于自然原因和人类活动而发生变化。

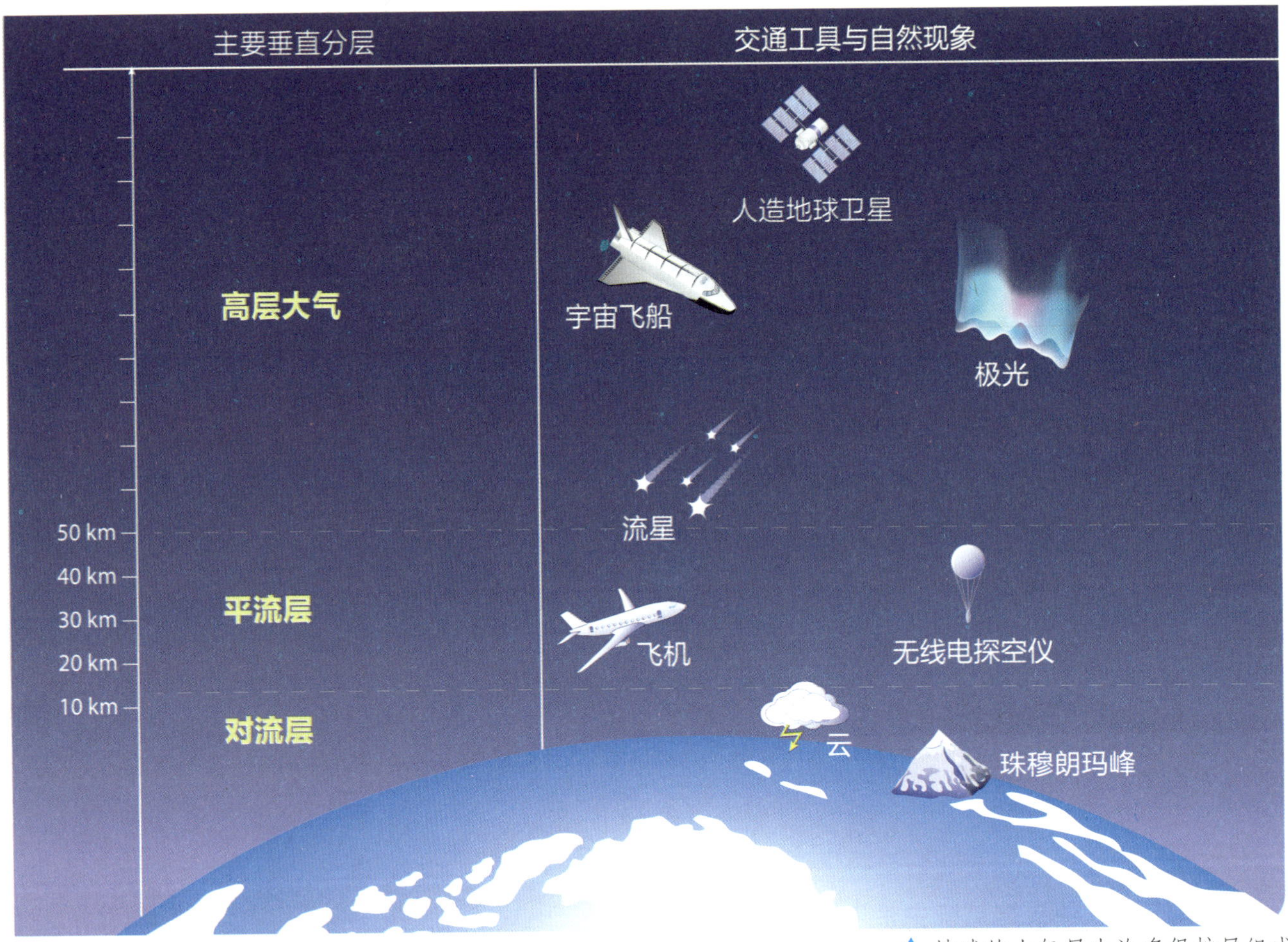

▲ 地球的大气层由许多保护层组成

地球大气

大气由氮、氧、氩等气体组成。

根据温度、运动状况和密度，大气自下而上可以划分为：对流层、平流层和高层大气。对流层是大气圈的最底层，平流层范围自对流层顶部至50~55千米高空，平流层以上的大气统称高层大气。

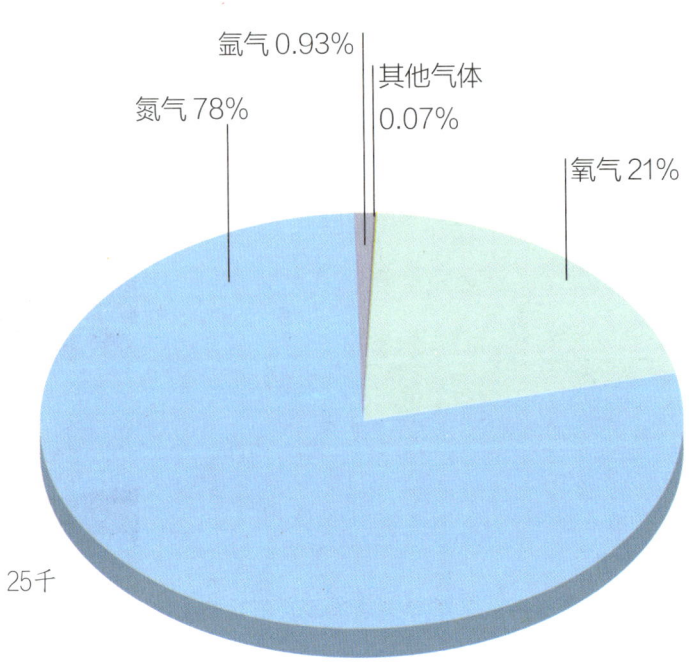

▶ 干洁空气成分的体积分数（25千米以下）

早期的大气

现有许多理论猜测地球早期的大气层的状况,以及大气在几十亿年的时间里是如何演变的。根据其中一种理论,在最初的约10亿年里,剧烈的火山活动释放出了构成早期大气的气体。

二氧化碳在没有或几乎没有氧气的情况下或许构成了大气的主要成分。火山活动产生的氮气、氨气和甲烷在大气中积聚。

当海洋形成时,大气中的二氧化碳溶解在水中形成碳酸盐,产生沉淀物并逐步积累。这个连续的过程逐渐减少了大气中二氧化碳的含量。

▲剧烈的火山活动在地球上最初的几百万年中很常见

氧碳比

当植物形成时,它们会消耗二氧化碳并产生氧气。距今约27亿年前,氧气开始在大气中积聚。数百万年来,随着更多的植物物种进化和繁衍,大气中的氧气含量增加了。

这也导致了依赖氧气生存的不同动物的出现。二氧化碳的减少还可由其他过程造成,如沉积矿床和化石燃料的形成。

事实档案

氮气、氧气是大气的主要成分。

地球资源

地球为人类提供了许多资源，以满足不同的需要。许多工业领域用原材料制造产品。目前，资源消耗、环境污染和利用资源生产产品所产生的废物是值得关注的问题。

▲ 大型设备被用来挖掘煤炭等资源

满足不同需求的资源

地球上的岩石被开采出来，用来建造建筑物。煤和石油等化石燃料被开采出来作为燃料。宝石被开采、抛光和切割成为珠宝或者用于其他用途。在地壳中发现的金属元素对人类的生产、生活都有着至关重要的作用。

采矿、采石、钻探和挖掘是我们开采所需资源的不同方式。工人们在矿井中挖掘有价值的资源并将其带回地表。石油可通过在陆地和海底钻孔后抽取而获得。

事实档案

化石燃料数量有限，甚至可能无法维持到21世纪结束。

可持续发展

自然资源和农业生产满足了人类的基本需求，如粮食、木材、衣服、住所和燃料。从地球上获得的大部分资源是有限的，不会用之不竭。除了资源减少外，污染和废物堆积也是严重的问题。

世界各地的环保主义者和科学家们正在努力找寻尽可能有效利用资源和减少对环境破坏的方法。

利用太阳能和风能等可再生资源的探索已经在进行中。大规模的可持续发展实践将造福这一代人，也将造福未来几代人。

▶ 太阳能电池板和风力涡轮机利用的是可再生能源

三个R

减少消耗（Reduce）、回收材料（Recycle）和再利用（Reuse）是环境保护的三大手段。减少能源和资源的消耗、回收任何可以加工的材料、再利用器物，将会对环境有益。

这三个行动确保我们的消耗对环境产生尽可能小的影响。例如，玻璃是一种广泛使用并可以回收的材料，碎玻璃可以熔化制成新的物体。金属也可以回收，熔化，再被重铸为不同的产品。

▲ 回收利用是保护环境的重要举措

污染

人类活动造成了空气、水和土壤的污染。它也对大气成分产生了影响。温室气体虽然对维持地球生命活动至关重要，但如果超过一定水平，也可能造成全球危机。

温室气体

二氧化碳、甲烷、臭氧和氟利昂等是大气中的温室气体。植物吸收二氧化碳从而生长。然而，由于人类的各种活动，大气中的温室气体水平一直在不断上升。

▲ 越来越多的汽车排放的废气造成了严重的空气污染

水土污染

土壤污染是指人类活动产生的污染物进入土壤，引起土壤质量恶化的现象。如铅、汞等重金属化学物质进入土壤时，会污染其表层并让土壤变得无法使用。塑料制品在土地上的堆积也是一个令人担忧的问题，特别是对野生动物而言。塑料制品通常需要数百年才能降解。工业生产排放的有害废水污染了水源。

▶ 未经处理的工业废水会完全破坏水源

全球气候变化

科学家们已经确认,温室气体的不断增加将导致全球气温持续上升。这将导致气候模式的变化和极地冰盖的融化,许多沿海地区会因此被淹没。

▲ 全球变暖导致极地冰盖融化

污染物

煤炭、石油和天然气等化石燃料的燃烧是大气污染的主要来源。它们燃烧后会释放一氧化碳、二氧化碳、二氧化硫、碳氢化合物、固体废物(如烟尘)和氮氧化物。

不同的污染物会产生不同的影响。一氧化碳是一种很难被检测到的有毒气体。硫氧化物和氮氧化物会引起不同的呼吸问题。空气中的颗粒物会引发全球暗化的现象和人类健康问题。

碳足迹

碳足迹是指各组织、机构、个人以及各项活动、产品等在报告期内引起的各项温室气体排放的集合。世界各地的许多组织都在努力减少制造业或服务业排放的二氧化碳和甲烷。

事实档案

每年有大量的垃圾被倾倒到海洋中。

▲ 工业生产排放的污染物对健康构成严重威胁

37

水处理和肥料

我们的生存依赖食物和水。饮用水和提高作物产量的肥料是世界各地的必需品。尽管淡水和农作物现在可供我们使用,但要想它们也能够为下一代所用,就必须谨慎地使用、再利用和创新。

饮用水

适合饮用的水中微生物含量不得超标,并且只有少量的溶解盐。饮用水的生产取决于可用的淡水来源和生产技术。

通常,雨水是淡水的主要来源,在地面及河流和湖泊中聚集,但并非所有的湖泊、池塘或河流都有适合饮用的水。重要的是确定安全的水源,并通过过滤床,然后用紫外线、氯气和臭氧等对其进行消毒。在淡水供应短缺的地区,海水淡化是最好的选择。雨水收集可以把本该被排入地下的水集中起来。

▲雨水收集是一种简单的收集水和防止水涝的方法

废水处理

废水不断地从家庭、农田和工业生产中大量产生。它所携带的有害杂质和病原微生物在排放前需要进行有效处理。

通常,废水处理涉及这些工艺:

1. 筛分,然后进行除砂。
2. 污泥沉降与去除。
3. 污水厌氧消化。
4. 污水好氧处理。

▲污水在排放前经过若干不同步骤的处理

肥料

农民使用肥料来提高作物产量和作物的健康水平。虽然堆肥是一种很好的天然肥料，但不可能在短时间内获得足够多的量以供给大面积的农田。人工肥料或化学肥料可以解决这个问题。它们可以批量生产，成本也是可以承受的。

▲ 农民使用肥料增加作物产量

事实档案

海水淡化通过蒸馏或反渗透来实现。由于这一过程会消耗大量能源，因此海水淡化相当昂贵。

全元素复合肥

同时含有氮、磷、钾元素的肥料被称为"全元素复合肥"。几十年来，它们帮助人们提高了农业生产力。氨是通过哈柏法或由铵盐和碱制造而成的。氯化钾、硫酸钾等钾肥可被合成后直接用作肥料。开采出的磷矿必须用硫酸或硝酸进行处理，由此产生的盐类物质可用于农田施肥中。

氨的生产

哈柏法是一种合成氨的方法。这种方法将氮和氢在高温高压和催化剂条件下直接合成氨。冷却后的液化氨被提取，剩余的氢气和氮气则被回收。

▼ 氨在工厂里被大量生产用作肥料

金属和合金

金属是一种不透明且有光泽的固体物质。重要的是，金属能够导热和导电。金属和合金对于制造许多我们使用的物品和设备是很重要的。

金属的性质

金属的性质与其内部结构、自由电子的存在有关。它们具有可塑性和延展性，也就是说，这些金属可以被制作成薄片，也可以被拉伸成金属丝。许多金属能与其他金属熔合形成合金。

▲ 黄金很适合加工成装饰品，它不会褪色或生锈

▲ 钛用于制造坚固而轻便的自行车车架

▶ 不锈钢的主要成分是铁和铬，它是制作器皿的重要材料

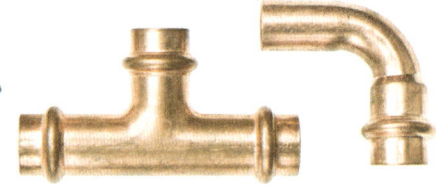

▲ 铜通常用于制造龙头和电线

金属提取

地球只有有限的金属矿，铜矿石越来越稀少。人们正在研究新的方法，希望通过不同的方法从其他矿石中提取这种金属。

植物采矿是利用植物吸收金属化合物的过程。这些植物被收割，燃烧成灰烬后提取金属化合物。

细菌浸取是一种利用细菌产生可提取的金属化合物溶液的过程。

电解是在电的作用下，使金属元素从金属化合物溶液中转移出来的过程。

▲ 植物采矿是利用植物提取金属的一种独特方法

▲ 暴露在潮湿环境中的铁管会随着时间的推移而生锈

腐蚀

金属的腐蚀是通过元素和环境之间的化学反应发生的。生锈是可观察到的最常见的腐蚀反应。铁在空气和水的作用下会被腐蚀。腐蚀会破坏金属。

防止腐蚀的常见方法是给金属涂上一层保护层，如油脂、油漆等。在某些情况下，也可以通过给金属覆上一种耐腐蚀的金属来防止腐蚀，比如镀锌铁就是在铁的表层覆上一层锌来延缓腐蚀反应的。

事实档案

黄金的纯度以"开"（K）为单位。24K黄金是金含量接近100%的黄金，而18K黄金只含有约75%的黄金，它是黄金与其他金属混合而成的。

▲ 镀锌金属耐腐蚀

合金

合金是金属与金属或非金属熔合形成的混合物。我们日常生活中使用的许多东西都是由合金制成的。钢是铁与一定量的碳及其他金属（如铬或镍）的合金。在钢材中加入碳能增强它的强度。高碳钢坚固但易碎，而低碳钢柔软且易于成形。

青铜是铜和锡的合金。黄铜是铜和锌的合金。为了改善性能，铜合金中常含有其他的微量元素，如铝、锰、硅或铅等。

趣味测试题

知识点：原子结构及元素周期表

1.原子由_____和_____构成，原子核由_____和_____构成。（请将字母序号填在横线上。）

A.质子　　B.中子　　C.原子核　　D.核外电子

2.选择合适的字母序号填入下图括号中。

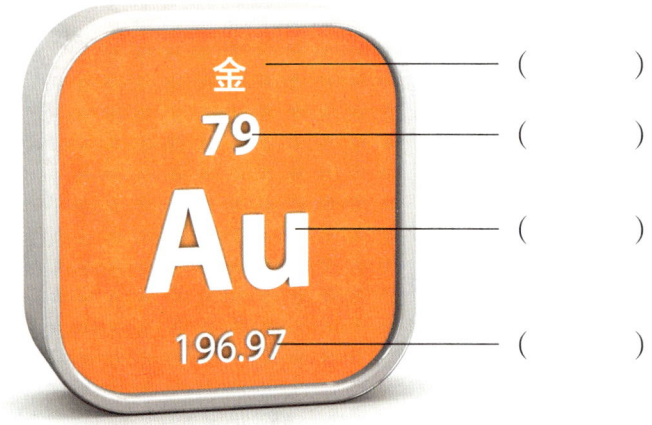

（　　）
（　　）
（　　）
（　　）

A.元素符号　　B.相对原子质量　　C.原子序数　　D.元素名称

3.下图摘自元素周期表，据此判断，下列叙述错误的是（　　）。
A.氮原子的核外电子数为7
B.氧的相对原子质量为16.00
C.C、N、O的原子序数依次递增
D.碳、氮、氧在元素周期表中属于同一族

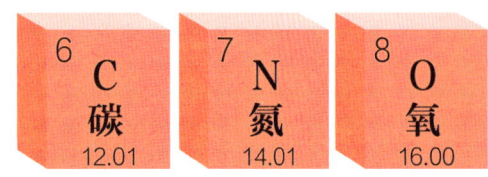

知识点：物质的性质及变化

根据气体的特性，在相应空格处填入对应气体的字母序号。

1.在导出气体的玻璃尖嘴处点燃该气体，火焰呈淡蓝色。在火焰上方罩一只干冷的烧杯，烧杯内壁有水珠生成。这种气体是（　　）。

A.氢气　B.一氧化碳　C.氮气　D.氧气

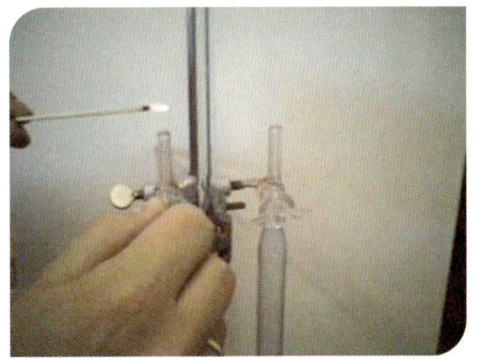

2.将带火星的木条放入盛有气体的集气瓶中，木条重新燃烧起来。这种气体是（　　）。

A.一氧化碳　B.二氧化碳　C.氮气　D.氧气

3.当该气体通入含有氢氧化钙溶液（澄清石灰水）的试管时，溶液会变浑浊。这种气体是（　　）。

A.一氧化碳　　B.氮气　　C.二氧化碳　　D.氢气

4.湿润的淀粉碘化钾试纸可用于检测该气体的存在。当湿润的淀粉碘化钾试纸被放入装有该气体的集气瓶时，湿润的淀粉碘化钾试纸会变成蓝色。这种气体是（　　）。

A.氢气　B.氯气　C.氧气　D.一氧化碳

在某些化学反应中，所得产物能反应生成原始反应物，这种反应称为"可逆反应"。在任何情况下，生成的产物都不能产生原始反应物的化学反应则为不可逆反应。请判断下列反应为何种类型，将可逆反应以"⟷"表示，将不可逆反应以"⟶"表示。

知识点：物质的酸碱性

请判断下列物质的酸碱性，并在括号内画出相应的符号：酸性物质用"○"表示，碱性物质用"△"表示，中性物质用"□"表示。

橙汁（　　）　　　　纯水（　　）　　　　番茄汁（　　）

牙膏（　　）　　　　抗酸剂（　　）

知识点：有机化合物

1.原油中的碳氢化合物可通过分馏的方法进行分离。请将下图中的分馏产物与其对应的碳原子数进行连线。

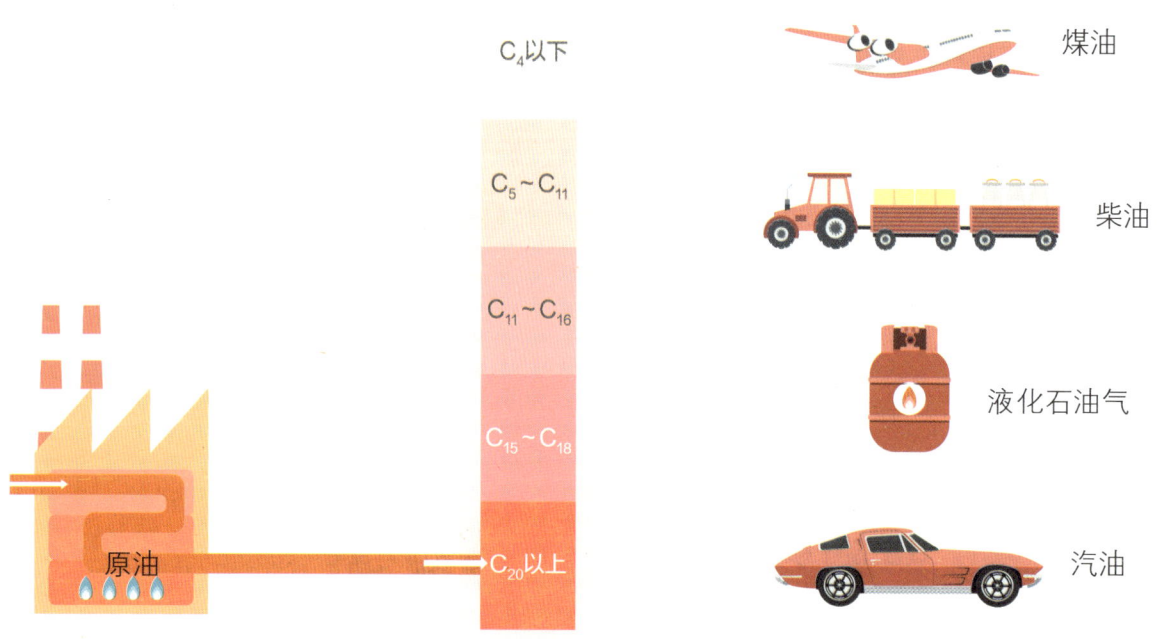

2.请将醇类与羧酸类物质与对应的用途进行连线。

乙醇　　　　　　　食品工业中被广泛应用

甲醇　　　　　　　被用于生产肥皂

醋酸　　　　　　　用于制造消毒药

脂肪酸　　　　　　用作汽油的添加剂以改善其燃烧性能

知识点：催化剂

催化剂是能够改变化学反应速率而不被消耗的物质。催化剂可以通过提供一种低活化能的反应途径来加速化学反应。请在下图中的括号内填上对应的字母序号。

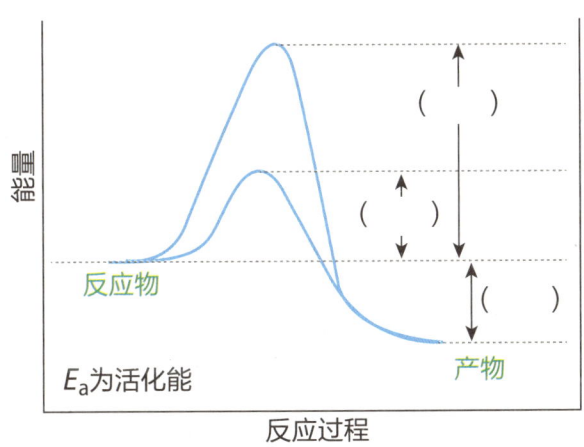

A. E_a，有催化剂

B. E_a，无催化剂

C. $\triangle H_R$

知识点：水处理

废水不断地从家庭、农田和工业生产中大量产生。它所携带的有害杂质和病原微生物在排放前需要进行有效处理。通常，废水处理涉及下列工艺，请按正确的顺序将字母序号填入括号内（　　　　）。

A.污水厌氧消化

B.筛分，然后进行除砂

C.污水好氧处理

D.污泥沉降与去除

知识点：地球资源

下列哪些是可再生能源，哪些是不可再生能源？请在可再生能源下方的括号中打"√"，在不可再生能源下方的括号中打"×"。

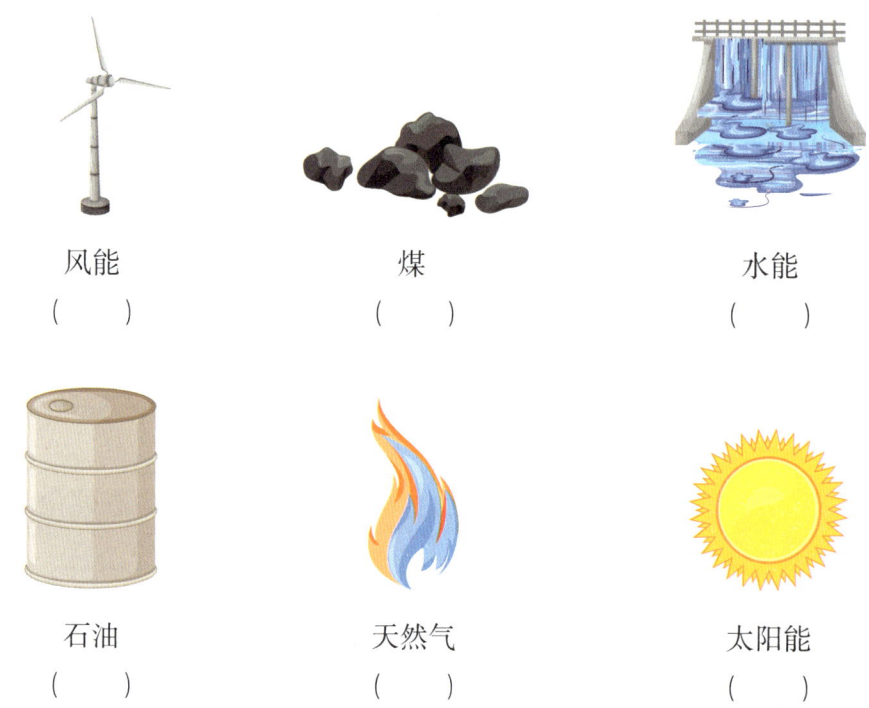

风能　　　　　　　　　煤　　　　　　　　　水能
（　）　　　　　　　（　）　　　　　　　（　）

石油　　　　　　　　天然气　　　　　　　太阳能
（　）　　　　　　　（　）　　　　　　　（　）

知识点：金属和合金

根据金属及合金的性质，将下列物品与对应的金属或合金连线。

用于制造坚固而轻便的自行车车架　　因不会褪色或生锈，很适合加工成装饰品　　制作金属器皿的重要材料　　常用于制造龙头和电线

黄金　　　铜　　　钛　　　不锈钢

探索生物

DISCOVER BIOLOGY

你好，科学！
DISCOVER SCIENCE

[英] North Parade Publishing
（北方旅行出版公司） 编

杨惠萍 译

青岛出版集团 | 青岛出版社

Copyright © 2020 North Parade Publishing Ltd, Bath, UK
山东省版权局著作权登记号 图字：15-2020-36

图书在版编目（CIP）数据

你好，科学！.4, 探索生物 / 英国北方旅行出版公司编；杨惠萍译. — 青岛：青岛出版社，2020.6
ISBN 978-7-5552-9009-4

Ⅰ.①你… Ⅱ.①英…②杨… Ⅲ.①科学知识 – 青少年读物②生物学 – 青少年读物 Ⅳ.①Z228.2②Q-49

中国版本图书馆CIP数据核字(2020)第051540号

本册审定专家
马之恒　科普作家，中国科技馆特约顾问

本册审定名师
林海　北京师范大学成都实验中学
张红　北京师范大学长春附属学校
张云鹤　北京师范大学长春附属学校

书　　名	你好，科学！
分 册 名	探索生物
编　　者	［英］North Parade Publishing（北方旅行出版公司）
翻　　译	杨惠萍
出版发行	青岛出版社
社　　址	青岛市崂山区海尔路182号（266061）
本社网址	http://www.qdpub.com
邮购电话	0532-68068091
责任编辑	肖　雷
装帧设计	1204设计工作室（北京）文俊
封面插画	1204设计工作室（北京）文俊
照　　排	青岛千叶枫创意设计有限公司
印　　刷	青岛嘉宝印刷包装有限公司
出版日期	2025年3月第2版　2025年3月第6次印刷
开　　本	16开（787mm×1092mm）
印　　张	18
字　　数	440千
审 图 号	GS（2020）1934号
书　　号	ISBN 978-7-5552-9009-4
定　　价	178.00元（全6册）

编校印装质量、盗版监督服务电话　　4006532017　　0532-68068050
建议陈列类别：少儿・科普

目录

细胞介绍 2
动物细胞和植物细胞 4
细胞分裂 6
细胞运输 8
细胞和组织 9
遗传学 10
染色体和基因 12
基因工程 14
克隆 16
显微学 18
在实验室培养微生物 20
疾病 22
免疫力 24
生物分类 26
生物能学：光合作用 28
生物能学：呼吸、新陈代谢和体内平衡 30
人体系统 32
进化 36
生态系统 38
与环境交互 40
趣味测试题 42

细胞介绍

除了病毒等之外，大部分生物是由细胞组成的。细胞是生物体结构和功能的基本单位。有些生物（如细菌）是单细胞结构的，而有些生物（如一些动物、植物等）则由数十万亿个细胞组成。

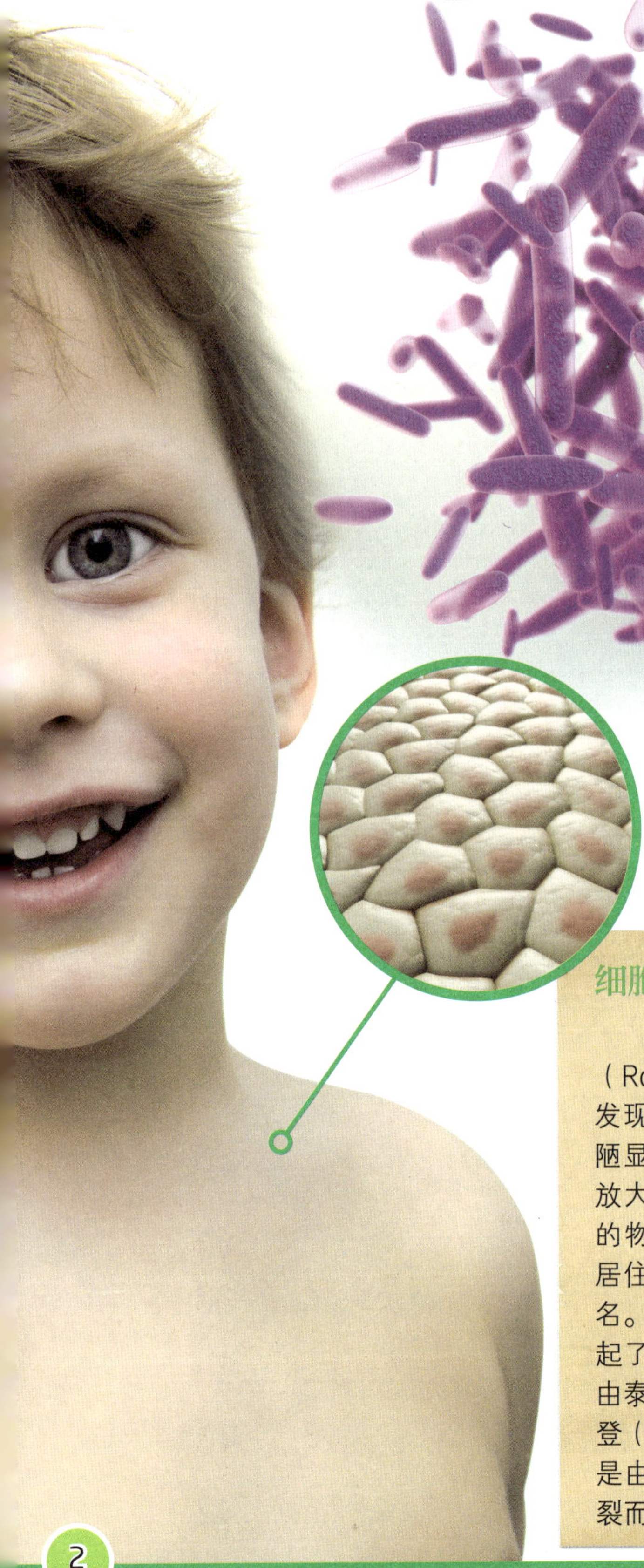

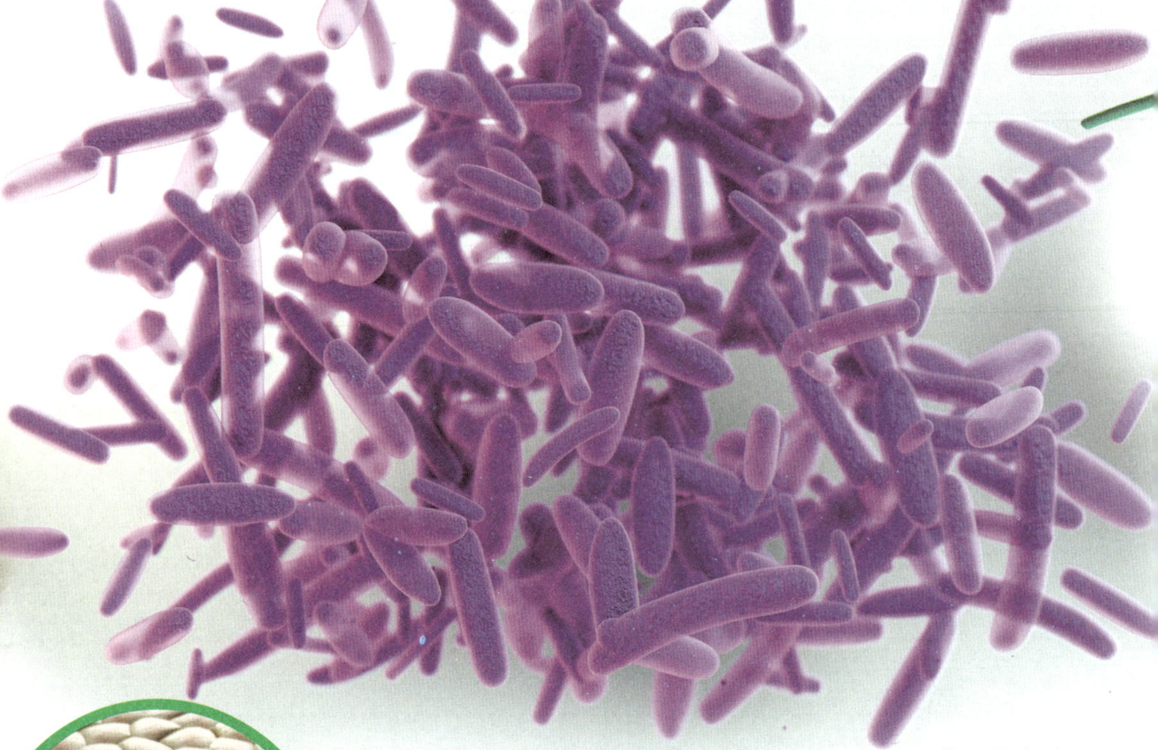

◀一般情况下成人的皮肤是由上千亿个皮肤细胞构成的。皮肤是感觉器官，是身体的保护屏障

▲细菌是单细胞生物。单个的细菌可以与其他细菌个体组成链状或团状结构共存

细胞的发现

细胞是由罗伯特·虎克（Robert Hooke）于1665年首先发现的。当时，他使用自制的简陋显微镜观察软木塞的薄切片。放大后，他看到许多微孔状结构的物质。由于它们的形状与僧侣居住的小房间类似，虎克便用"cell（细胞）"一词为之命名。"cell"的拉丁语语义为"小房间"。从此，细胞研究兴起了，并开启了名为"细胞生物学"的独立领域。细胞学说由泰奥多尔·施旺（Theodor Schwann）和马蒂亚斯·施莱登（Matthias Schleiden）提出。该理论指出，大部分生物都是由细胞这一基本单位组成的，新细胞是由已存在的细胞分裂而来的。

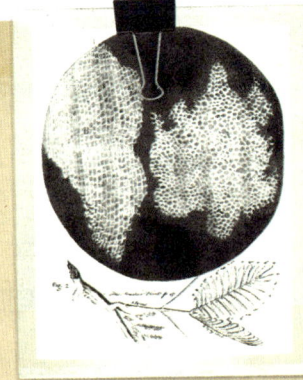

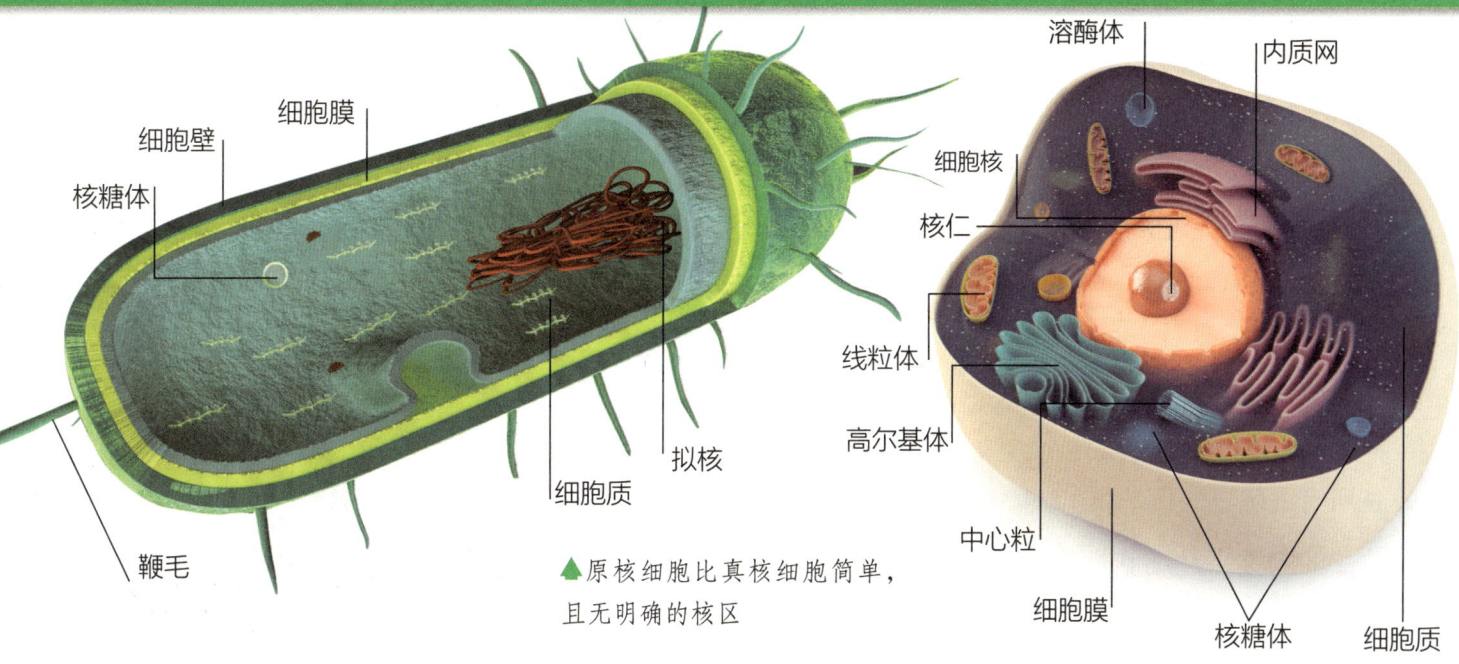

▲ 原核细胞比真核细胞简单，且无明确的核区

原核细胞和真核细胞

通常，细胞分为原核细胞和真核细胞两类。

原核细胞： 原核细胞较原始，它没有成形的细胞核，其遗传物质（DNA）也不以染色体形式排列，而是形成紧凑的环。环里面包含细胞存活和繁殖所需的所有蛋白质编码信息。原核细胞作为地球上唯一的生命形式存在了数百万年之久，直到更复杂的真核细胞出现。

真核细胞： 真核细胞的主要特征是存在遗传物质集中的明确区域。该区域即细胞核。细胞核由核膜包被。

原核细胞

1. 所含遗传物质是环状双股单一顺序的。

2. 没有成形的细胞核。

3. 基因组非常紧凑，仅包含蛋白质编码区域。

4. 没有界限分明的膜结合细胞器。

5. 拥有复杂的细胞壁。不同的原核细胞生物的细胞性质各不相同。

6. 原核细胞生物通常是单细胞结构的。

真核细胞

1. 所含遗传物质为线状染色体。

2. 有成形的细胞核，其中包含核膜和核仁。

3. 基因组中有大量重复的DNA，它们不编码任何蛋白质。

4. 存在界限分明的膜结合细胞器。

5. 大部分的真核细胞生物的细胞不存在细胞壁。

6. 真核细胞生物通常是多细胞结构的。

细胞大小

绝大多数细胞个体极小，这意味着它们只能在显微镜下才能被看到。细胞的大小差异很大。变形虫长约0.1毫米，在适当的条件下可用肉眼观察到。人卵细胞的大小也相对较大。另一方面，血小板是人体中最小的细胞。

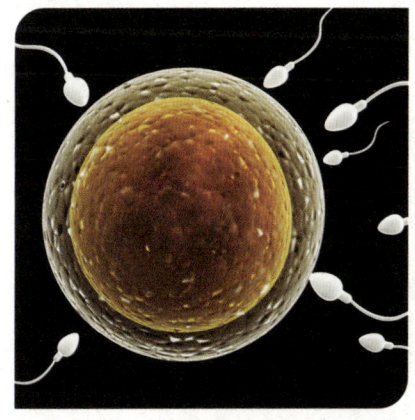

▲ 卵细胞（卵子）是人体中最大的细胞之一，其直径最长可达0.1毫米

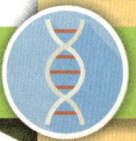

事实档案

原核细胞的直径一般为1~10微米（1微米等于千分之一毫米）。真核细胞的直径一般为10~100微米。

动物细胞和植物细胞

动物细胞拥有清晰的细胞膜以及膜结合细胞器。植物细胞具有动物细胞所没有的细胞壁。植物细胞能够利用阳光自己制造"食物",而缺乏细胞壁的动物细胞则能够运动。

动物细胞包括以下部分。

细胞膜: 是一种对细胞具有保护作用,并包住所有细胞器的保护膜。

细胞核: 是细胞最重要的部分,包含细胞生长、活动和繁殖所需的DNA。

线粒体: 被称为"细胞的动力源",它可以把氧和营养物质转化为能量。

内质网(ER): 制造、加工和运输化合物的网膜系统。

高尔基体: 有助于将内质网中产生的化学物质运到细胞外。

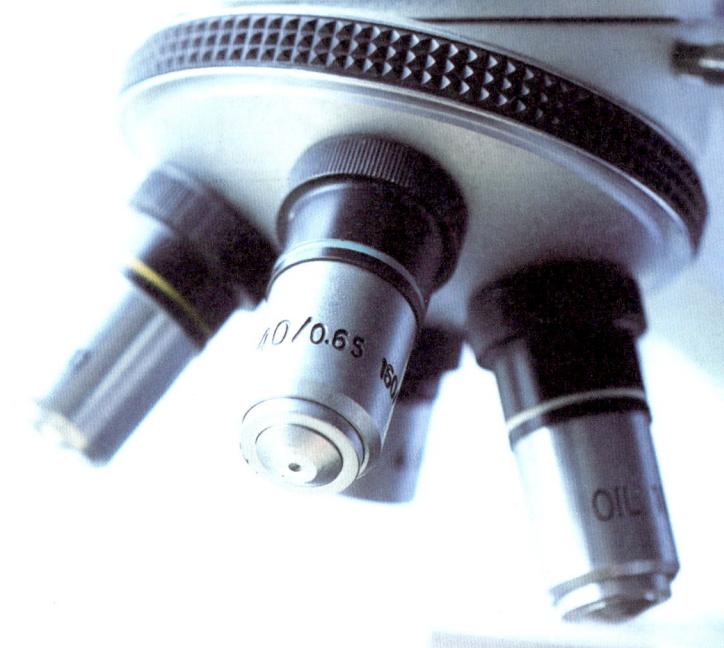

核糖体: 由核糖核酸和蛋白质组成的微细胞器,有助于蛋白质的合成。

溶酶体: 含有有助于消化的酶的细胞器。

中心粒: 由9束微管组成,其有助于细胞分裂。

鞭毛/纤毛: 有助于运动的附属物。

微丝、微管和中间丝: 为细胞提供结构支撑。

除了以上诸项,植物细胞还具有以下部分。

细胞壁: 保护层,起到保护和支持作用。

叶绿体: 这些细胞器参与光合作用。光合作用是植物利用阳光制造"食物"的过程。

液泡*: 一种含有基本化合物并有助于生长的贮存细胞器。

▼植物细胞具有明确的细胞壁,这一点不同于动物细胞

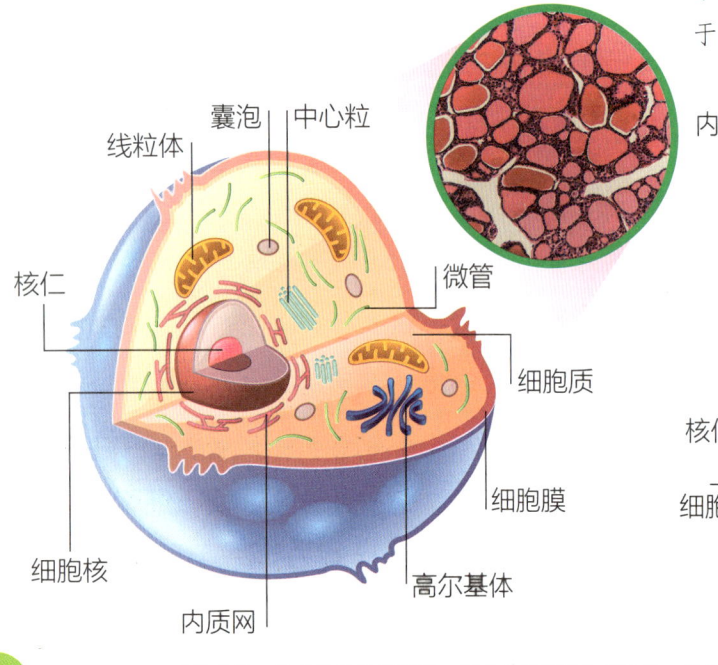

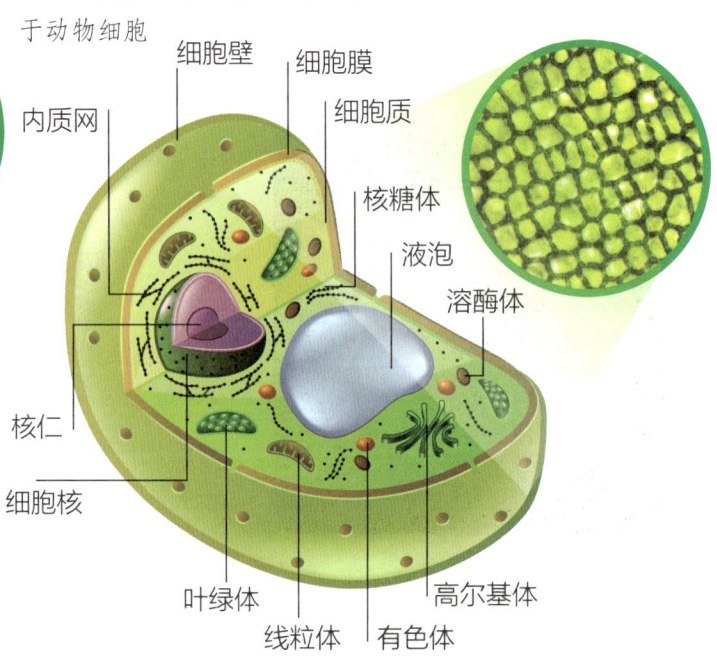

* 编者注:原书表述不够严谨。部分动物细胞也有液泡,但通常只发挥辅助功能。

细胞分化

一个年轻的、不成熟的细胞发育成具有特定功能的特化细胞的过程称为细胞分化。能够分化成所属生物体中所有类型的细胞的细胞称为"全能细胞"。有些细胞，如动物的干细胞和高等植物的分生组织细胞，可以分化成多种不同类型的细胞。这样的细胞是"多能细胞"。

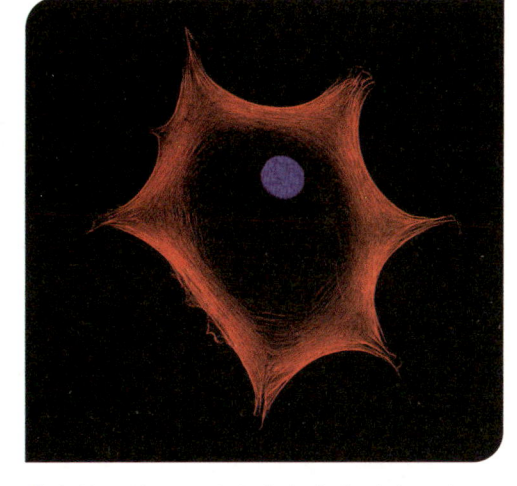

▲ 全能细胞可以分化成所有类型的细胞

◀ 神经元是通过电信号进行通信的特化细胞

细胞特化

单细胞生物的所有生存功能和繁殖功能都存在于一个细胞中。多细胞生物更为复杂。某些细胞被赋予特定的功能，这些细胞称为"特化细胞"。特化细胞群大小不一，形状各异，细胞的组成也不相同，这与细胞的结构和功能有关。细胞结构和功能差异的根源在遗传层次上——也就是说，某些基因被激活，使细胞具有特定的结构和功能。

让我们看一些特化细胞的例子。

神经元： 也称为神经细胞，最长可达1米。神经细胞将身体不同部位的信号传递给大脑。

红细胞： 人的红细胞呈纽扣形，其中含有血红蛋白。红细胞将氧气从肺部带到身体的不同部位，并将二氧化碳从身体各部位带到肺部。

根毛细胞： 是一种存在于植物根中的特化细胞。这些细胞有毛发状突起，用以吸收无机盐和水分。

保卫细胞： 存在于植物的叶和茎中。保卫细胞打开、关闭和控制植物体中用于交换水分和二氧化碳的气孔。

事实档案

一个成年人体内有200多种不同类型的特化细胞执行不同的功能。

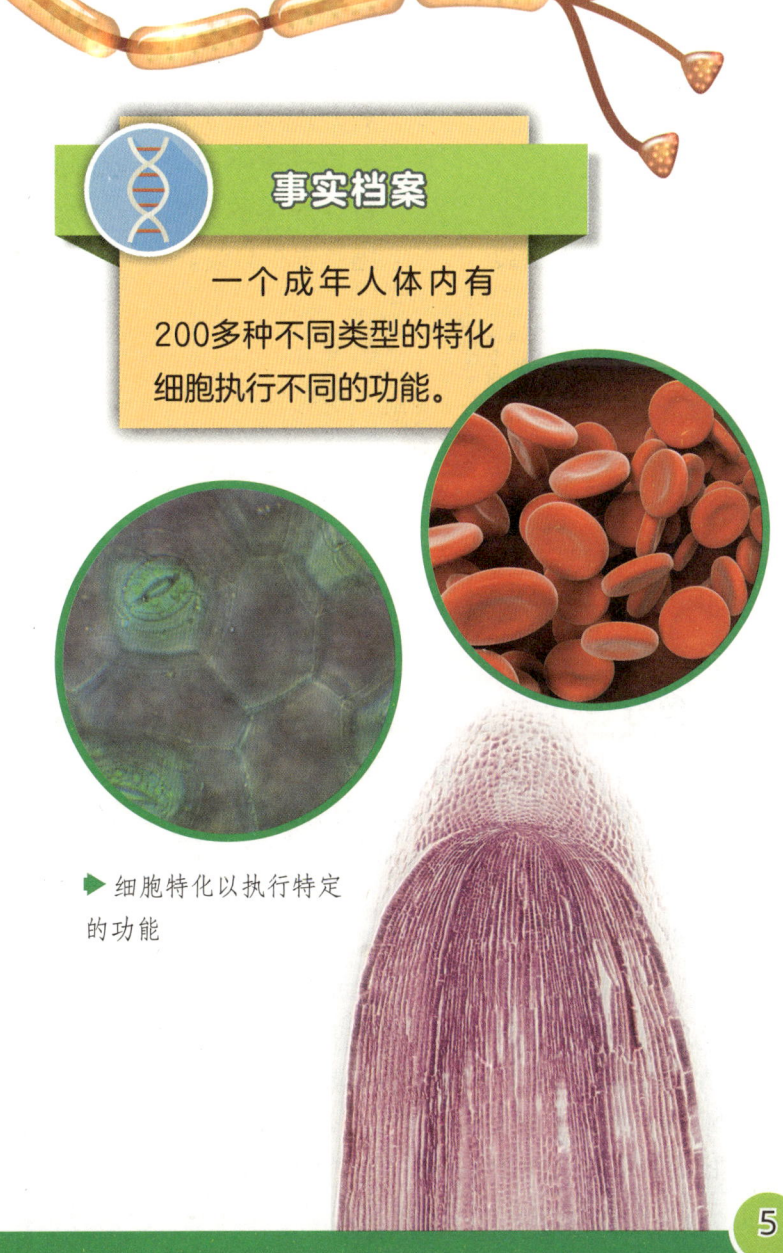

▶ 细胞特化以执行特定的功能

细胞分裂

我们体内的细胞一直在分裂并产生新的细胞。一分为二，二分为四，依此类推，旧细胞被新细胞代替。该过程称为细胞分裂。我们的生命始于一个细胞，到我们成年时，体内细胞可达数十万亿之多。

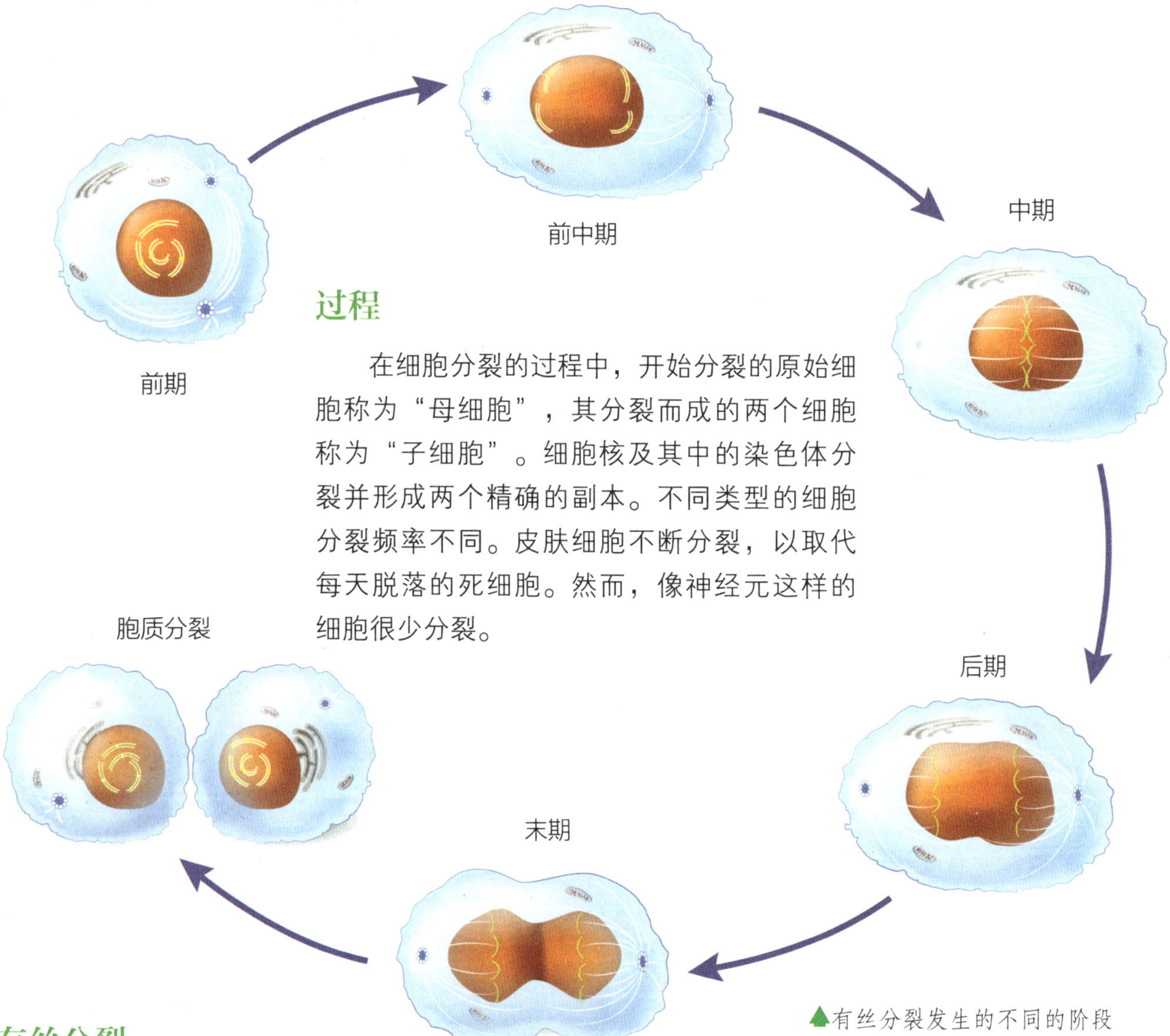

前期

前中期

中期

后期

末期

胞质分裂

过程

在细胞分裂的过程中，开始分裂的原始细胞称为"母细胞"，其分裂而成的两个细胞称为"子细胞"。细胞核及其中的染色体分裂并形成两个精确的副本。不同类型的细胞分裂频率不同。皮肤细胞不断分裂，以取代每天脱落的死细胞。然而，像神经元这样的细胞很少分裂。

▲有丝分裂发生的不同的阶段

有丝分裂

非生殖性正常细胞分裂的过程称为有丝分裂。当母细胞分裂成两个子细胞时，新形成的子细胞具有与母细胞相同数量的染色体。

减数分裂

减数分裂是母细胞分裂两次形成四个子细胞的过程，每个子细胞的染色体数仅是母体的一半。雄性产生精子和雌性产生卵子的过程都是减数分裂。由于精子和卵子中的染色体数目只有一个染色体组的一半，所以当它们融合时，新细胞将具有一个完整的染色体组。

事实档案

我们每天失去大约5000万个旧的皮肤细胞，它们通过皮肤细胞分裂被新细胞取代。

细胞周期

细胞从一次分裂完成开始到下一次分裂结束所经历的几个阶段合称为细胞周期。

间期1：细胞通过进行某些代谢变化，为分裂做好准备。

合成阶段：发生DNA合成，并且细胞核中的遗传物质进行复制。

间期2：细胞准备分裂时，发生代谢变化，产生更多的细胞质。

有丝分裂阶段：在此阶段中发生细胞核分裂（称为核分裂）和整个细胞分裂（称为胞分裂）。

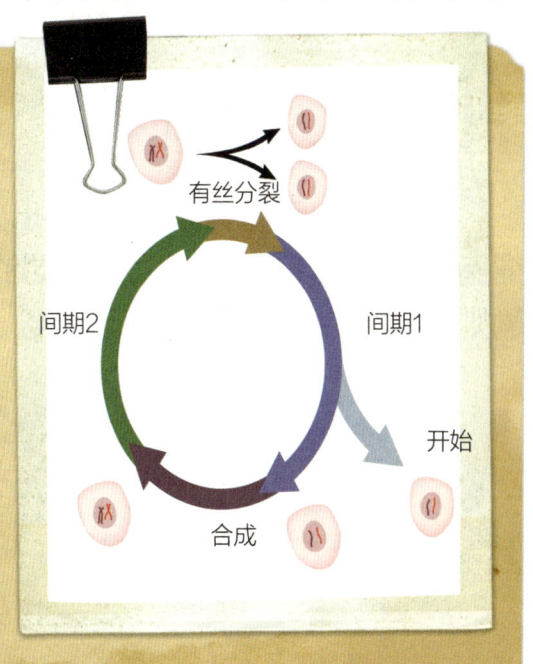

干细胞

干细胞的非凡之处在于它们有能力分化成一系列不同的特化细胞，如骨骼、皮肤、血液和许多其他器官的细胞。

成体干细胞保持休眠状态数年，然后可以激活以替换损失或损坏的细胞。

干细胞有两种主要类型。

1.胚胎干细胞： 这些干细胞为发育中的胚胎提供长成幼体所需的所有不同类型的细胞。它们能够发育成任何类型的细胞。

2.成体干细胞： 存在于骨髓中，它们可以生成身体中的受损细胞。它们是"多能的"，也就是说它们可以分化成某些而非所有类型的细胞。

科学家已经发现干细胞有许多用途。在实验室中，干细胞可以被诱导生成整个器官，例如皮肤和心脏。它们还可以用在因患癌症或其他疾病而失去血细胞的患者体内，使患者产生血细胞。

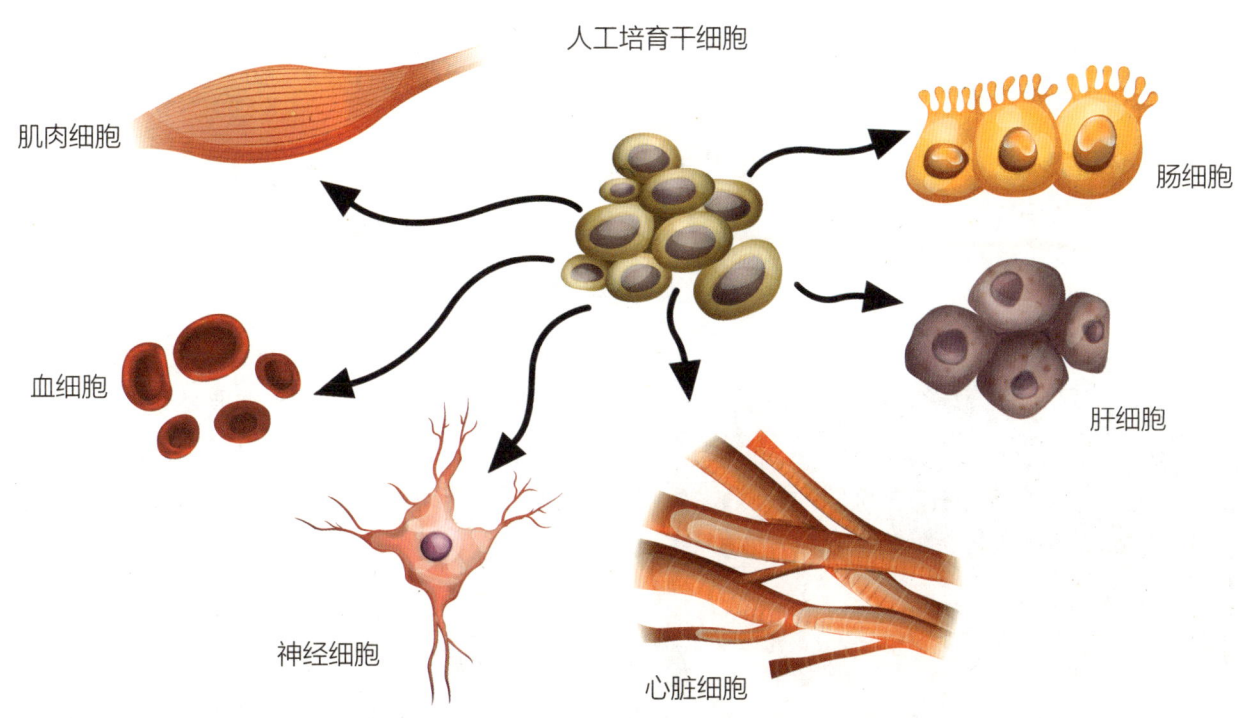

细胞运输

因为细胞膜具有半透性，所以会发生某些分子进出细胞的运动，这就是所谓的细胞运输。细胞运输可以是主动的，也可以是被动的。主动运输需要能量，被动运输则不需要。

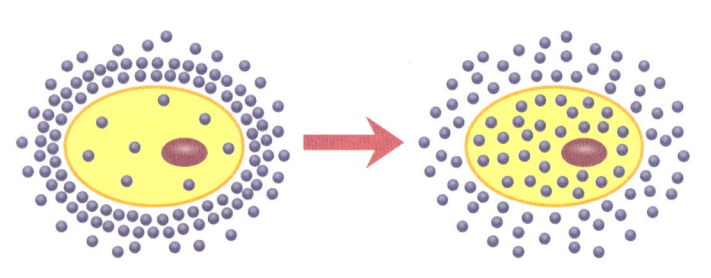
▲具有半透性的细胞膜允许分子在细胞内外移动

> **事实档案**
>
> 间隙连接是一种被动运输机制，可使心肌以协调、平滑的方式收缩。

被动运输

1.简单扩散：扩散是分子从一个浓度较高的区域移动到一个浓度较低的区域的过程。这两个区域之间的浓度差称为"浓度梯度"。扩散通常持续到两个区域浓度均衡为止。

影响扩散的一些因素是：

（1）膜的表面积；

（2）温度；

（3）浓度梯度。

2.易化扩散：在载体蛋白的帮助下发生的扩散，称为易化扩散。每个载体蛋白都具有特定的形状，并且仅允许特定的分子通过。

3.渗透：渗透是一种在半透膜存在下发生的扩散。这个过程中，水从浓度较低的溶液流向浓度较高的溶液。根通过渗透作用从土壤中吸收水分。

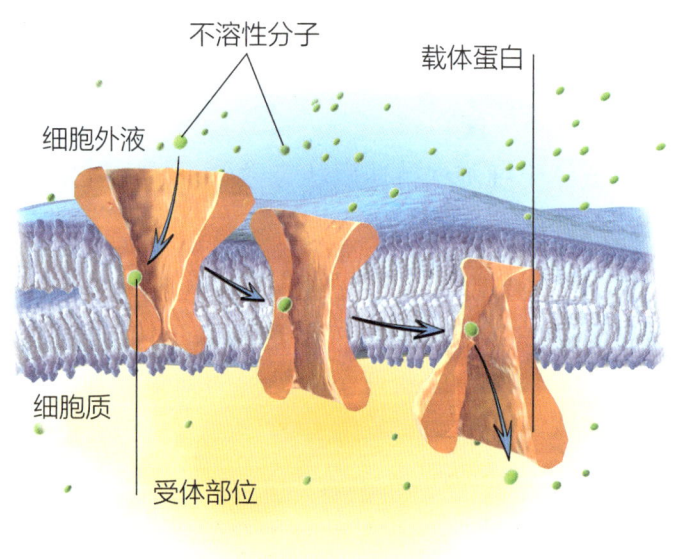
▲载体蛋白在促进被动运输中很重要

主动运输

分子从浓度较低区域运动到浓度较高区域的过程称为主动运输。主动运输需要能量，该能量通常由线粒体以三磷酸腺苷（ATP）的形式提供给细胞。细胞吸收所需的葡萄糖、氨基酸等，需要通过该方法运输。

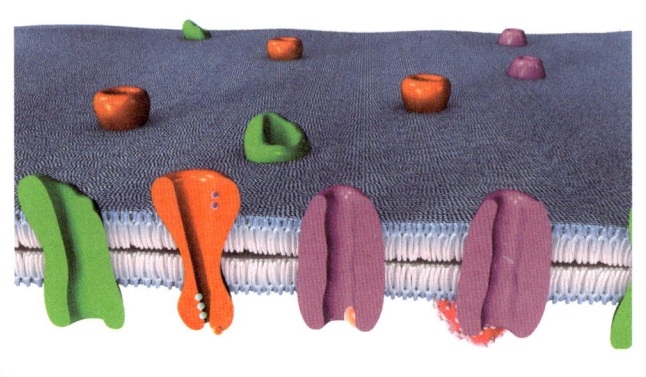
◀主动运输需要ATP提供的能量

细胞和组织

简单的单细胞生物如生活在池塘中的变形虫，可以直接从环境中吸收营养物质，将废物排出体外。复杂的多细胞生物，需要专门的系统来执行各种不同的功能。一般来说，具有相似形态和功能的细胞组合在一起，组成了组织。然后，一个或多个执行特定功能的组织组成器官。

▶ 上皮细胞形成皮肤的最外层保护层

▼ 不同器官中的肌肉组织各不相同

系统和组织

一个或多个器官也可以归为一个"系统"。该系统涉及一种功能，如消化或呼吸。必须指出的是，每一层次（组织、器官、系统）的结构都与功能有关。

人类身体中的主要组织类型有以下几种。

上皮组织： 形成器官的外层等。

结缔组织： 形成器官的支撑网络等。

肌肉组织： 形成可运动的肌肉等。

神经组织： 形成处理信息并传输信号的大脑、脊髓等。

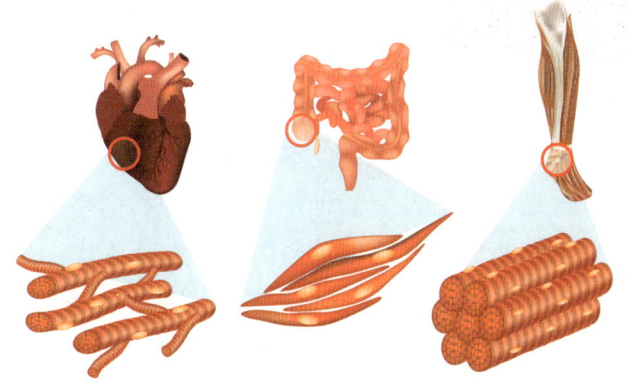

心肌　　　平滑肌　　　骨骼肌

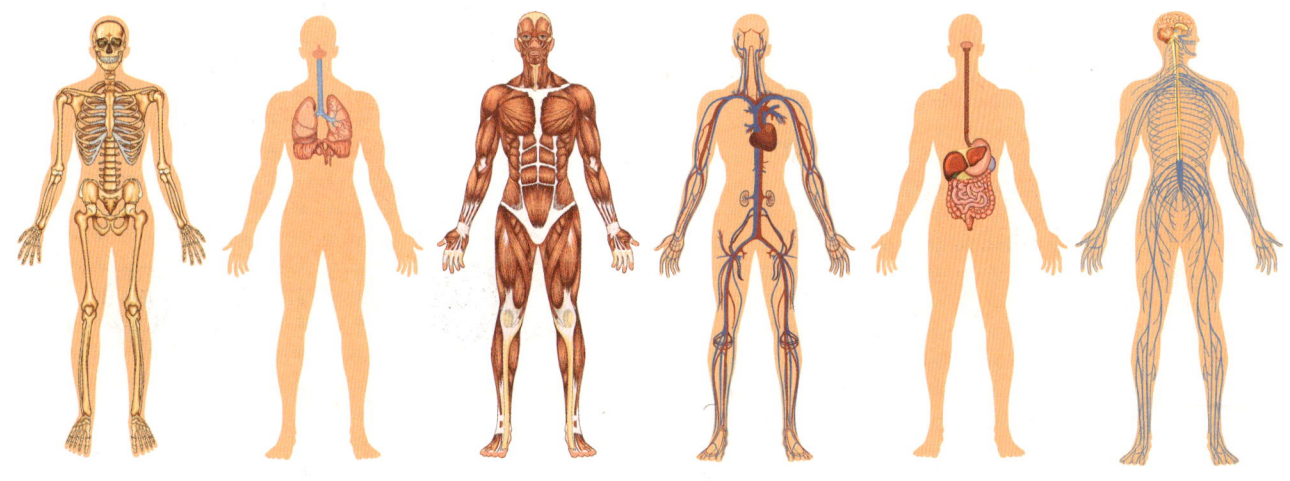

骨骼系统　呼吸系统　肌肉系统　循环系统　消化系统　神经系统

▲ 系统由执行某些功能的器官组成

器官

心脏、肺、肾脏、肝脏、胰腺等器官都是由具有一定功能的组织组成的。几乎所有的器官都含有上皮组织、结缔组织、肌肉组织和神经组织。在系统中，各器官共同工作执行某种功能。例如在循环系统中，心脏和血管一起工作以将血液泵送到身体的各个部位。

事实档案

上皮细胞形状各异，分为立方型、纤毛型、柱状和鳞状等。

遗传学

人类发现遗传（后代继承父母的特征）现象至少有数百年之久。这种知识被用于培育具有良好性状的动物和农作物，但是直到19世纪，科学家才发现了我们今天所熟悉的现代遗传学的深层知识。

遗传学史

托尔纳（Imre Festetics de Tolna）是实验遗传学的先驱。他对绵羊进行了广泛的研究，并且第一个提出一套遗传定律。他在1819年撰写《自然遗传定律》一书时，首创了"遗传"一词。

奥地利人格雷戈尔·孟德尔（G·J Mendel）被称为"现代遗传学之父"。他从他的导师和同事那里获得了灵感，来研究植物的杂交。他选择用豌豆进行实验。从1858年开始，孟德尔花了8年时间在修道院的花园地里不停地种豌豆，研究它们的各种性状，例如种子的大小和形状、荚果的形状、花的颜色、植株的高度和其他一些因素，并记下了观察结果。

事实档案

人类基因组计划开启了整个人类基因组的测序工作。

遗传

遗传是指亲子间的相似性，其实质是亲代通过生殖把基因传递给子代。孟德尔是在研究豌豆的性状时发现这一点的。他注意到豌豆花不是紫色就是白色，从来没有中间色。后来的科学家们研究发现，决定这两种不同颜色的是来自一对同源染色体的相同位置的基因。这对基因称为等位基因。

具有两个相同等位基因的生物称为"纯合子"，而具有两个不同等位基因的生物称为"杂合子"。两个等位基因构成了有机体的"基因型"，它们导致的可观察的性状就是"表现型"。

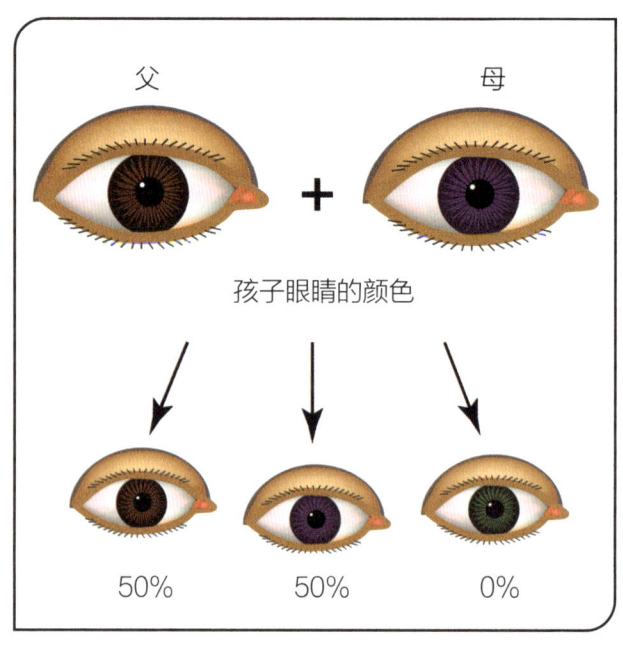

▲眼睛的颜色由父母遗传的等位基因决定

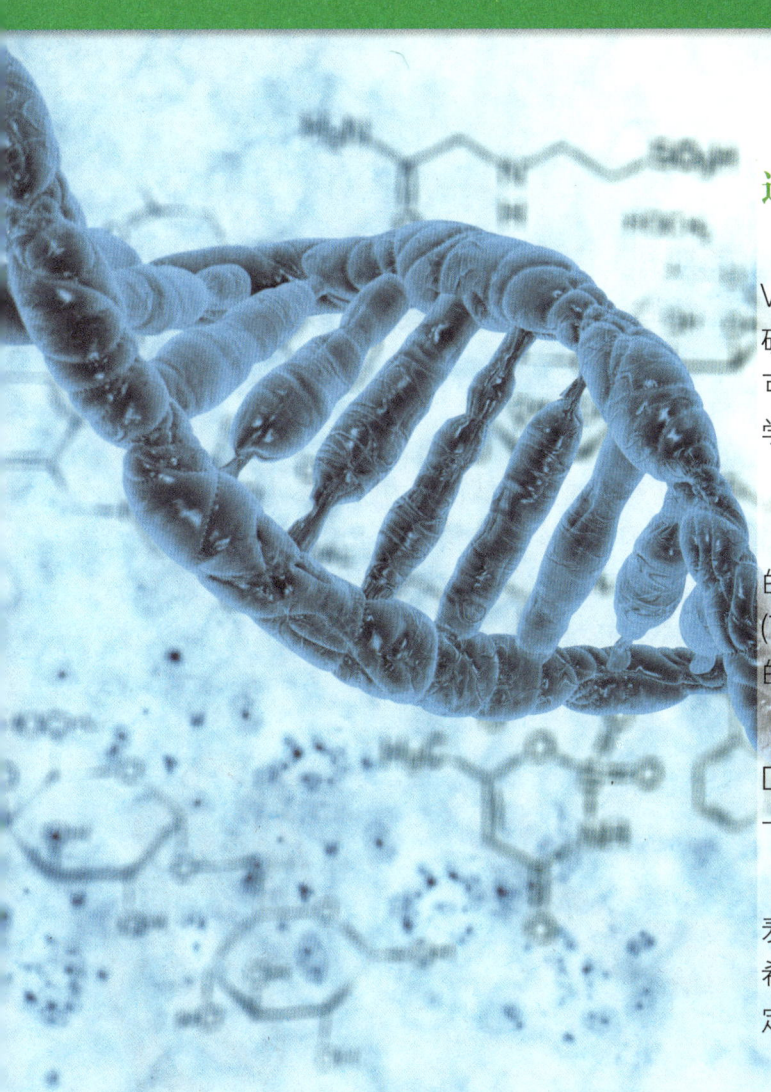

遗传分子的确定

直到1900年，雨果·德弗里斯（Hugo de Vries）和其他一些科学家了解了孟德尔的实验和研究的重大意义后，孟德尔的工作成果才获得认可。1905年，另一位大力支持孟德尔研究的科学家威廉·贝特森（William Bateson）提出了"遗传学"这一名称来描述对生物遗传的研究。

直到20世纪早期，还没有人确定生物体中的什么分子导致了遗传。托马斯·亨特·摩尔根（Thomas Hunt Morgan）在1911年发现，染色体的存在是遗传发生的原因。

然而，科学家们发现，染色体是由蛋白质和DNA组成的，当时没有人确定这两种成分中的哪一种是遗传物质。

后来，格里菲斯（Griffith）、艾弗里（Avery）、麦克劳德（Macleod）、麦卡蒂（McCarty）、赫尔希（Hershey）和蔡斯（Chase）进行的实验最终确定了DNA为遗传物质。

DNA的结构

1953年，两位科学家詹姆斯·沃森（James Watson）和弗朗西斯·克里克（Francis Crick）在罗莎琳德·富兰克林（Rosalind Franklin）和莫里斯·威尔金斯（Maurice Wilkins）的X射线晶体衍射图谱的帮助下，成功地确定了DNA的结构。DNA是一种双螺旋结构，形状像开瓶器，两条核苷酸链以一种"扭曲阶梯"方式结合在一起。

DNA中含有腺嘌呤、鸟嘌呤、胞嘧啶和胸腺嘧啶四种不同的碱基。其中腺嘌呤与胸腺嘧啶之间能形成氢键，鸟嘌呤与胞嘧啶之间能形成氢键。RNA中也有四种碱基，但有一个区别——RNA有尿嘧啶，而无胸腺嘧啶。

DNA复制过程发生在DNA链被解开之时，通过在两条母链上添加互补的核苷酸来产生子链，每条子链与其对应的母链盘旋成双螺旋结构，从而形成两条与亲代DNA链完全相同的子代DNA链。阐明DNA结构之后，科学家又有其他发现。所有这些发现使人们对DNA分子有了一个清晰的认识。

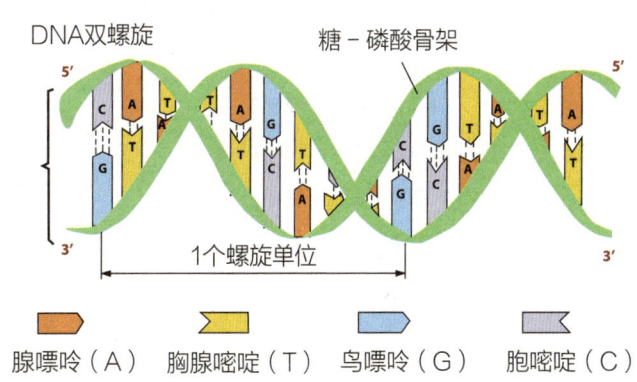

▲DNA分子呈双螺旋结构

染色体和基因

脱氧核糖核酸（DNA）是主要的遗传物质。它拥有整个身体运作所需的所有信息以及编码基本蛋白质所需的基因信息，并与染色体中的非编码片段一起存在。

DNA

细胞功能所需的所有信息都存储在名为脱氧核糖核酸（DNA）的化学大分子中。DNA是由四个脱氧核苷酸（腺嘌呤、鸟嘌呤、胞嘧啶和胸腺嘧啶）的重复单元组成的双螺旋结构。每个脱氧核苷酸又由脱氧核糖、含氮碱基和磷酸组成。

DNA的所有功能，例如复制自身和通过转录形成核糖核酸都取决于它与不同蛋白质的相互作用。

基因

基因被定义为遗传的功能和物理单位。一个基因，由一个特定的DNA序列组成，成为制造蛋白质的指令蓝图。每个普通的人身体中有2万到2.5万个基因编码不同的蛋白质，这些蛋白质负责生存和繁殖所需的各种功能。

位于一对同源染色体相同位置上的基因称为"等位基因"。等位基因来自父母双方。等位基因的组合在一定的环境中表达形成一个性状。例如，一个人眼睛的颜色是由遗传自父母的两个等位基因的组合决定的。

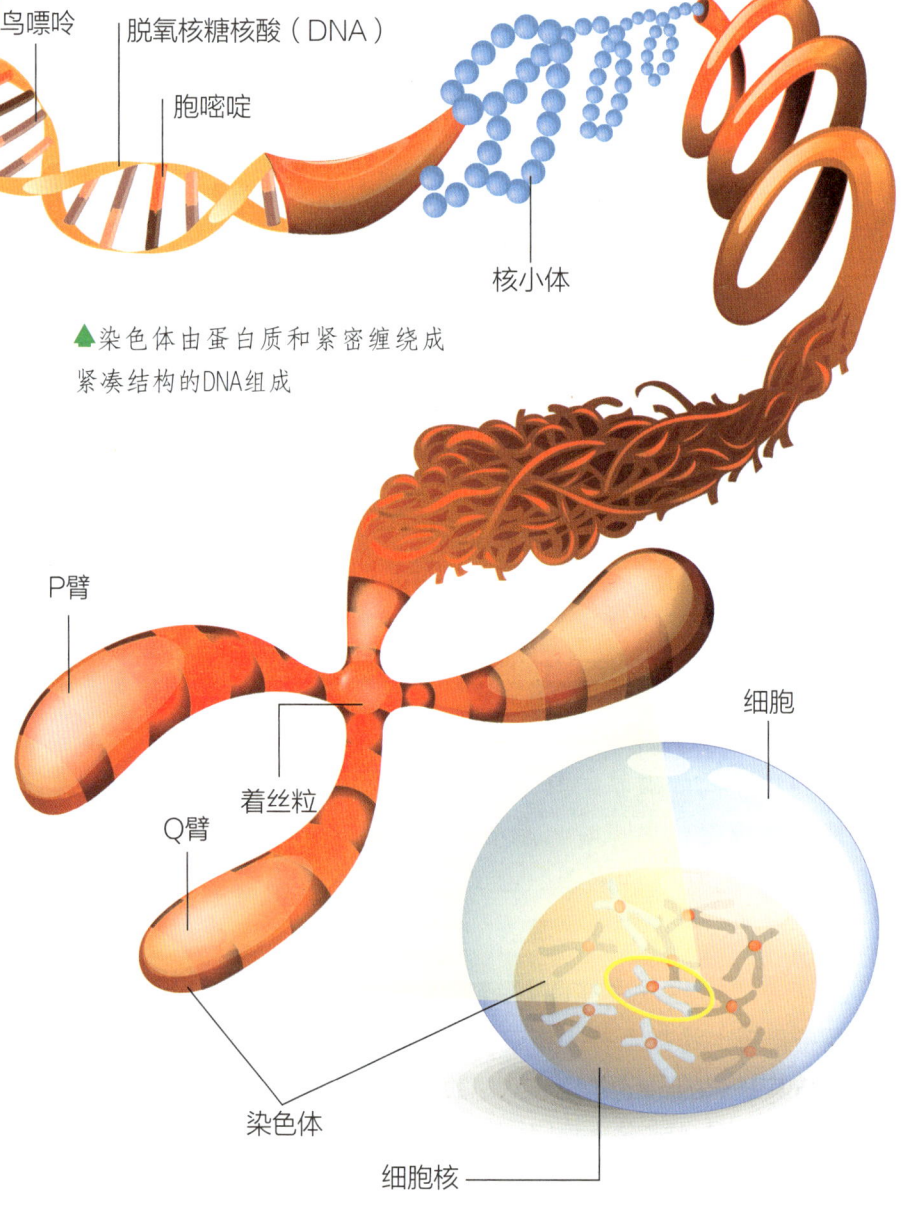

▲染色体由蛋白质和紧密缠绕成紧凑结构的DNA组成

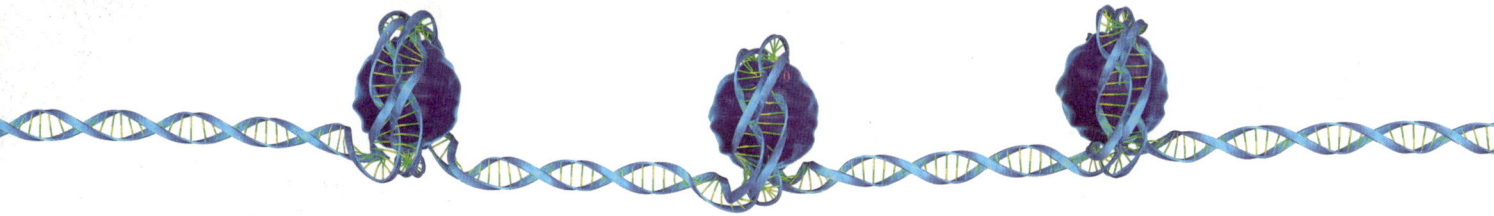

▲ 每个核小体由缠绕着8个组蛋白的DNA片段组成

染色体

人体单个细胞中的DNA展开长度约2米。只有通过与名为"组蛋白"的蛋白质结合将DNA打包成名为"染色体"的紧凑结构，才能将DNA纳入细胞内的微小的细胞核中。一般情况下，染色体在光学显微镜下是不可见的，称为染色质，而正在进行分裂的细胞的染色体则可以被看到。

在细胞分裂过程中，染色体被紧紧地包裹着。染色体有一条短的"P"臂和一条长的"Q"臂。染色体中心着丝粒的存在使其呈现明显的"X"形。

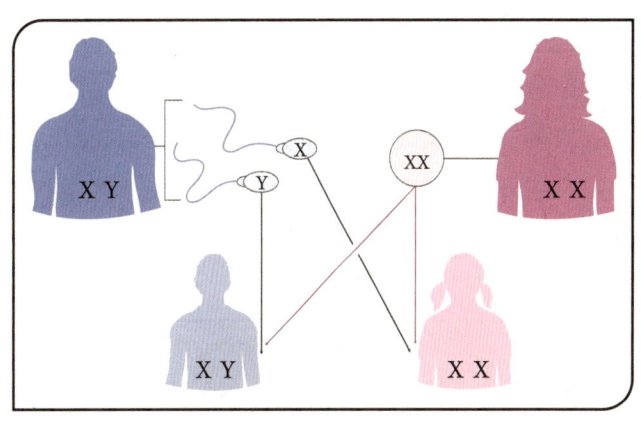

▲ 人类的性别是由XX-XY染色体决定的

性别决定

植物和动物的性别决定因素就像染色体的数量一样会有所不同。人类的性别由染色体决定。人的体细胞各有23对染色体。在这46条染色体中，男性有1条X染色体和1条Y染色体，而女性有2条X染色体。

遗传病

疾病和身体功能失调可能因多种原因而发生，但是遗传病是由人体细胞中的一个或多个致病基因引起的。有些疾病是由隐性基因引起的。这意味着一个人只有从父母双方那里均继承了致病的基因，才会患上这种疾病。囊性纤维化是隐性遗传疾病的一个例子。

X染色体相关隐性遗传病是指那些与X染色体上的隐性基因相关的疾病。由于女性有两个X染色体，因此需要具有来自父母双方的两个致病基因才会患这种疾病。另一方面，男性只要X染色体上有致病基因，就将患上这种疾病，因为Y染色体上没有等位的基因可以阻止这种疾病的发生。红绿色盲和血友病是X染色体相关隐性遗传病的例子。

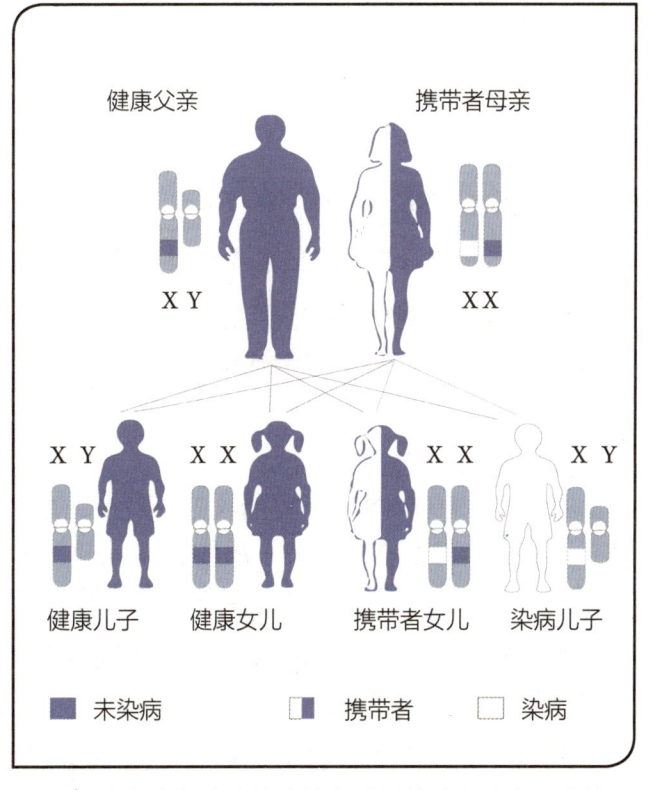

▲ X染色体相关隐性遗传病对男性的影响大于女性

基因工程

现在，科学家们可以从一个物种的身体中分离出基因，然后通过一种操作将其插入到另一个物种的基因中。这种将外源基因引入到生物体基因的技术就是基因工程。这种技术具有巨大的潜力，可满足我们的许多需求，但是考虑到实施基因工程等同于干预自然这一事实，围绕它的争议也一直不断。

另外，通过某些技术改变特定基因的技术也被认为是基因工程。

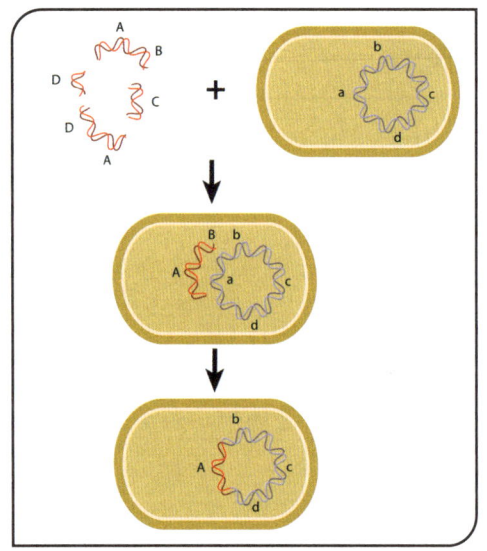

▲细菌细胞通过称为"转录"的过程接受外源DNA

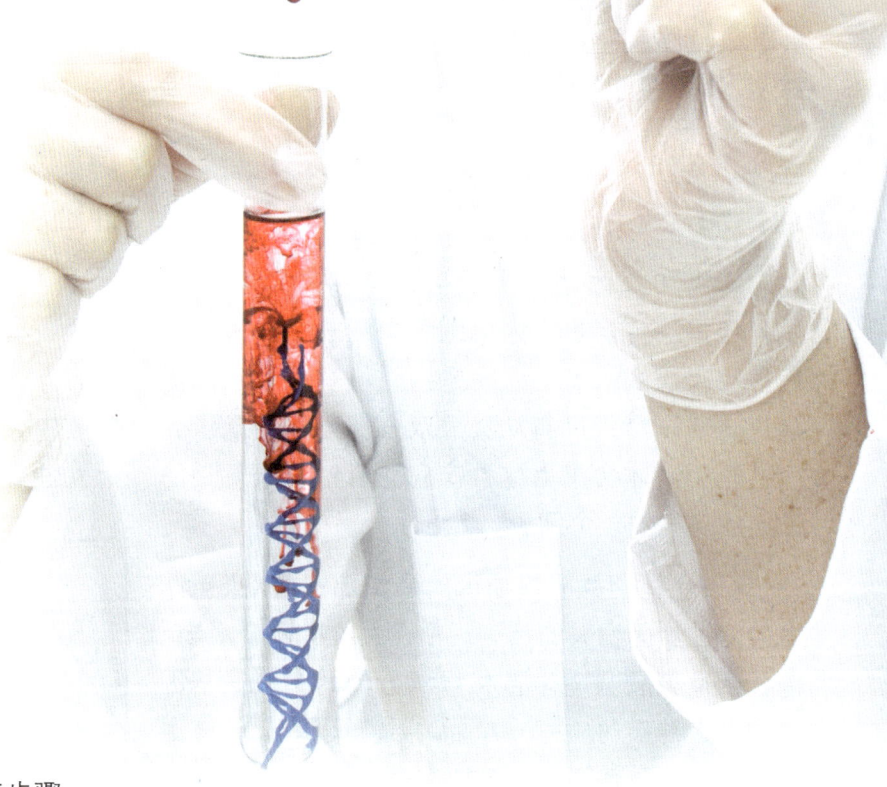

实施基因工程的步骤

使用细菌实施基因工程主要有以下步骤。

切出所需的基因/DNA片段： 在细菌中发现一种叫作"限制性内切酶"的特殊酶，用其切出特定的目标DNA片段。

插入载体： 将切出的DNA片段引入另外的细菌中。通常将切出的DNA片段插入到质粒中，质粒是细菌的染色体外的DNA分子。质粒很容易接受插入的DNA片段，插入的DNA片段在宿主细菌内复制。

基因复制： 当宿主细菌繁殖时，质粒也会自我复制并复制出插入片段的多个副本。

回收： 含有所需DNA片段质粒的细菌细胞被选择性地从培养物中分离出来。

 事实档案

"嫁接"是一种基因改造技术，利用植物和动物来制造有用的蛋白质和药物。

基因工程的应用

一些产品或应用。

• 已经批量生产许多化合物，如胰岛素、生长激素、白蛋白、疫苗、单克隆抗体和凝血因子。

• 基因工程动物用于研究人类疾病，包括关节炎、糖尿病、帕金森病和心脏病。

• "基因疗法"是将基因植入患者体内，以弥补导致疾病的基因缺陷或补充缺失基因的疗法。某些疾病已经进行了试验，为许多其他疾病的治愈带来了希望。

◀ 佳味（Flavr Savr）番茄保鲜的时间较长

• 基因工程可用于大规模生产食品添加剂和生物燃料。

• 可以通过基因工程生产转基因微生物和植物。转基因作物(GMO)的例子有可以长时间保鲜的佳味（Flavr Savr）番茄、富含维生素A的黄金大米和抗病虫害的棉花等。

• 农场转基因动物可以用于提高某些产品的产量。例如，转基因奶牛所产的牛奶蛋白质含量较高，可用于提高奶酪的产量。

▲ 基因工程动物有助于研究不同疾病

关于基因工程的担忧

• 对农药和除草剂具有抗性的转基因植物可能影响自然界生态平衡。

• 虽然采取了预防措施，但转基因生物仍可能扩散到野外。生物基因一旦发生变化，就不可能在自然条件下复原。

• 基于道德理由，许多人争辩说，人类不应该干预大自然，也无权改变生物特征。

• 通过实施基因工程，有可能制造出潜在的有害生物。这些生物如果放到自然环境中，可能会使某些生物患上严重的流行病。

• 由于存在商业利益的关系，许多产品都没有贴上"转基因食品"的标签。即使有标签，成分也不会向公众公开。

• 也有人对为动物、植物和其他有机体颁发专利持反对意见，理由是生命不是商品。

克隆

克隆是指活生物体自我复制的过程。其后代不仅在身体上与亲本相同，而且具有相同的基因组。有趣的是，克隆（clone）一词是从希腊语klon借用而来，意思是"嫩枝"，指的是由嫩枝产生新植物的过程。

植物克隆

植物通过各种无性繁殖方式自然而然地进行克隆。

- 马铃薯的块茎可以长出根茎和芽，并发育成新植株。
- 吊兰的茎上长有小植株。
- 草莓的茎是葡匐在地上的，叫作葡匐茎，上面长有小植株。

还可以通过人工方式克隆植物。

扦插： 从亲本植物上剪下一根嫩枝，把下面的叶子去掉，然后把它种在温暖的潮湿土壤中。几周后，发育出根部，长成新的植物。

组织培养： 一片植物组织可以在实验室人工光和热的条件下在一种叫作"培养基"的"营养胶"中生长。这种"培养基"与土壤相似。这种方法称为组织培养。在植物组织培养中，植物激素用于促进细胞分裂并使其分化为根和芽。

优点

- 克隆为难以利用种子进行繁殖的植物提供了批量生产的方法。
- 由于所有通过克隆长成的植株都一模一样，因此种植者可以选择质量最好的植株进行克隆。

缺点

- 由于所有通过克隆长成的植株都是相同的，因此这些植株缺乏多样性。如果一种疾病影响到一个植株，那么很可能会影响到其他植株。
- 完成成功的植物组织培养需要操作者进行高水平的培训，而且还需要用到昂贵的实验室设备。

▲在实验室条件下，植物组织培养比动物组织培养相对容易

动物克隆

胚胎细胞克隆： 在胚胎细胞尚未分化的阶段，将发育中的胚胎从动物子宫中取出，使胚胎细胞在实验室中分离和生长，然后将其移植到新的雌性个体的子宫中。

体细胞克隆： 可以通过核移植的方法进行体细胞克隆。实验室使用一种特殊的工具吸出卵细胞的细胞核，然后将一个体细胞的细胞核移植到去核的卵细胞中。利用电击诱导分裂，再将分裂出的胚胎植入雌性个体的子宫中。胚胎发育成的新个体将成为提供细胞核的母体的"克隆样本"或"精确副本"。

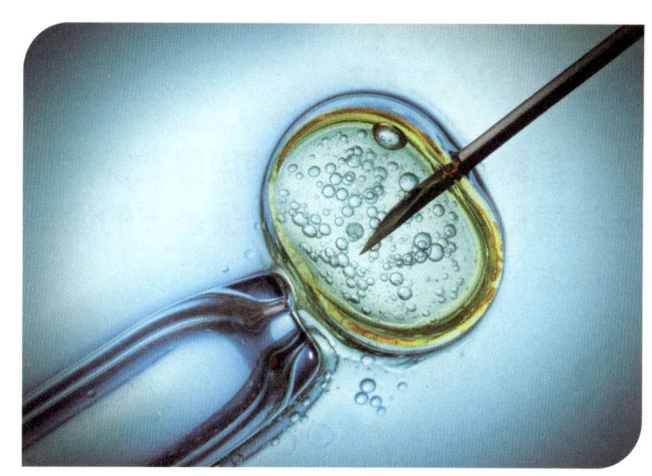

▲核移植是在功能强大的显微镜下利用专业设备进行的

▲通过克隆技术制造的绵羊多莉在基因工程领域掀起了一场革命

绵羊多莉

1996年，绵羊多莉成为第一只通过体细胞克隆而得到的哺乳动物。绵羊多莉是在爱丁堡大学罗斯林研究所通过核移植技术制造出来的。

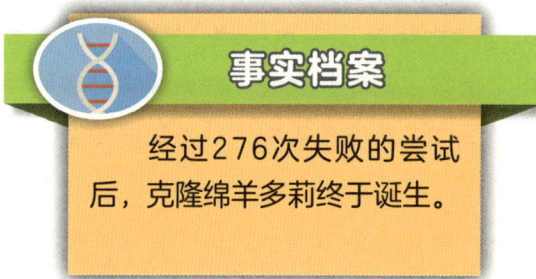

事实档案

经过276次失败的尝试后，克隆绵羊多莉终于诞生。

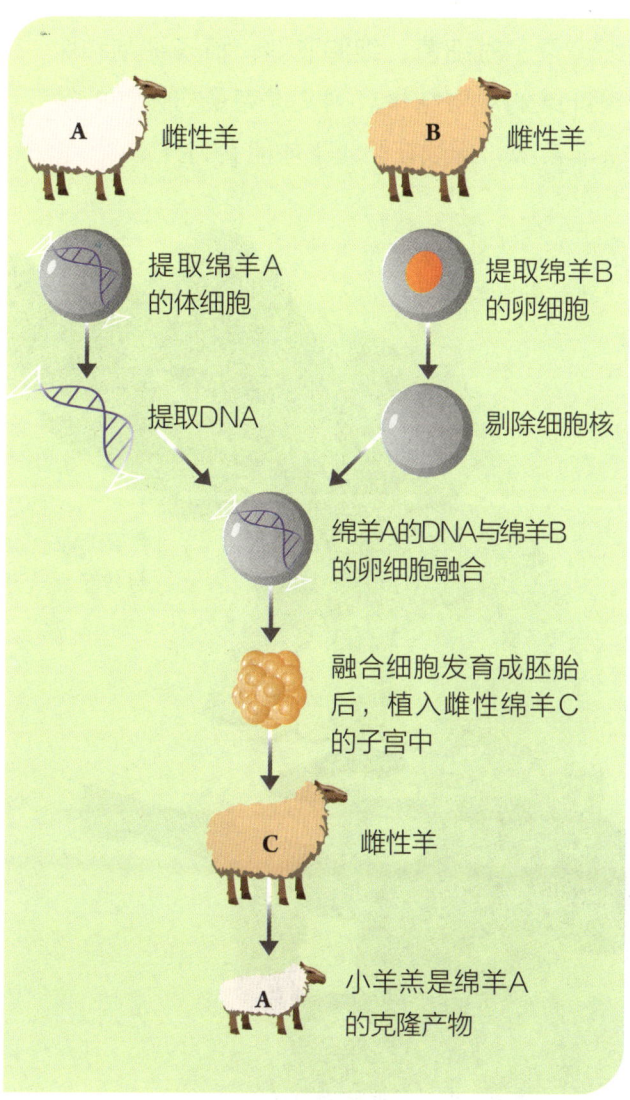

▲克隆出的绵羊和提供DNA的母体相似

优点

• 可以利用克隆技术大量生产具有理想特征的动物，例如产奶量高的奶牛。

• 可以利用克隆技术生产能够提供有用产品的基因工程动物。

缺点

• 克隆要面临许多挑战，主要的挑战是人类应在多大程度上干预生命生产的道德和伦理问题。

显微学

显微学是一门研究使用显微镜来观察通常情况下肉眼无法观察的物体的科学。光学显微镜是观察微生物最基本的设备之一，而电子显微镜比光学显微镜具有更高的放大倍率。

显微镜的起源

荷兰商人、科学家安东尼·范·列文虎克 (Antonie van Leeuwenhoek) 是公认的"微生物学之父"。他制造了500多种不同的光学镜片，并对不同的样品进行了广泛研究，仔细记录了对细菌、细胞液泡、精子细胞和肌肉纤维的观察结果。列文虎克最初设计的镜头非常小，必须在阳光下才能看到样本。

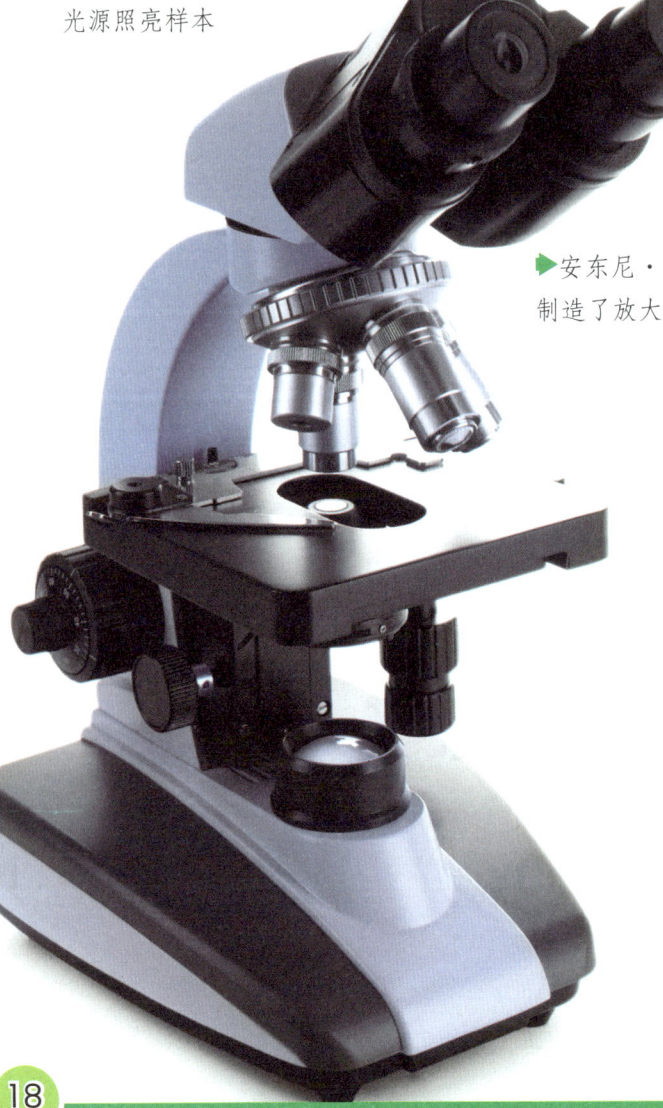

▼现代光学显微镜使用人造光源照亮样本

▶安东尼·范·列文虎克自己制造了放大设备来观察微生物

光学显微镜

和列文虎克的放大设备一样，现代光学显微镜也使用了透镜，需要阳光或人造光源来照亮放置在载玻片上的样本。它也被称为"光学显微镜"或"复合显微镜"。

典型的光学显微镜由目镜、镜筒、物镜、光源设备和载物台（放置载玻片以进行观察）组成。显微镜的放大倍数是目镜和物镜的放大倍数的乘积。

将载玻片上的样本进行适当染色可以增加对比度。高档的光学显微镜配有照相底片以捕获观看到的图像。

放大倍数和分辨率

设备的放大倍数是设备成像的大小与样本实际大小的比率。

显微镜的放大倍数使用以下公式计算：

放大倍数=放大后的图像尺寸/物体的实际尺寸。

如果您正在查看一个实际尺寸为1微米的微生物，而它在显微镜下测量的尺寸为1毫米，则放大倍数为1000倍。

放大400倍，你就能清楚地看到许多种类的细菌、血细胞和原生动物。在更高的放大倍数下，比如1000倍，你就可以更清晰地观察它们的细节部位。例如，你可以看到原生动物的细胞器和细菌的鞭毛。

显微镜的分辨率是指显微镜可以清晰观察到的一个标本上两点之间的最短距离。观察者可以很容易地将这两点作为不同的物体分辨出来。

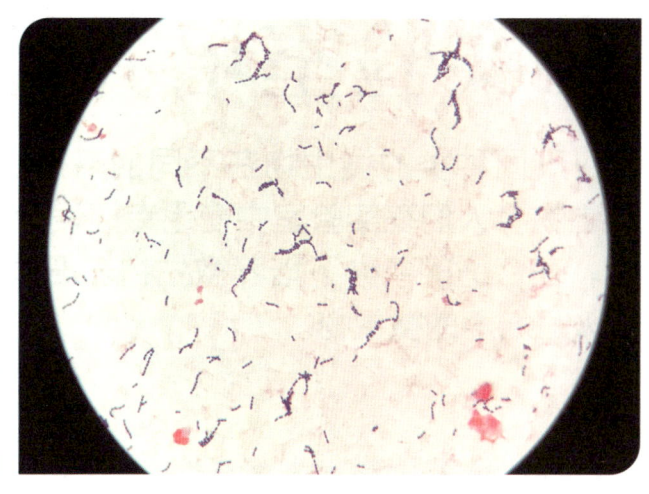

▲在光学显微镜下看到的染色细菌的视图

事实档案

一般而言，光学显微镜可以提供的放大倍数为观察对象原始尺寸的5倍到100倍。

◀通过强大的扫描电子显微镜观察到的植物纤维

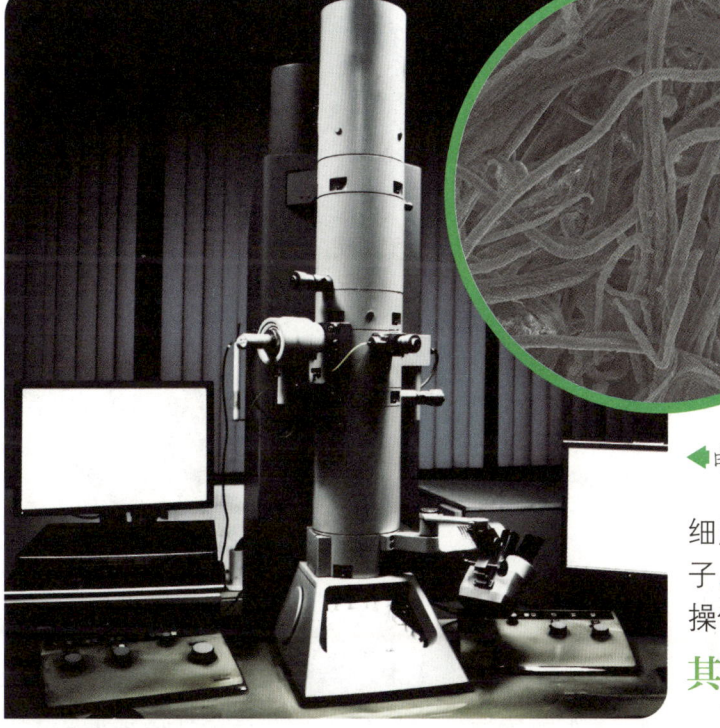

◀电子显微镜体积大、功能强大、价格昂贵

细胞器、极小的病毒、纳米级细胞甚至单个原子。电子显微镜的构造复杂，维护成本很高。操作人员需要接受特殊培训，并谨慎使用。

其他显微镜

还有许多其他高级显微镜可供使用，其中包括扫描隧道显微镜（STM）、相差显微镜、荧光显微镜和原子力显微镜。它们有助于更好地观察微生物和细胞的特征。

电子显微镜

顾名思义，电子显微镜使用电子束而不是可见光来提高放大倍数。因此，使用电子显微镜可以得到非常高的放大倍数，放大倍数可以达到几十万倍。与光学显微镜不同，电子显微镜不能直接使用活体样本。需要对样本进行处理以除去水，然后将其包在树脂中，制成薄切片，并进行染色以适合在电子显微镜下观察。利用电子显微镜，可以观察到

在实验室培养微生物

不同种类的微生物在不同的基质上生长。为了研究和了解微生物，人们在实验室中使用专门设计的称为培养基的人工基质，在合适的条件下培养微生物。细菌是最常见和最容易进行人工培养的微生物。

繁殖

细菌是靠分裂进行无性繁殖的。在分裂过程中，细菌细胞的遗传物质复制后，细胞延长并分裂形成两个独立的细胞。与真核细胞的分裂相比，这种分裂更简单。

细菌培养

在实验室中，细菌在特定的基质中生长形成"菌落"。生物学家罗伯特·科赫(Robert Koch)是最先在专门设计的培养皿中培养细菌的人，这一技术一直沿用至今。科赫培养出了结核杆菌和霍乱弧菌。今天，可以在实验室中培养和研究许多种不同的细菌。

◀ 细菌是靠分裂进行繁殖的

细菌在实验室的培养基中进行培养 ▶

接种

在实验室中，接种细菌的整个过程，是在无菌条件下完成的。它通常是在层流通风柜内干净环境中进行的，并且要用酒精擦拭工作区域。从土壤、空气、生物表面或体液中收集样品，并在水中稀释。

接种环用于将细菌从菌液转移到培养皿中的固体培养基上。使用前需经火焰消毒。将接种环浸入菌液中，然后在固体培养基上轻轻擦拭，并用胶带封好。

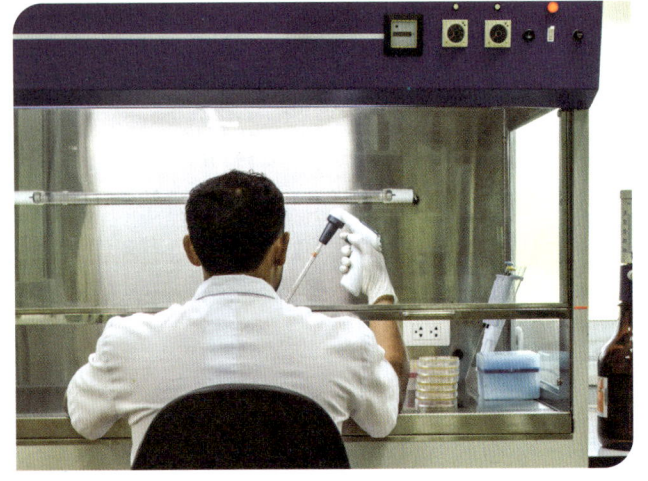

▲ 层流通风柜为安全处理微生物提供了理想的环境

培养

将培养皿中接种的细菌在合适的条件下培养。细菌在温暖的条件下会快速繁殖，通常将它们置于25°C的温度下最为合适。

▲ 无菌接种环用于将微生物转移到培养皿中

细菌菌落

不同种类的细菌会形成不同的菌落，它们的颜色、形状和质地各不相同。如果一个培养皿中有两种不同的菌落，那么研究菌落的形态可以帮助我们鉴定细菌的种类。

处置

必须小心处理带有细菌培养物的培养皿，以免污染。丢弃带有细菌菌落的培养皿时，请戴上手套，并将漂白剂倒在培养基上以阻止细菌生长，然后再进行处理。

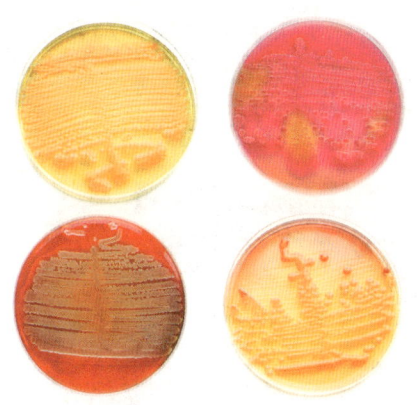

◀ 不同的菌种形成不同的菌落

抗生素和消毒剂测试

培养微生物的一种用途是鉴定抗生素、消毒剂或任何抗菌物质的功效。为此，需要用拭子或接种环将细菌均匀接种到整个培养皿中。然后将一滴抗菌物质或抗生素纸片放在培养皿的中央并观察。抗菌物质周围出现"光圆"表明该区域没有细菌生长。"光圆"的直径表明了抗生素或抗菌剂的功效。

疾病

健康是幸福的，而患有疾病或功能失调则是一种折磨，它们会影响身体的一个或多个部位。患病有多种原因，可能是由感染病原体、生活方式不良、遗传、缺乏某些营养或其他因素引起。这里主要讲一下人类的疾病。通常人类的疾病可分为传染性疾病和非传染性疾病。

非传染性疾病

不会通过身体接触或暴露在一定环境中而从一个人传播到另一个人的疾病称为非传染性疾病。下面是非传染性疾病的一些常见例子。

糖尿病：由高血糖或胰岛素不足引起。

癌症：是细胞异常生长和异常分裂的结果。

心搏骤停：多由心脏血管阻塞导致。

卒中：大脑血液供应的变化会导致卒中。

哮喘：一种影响肺部并引起呼吸困难的疾病。

传染病

能够通过不同途径在人与人之间传播的疾病称为传染性疾病，传播方式因疾病而异，严重程度也各不相同。普通感冒是由细菌或病毒引起的严重程度相对较轻的疾病，而天花则是一种由病毒引起的严重的有时甚至会致命的疾病。

传染病可以通过空气、水、土壤、动物、体液、性接触等从一个人传播到另一个人。

- 由细菌引起的疾病：肺结核、淋病等。
- 由原生生物引起的疾病：嗜睡症（非洲锥虫病）、美洲锥虫病、疟疾等。
- 由真菌引起的疾病：足癣、牛皮癣等。
- 由病毒引起的疾病：水痘、脊髓灰质炎、麻疹、乙型肝炎、流感等。

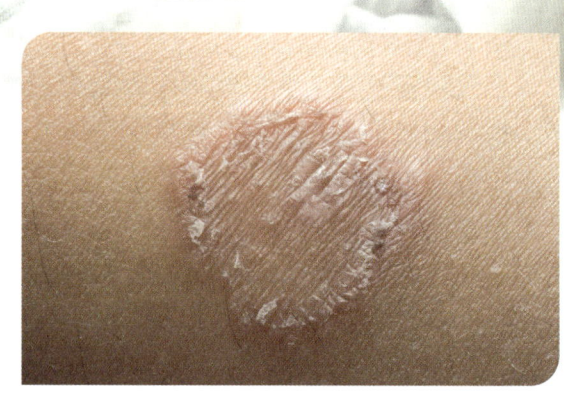

▲癣是由真菌引起的皮肤感染

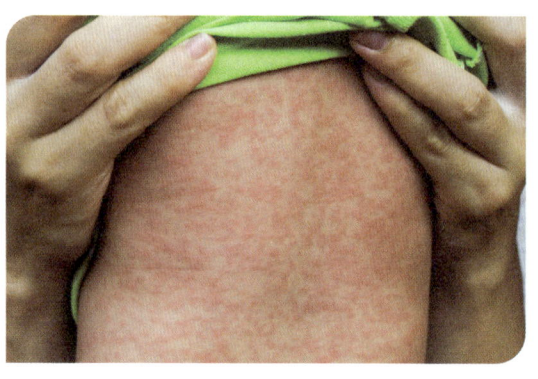

▲麻疹是一种由病毒感染引起的疾病，会影响儿童

风险因素

人类的疾病大部分是由某些外在因素或某些人对生活方式的错误选择等引起的。这些外在因素和对生活方式的错误选择等可能会增加人患疾病的概率。它们被称为"风险因素"。

下面是与疾病都相关的一些风险因素：

- 卫生条件差；
- 缺乏运动；
- 饮食不健康；
- 维生素或矿物质缺乏；
- 过量饮酒；
- 抽烟；
- 接触有害化学物质、放射线或致癌物。

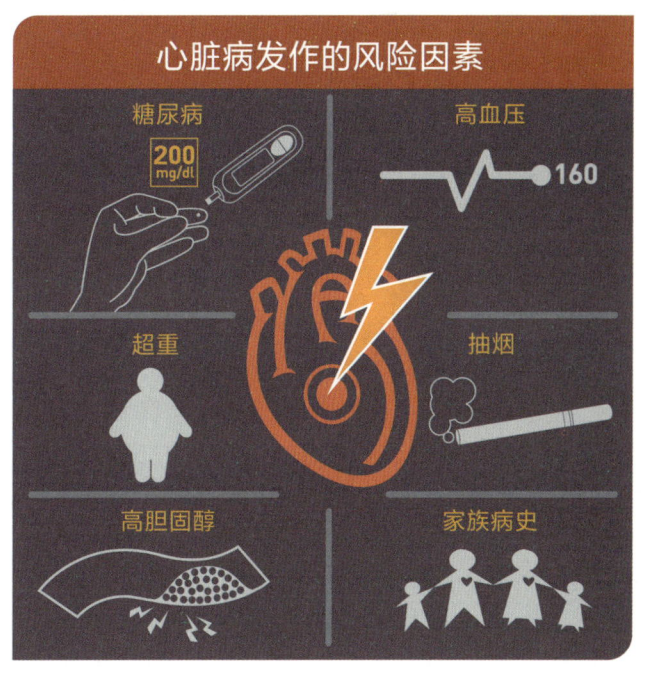

心脏病发作的风险因素：糖尿病、高血压、超重、抽烟、高胆固醇、家族病史

植物疾病

植物也受疾病影响。这些疾病是由真菌、细菌、病毒以及昆虫等引起的。植物表现出与所患疾病相对应的不同症状，如长斑点、生长受阻、腐烂、溃烂、叶或茎畸形和变色等。

▲柠檬树叶子患柑橘溃疡病表现为长出褐色的凸起斑点

防御机制

植物有许多防御机制来防御食草动物和疾病侵袭。例如：

- 长有厚细胞壁；
- 叶子上有蜡质和坚硬的表皮；
- 死细胞以外皮的形式围绕着茎；
- 分泌有毒物质；
- 长有刺和毛；
- 拟态伪装；
- 触摸时收缩或垂下叶子。

◀有些茎上有刺，它是用来防御动物侵害的

事实档案

传染病一般是由叫作"病原体"的微生物（细菌、真菌、原生生物和病毒等）感染引起的。

免疫力

免疫力是机体抵抗微生物等外来因素侵入机体的能力。机体具有免疫系统，而当免疫力不足时，还可以通过人工方式预防或治疗某些疾病。下面主要讲一下人体的免疫力。

自然免疫

我们的身体具有某些非特异性防御系统，这些系统可以阻止灰尘和病原体侵入人体。皮肤是第一道防御层。鼻子的纤毛和黏液，可以捕获和滤除微生物和污垢。耳朵的蜡质分泌物也具有类似的功能。口腔中的唾液具有抗菌特性。

人体的免疫系统由许多不同的免疫细胞组成。这些细胞能够探测外来因素，如细菌、病毒或其他异物。抗体一旦与这些病原体结合，一些细胞就会吞噬这些病原体或外来颗粒。中性粒细胞和巨噬细胞都是吞噬细胞。

自然杀伤细胞则会寻找被病毒感染的细胞以及癌细胞，并释放化学物质来破坏它们。嗜酸性粒细胞、嗜中性粒细胞和嗜碱性粒细胞还可以寻找病原体并释放酶将之破坏。

▼T细胞是一种免疫细胞，它能发现并结合外来分子和癌细胞

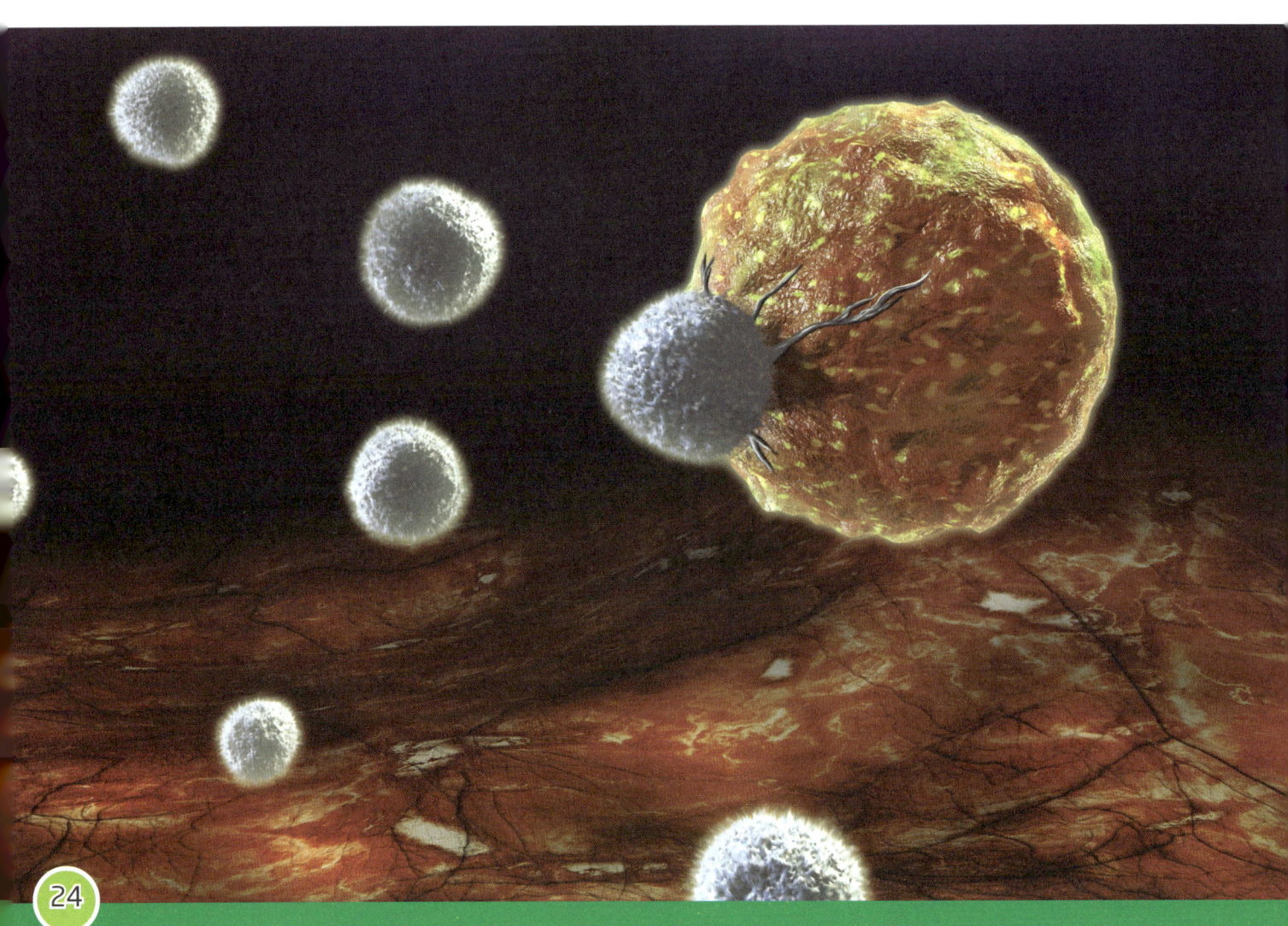

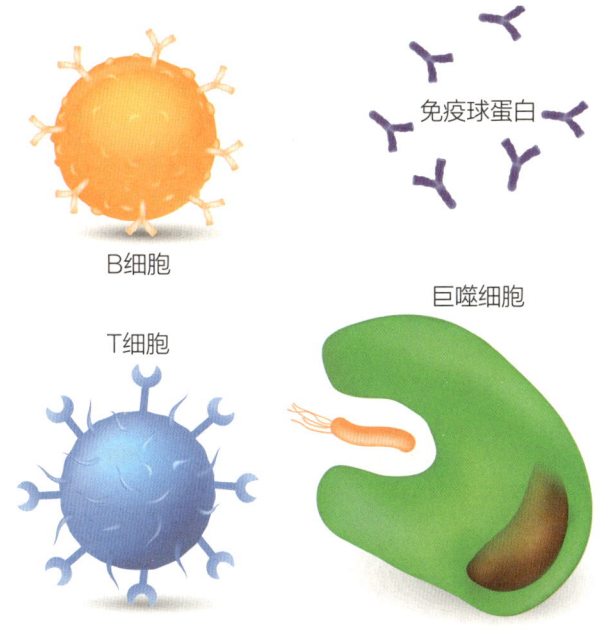

T细胞和B细胞是参与适应性免疫的两种免疫细胞。与无法区分不同病原体的先天免疫不同，T细胞和B细胞能够专门针对并摧毁特定的病原体。B细胞分泌的抗体可以与病原体结合并将其摧毁。

树突细胞在连接先天免疫和适应性免疫方面起着至关重要的作用。它们消灭异物，并将抗原提供给淋巴细胞，以便下次遇到相同的异物时，免疫系统能更快、更有效地做出反应。

◀ 不同类型的免疫细胞执行不同的功能

人工免疫

通过接种疫苗人体可获得人工免疫力，以保护人免受某些危险疾病的伤害，例如伤寒、百日咳、破伤风、白喉、小儿麻痹症和乙型肝炎等。

通常通过将引起疾病的死亡或弱化的病原体引入体内来进行疫苗接种。它们刺激人体的免疫系统做出反应并保留有关的抗原的记忆，因此，如果人再次与这种病原体接触，免疫细胞就会迅速采取行动将其破坏。

抗生素主要是用于治疗某些细菌性疾病的一类药物。这些抗生素是从可以抵抗细菌的霉菌等生物中提取的。虽然大多数抗生素是抵抗细菌的，但也有一些抗生素可以用于治疗由原生生物引起的疾病。抗生素对病毒无效。

药物和单克隆抗体

除抗生素外，科学家还针对不同的疾病制造了不同的药物。许多药物是在实验室人工合成的，经过数轮临床测试后才投放到市场。

单克隆抗体是通过将淋巴细胞与一种癌细胞结合形成杂交瘤细胞而产生的。这种杂交瘤细胞能够迅速分裂并产生大量特定类型的抗体。这些抗体被收集和纯化以用于治疗某些疾病。

事实档案

青霉素是亚历山大·弗莱明（Alexander Fleming）最早发现的对抗细菌感染的抗生素之一。青霉素是从一种真菌——青霉菌的培养液中提取出来的。

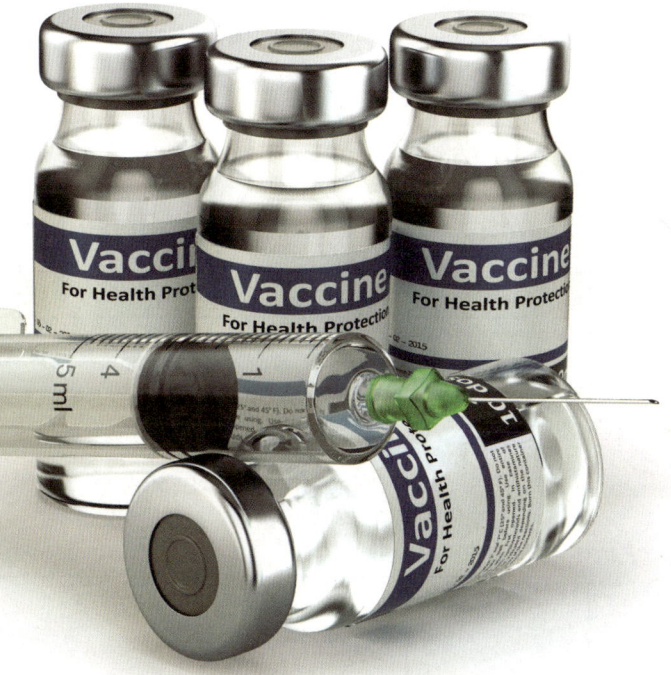

▲ 接种疫苗可预防多种疾病

生物分类

我们地球上存在着数百万种生物。

生物分类法是科学家设计的一种方法，用于根据形态结构和生理功能等的相似程度将生物进行分类。

尽管某些生物看上去可能与其他生物不同，但是只要它们具有足够的相似性，就可以将它们归为一类。瑞典植物学家卡罗勒斯·林奈（Carolus Linnaeus）根据外观和特征对生物进行分类，并为每个物种提供一个科学名称。他为生物命名的方法称为双名法。

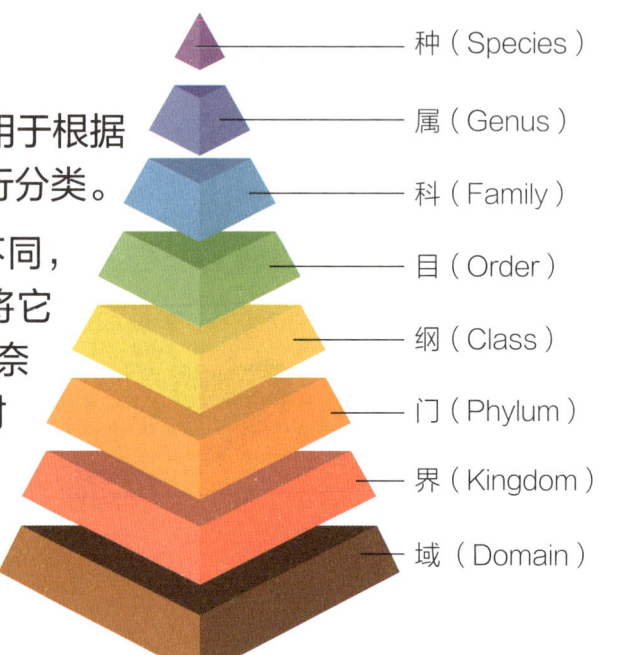

划分

在生物分类法中，根据以下等级或分类单元对生物进行分级分类：

域 > 界 > 门 > 纲 > 目 > 科 > 属 > 种

五界分类法是由R.H.惠特克（R.H. Whittaker）在1969年提出的。许多国家都遵循这种分类法。这种分类法基于许多因素，例如营养类型、细胞结构和繁殖类型等。

▶R.H.惠特克提出了五界分类法

五界分类法

所有已知的细胞生物均被划入五界中的一界。

界	典型特征	举例
动物界	多细胞 无细胞壁 没有用于光合作用的色素	
植物界	多细胞 有细胞壁 有用于光合作用的色素 用阳光制造"食物"	

续表

界	典型特征	举例
真菌界	单细胞或多细胞 有细胞壁 没有用于光合作用的色素	
原生生物界	单细胞 具有界限明确的细胞核 可能具有用于光合作用的色素	
原核生物界	单细胞 有细胞壁 没有成形的细胞核 可能具有染色体外的DNA，即质粒	

在分类系统中如何对人类进行分类呢？

分类	名称	特性
域	真核生物域	拥有界限明确的细胞核
界	动物界	多细胞，能摄取食物，无细胞壁
门	脊索动物门	一般有脊柱
纲	哺乳动物纲	胎生，哺乳
目	灵长目	智力水平高，形态结构与猿猴相似
科	人科	能够直立行走
属	人属	人类
种	智人种	现代人

生物分类法表明了生物之间的进化关系。所有被划分在同一个门下的生物，例如脊索动物门，都可能是从一个共同的祖先进化而来的。

▶ 人们认为人类是由共同的类人猿祖先进化而来的

生物能学：光合作用

植物和某些种类的原生生物可以利用阳光制造有机物。它们制造有机物的过程称为光合作用，光合作用需要特殊的细胞器和色素。

植物进行光合作用

植物可以利用阳光、水和二氧化碳进行光合作用来制造自己的"食物"。植物通过细胞中的色素吸收光能，通过根从土壤中吸收水，通过叶片上的气孔吸收二氧化碳。

▲绿叶含有进行光合作用所需的叶绿体

▲阳光和空气对植物生存和生产"食物"至关重要

叶绿素位于细胞内名为"叶绿体"的细胞器中。绿叶正是因为有叶绿素，所以才呈绿色。叶绿素能够吸收太阳的能量，并利用能量将水分子分解为氢和氧。

其他颜色的叶子也能进行光合作用。因为存在花青素、胡萝卜素或叶黄素等色素，所以有的叶子可以呈红色或黄色等颜色。这些颜色的叶子也含有叶绿素，可以进行光合作用。

氧气作为光合作用副产品释放到大气中。[H]随后与二氧化碳结合生成一种简单的糖，称为葡萄糖。葡萄糖分子可以为植物的生长和发育提供能量。剩余的葡萄糖分子存储在叶子、根和果实中。

该化学反应可以表示为：

$$\text{二氧化碳} + \text{水} \xrightarrow[\text{叶绿体}]{\text{光能}} \text{葡萄糖} + \text{氧气}$$

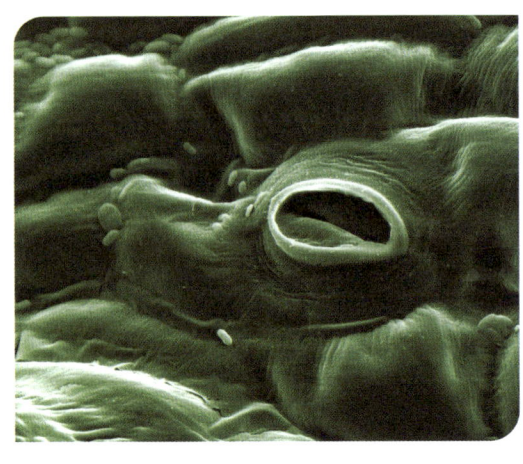

▲二氧化碳通过气孔进入植物细胞

光反应： 该反应发生在叶绿体的类囊体薄膜中，需要阳光的参与。在这个过程中，光能被转化为化学能。水分子被分解成离子（H^+和OH^-）。这些离子帮助形成ATP（三磷酸腺苷）和NADPH（一种辅酶）。这两种分子可用于下一阶段的反应中。

暗反应： 这一步中不需要光参与。这是一个较慢的反应，利用酶在ATP和NADPH的帮助下，将二氧化碳和水合成糖。

此阶段也称为卡尔文循环。

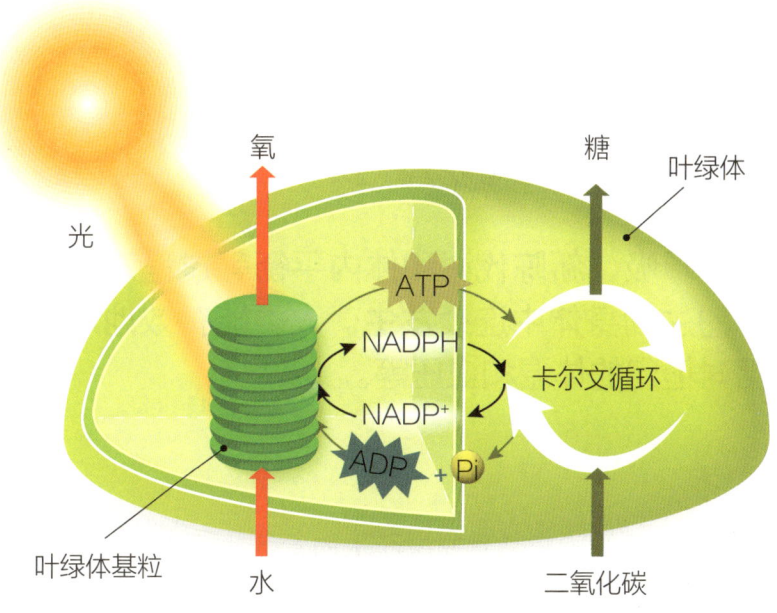

▲光反应通过一系列步骤发生

光合作用的重要性

光合作用是地球上的生命赖以存在的基础。植物利用光合作用产生的糖来生长和补充能量。然后动物为了满足能量需求而消耗植物。以植物为食物的动物称为初级消费者或植食动物。光合作用促进了动物的呼吸，因为植物产生的氧气可用于呼吸。因此，光合作用与地球上所有生物的生命活动及生存直接相关。

煤、石油和天然气是数百万年前被埋在地下的死去的生物的遗骸形成的。我们可以用这些燃料发电。

事实档案

光合作用对平衡地球上二氧化碳和氧气的含量至关重要。

▲煤炭是由几百万年前死亡的植物的遗骸形成的

▶化石燃料是由被埋于地下的动物与植物遗体转化而来的

生物能学：呼吸、新陈代谢和体内平衡

呼吸、新陈代谢和体内平衡等过程对于生物的生存来说至关重要。它们在健康的生物身体中连续发生。人类能有效地从食物中获得自己所需的能量，并维持相对恒定的体温和血压等。

代谢

体内的细胞将从食物中获取的营养转化成执行各种机能所需的能量，这个过程称为"新陈代谢"。在人体中，不同的蛋白质以协作的方式控制新陈代谢过程中发生的化学反应。在任何时间，体内都会发生数千种代谢反应。

代谢具有两个功能：

1.它帮助身体构建身体组织和储备能量；

2.它分解储存的能量，为身体机能正常运行提供能量。

代谢有两种类型。

合成代谢：也称为建设性代谢，它参与机体构建和生长。合成代谢涉及细胞分裂和生长、身体组织运行和能量储存，小分子营养物质转化为复杂的糖类、蛋白质和脂肪等。合成代谢可以促进骨骼矿化和增加肌肉质量等。

分解代谢：也称为破坏性代谢，它是细胞活动释放能量的过程。细胞分解糖类和脂肪以释放能量，帮助人维持体温，使肌肉能正常运动等。分解代谢产生的废物通过肾脏、皮肤、肠道和肺部等排出体外。

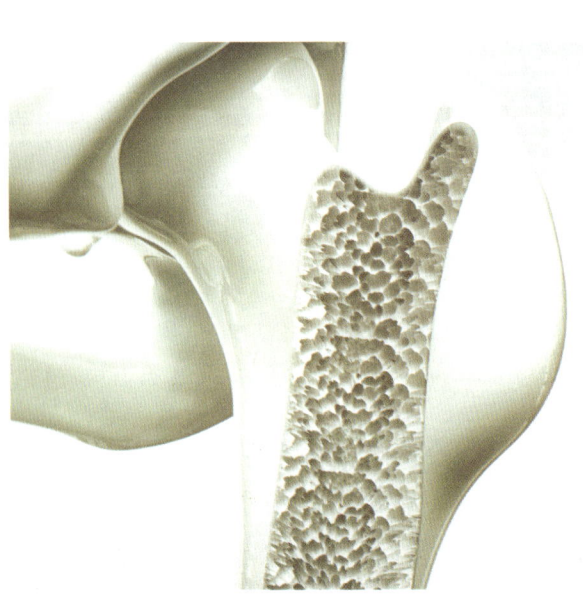

▲骨骼矿化通过合成代谢发生

呼吸作用

呼吸作用是将有机物转化成能量的过程。呼吸作用可分为有氧呼吸（有氧气参与）和无氧呼吸（没有氧气参与）。无氧呼吸不如有氧呼吸效率高。线粒体是细胞内有氧呼吸的主要场所。

有氧呼吸包括三个阶段：

- 糖酵解；
- 三羧酸循环；
- 电子传递链。

有氧呼吸的化学反应可以表示为：

葡萄糖+氧气+水 $\xrightarrow{酶}$ 二氧化碳+水+能量

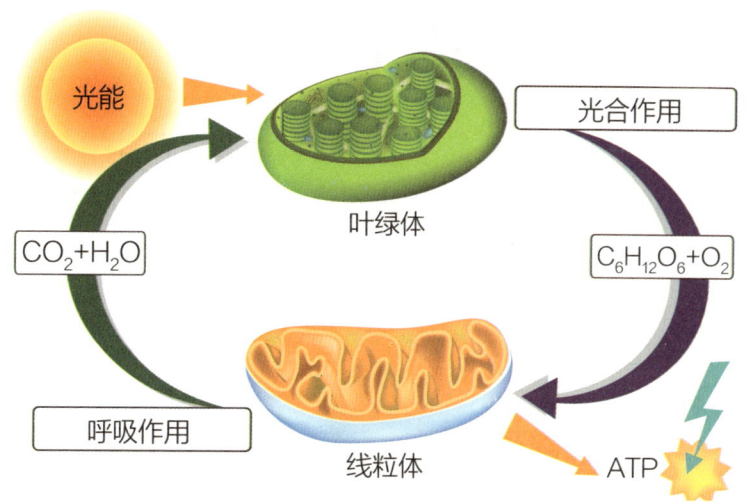

▶ 光合作用和呼吸作用造就地球上的生命

事实档案

一般情况下，一个葡萄糖分子可产生30个ATP分子。最高理论估值为38个ATP分子。

体内平衡

体内平衡是指机体维持体内相对稳定的状态，使细胞能有效发挥作用。其中包括将体温、血糖和水分维持在适当的水平。

为了使体内平衡达到最佳状态，全身都会做出反应，涉及神经系统等多种系统。

人体维持体内平衡的方式多种多样。体温是调节机体功能最重要的手段之一。当体温因天气炎热而升高时，身体会通过排汗来降温。

肺、胰腺和肾脏等内脏器官有助于维持理想的氧、血糖和离子水平。内分泌系统分泌不同的激素来维持体内的平衡。

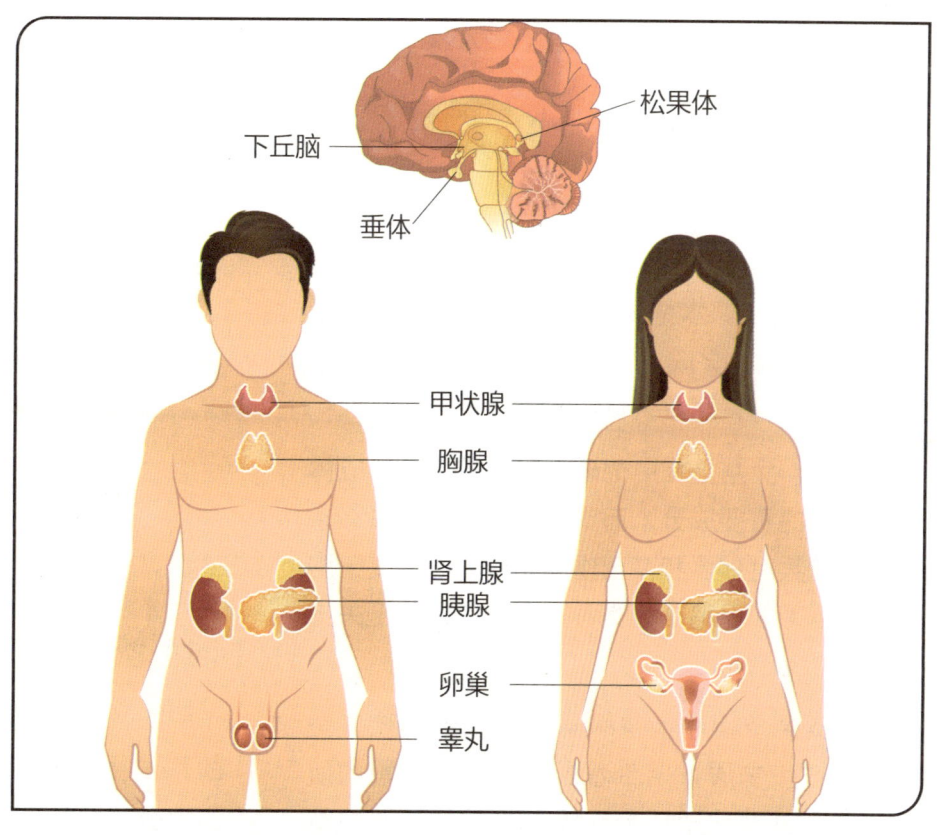

▲ 内分泌系统维持体内平衡

人体系统

人体很复杂，涉及组织、器官乃至系统的协调，以确保包括运动、呼吸、循环、内分泌、消化和排泄在内的所有活动都能够有效地进行。

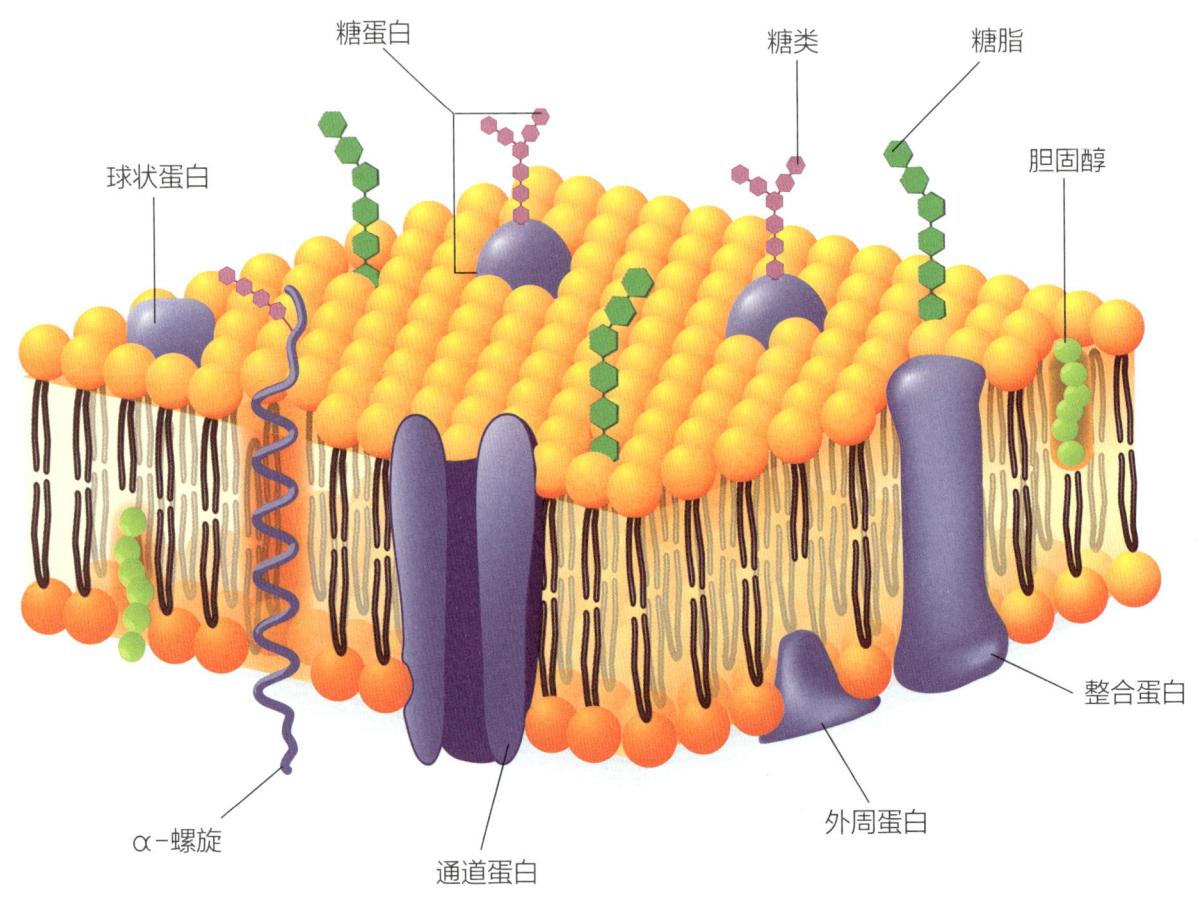

▲细胞膜是由脂肪和蛋白质分子组成的复杂结构

化学成分

人体由蛋白质、脂质、核酸、糖类、无机盐和水等组成。水是细胞外液（包括血浆和组织间液）的主要成分，并且在细胞内也存在着。按重量计，水占人体的60%以上。

脂质，尤其是其中的磷脂和固醇，是构成体内细胞膜的重要成分，而脂肪可以充当能量储备物质，并具有保温和减压作用。蛋白质形成细胞的结构框架，而酶是一类对许多功能起到至关重要作用的蛋白质。

糖类主要用作能量来源。细胞中的核酸是人体的遗传物质，携带着生存和繁殖所需的所有信息。其他化学成分在体内也起着不同的重要作用。

事实档案

喉，或称喉头，由会厌软骨等弹性软骨瓣组成，可确保食物和空气到达正确的目的地。

不同系统

系统是人体中最大、最复杂的工作单元。人体的系统主要有神经系统、运动系统、循环系统、内分泌系统、呼吸系统、消化系统、生殖系统和泌尿系统。

运动系统

骨骼和附着在骨骼上的不同的肌肉群构成了身体的结构框架，它们的存在使运动成为可能。软骨和硬骨是骨骼的结构组成部分。除了提供结构框架外，骨骼还可以存储钙和磷酸盐等矿物质。骨髓是产生红细胞的部位。成人的骨骼由206块骨连接而成。

肌肉有三种类型：心肌、骨骼肌和平滑肌。参与构成运动系统的肌肉是骨骼肌。

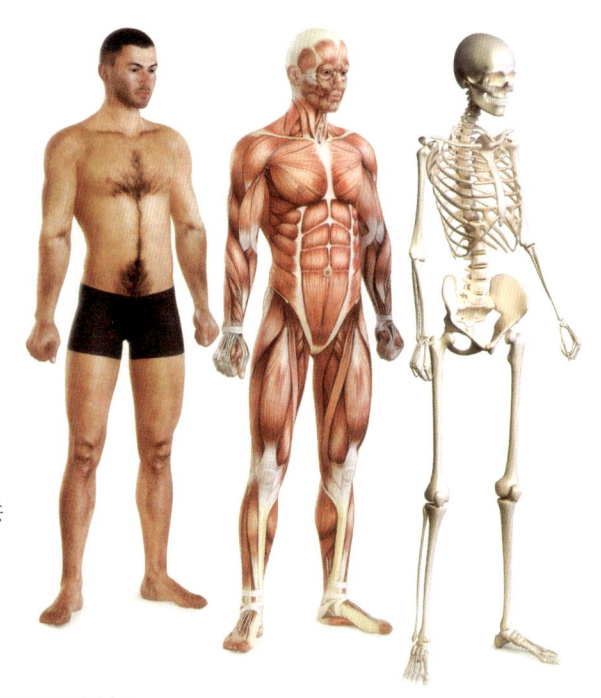

▶ 骨骼和骨骼肌为身体提供支撑并实现运动功能

呼吸系统

呼吸系统由鼻、咽、喉、气管、支气管、肺组成，负责向人体提供氧气，并将人体产生的二氧化碳排出。咽是将食物和空气输送到体内的共同通路。空气从喉部进入气管。气管逐渐分枝，成为支气管和细支气管，通向肺部。肺部有肺泡，它吸收氧气并排出二氧化碳。

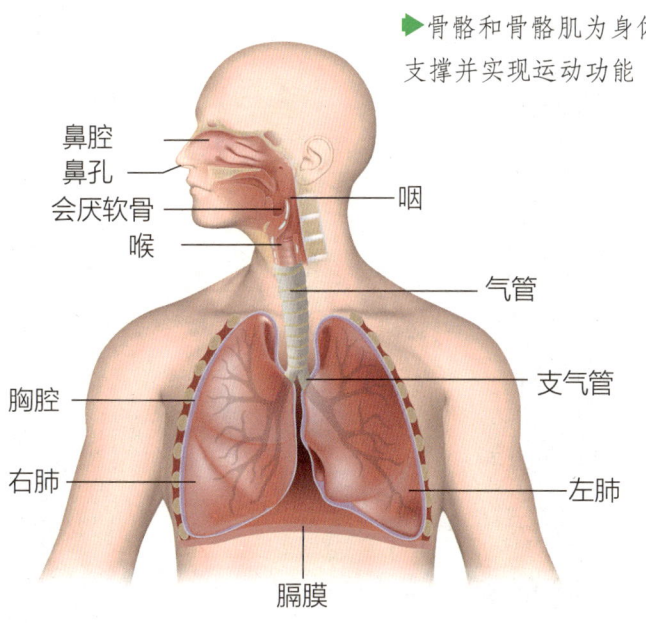

▲ 肺是呼吸系统的主要器官

生殖系统

男性生殖系统和女性生殖系统是不同的。男性生殖系统负责产生精子，这些精子通过阴茎被输送到女性生殖道中。精子在睾丸中产生。卵子是在女性卵巢中产生的，并沿着输卵管移动。当精子与卵子融合后，它会在子宫中着床，进而分裂并发育成胎儿。

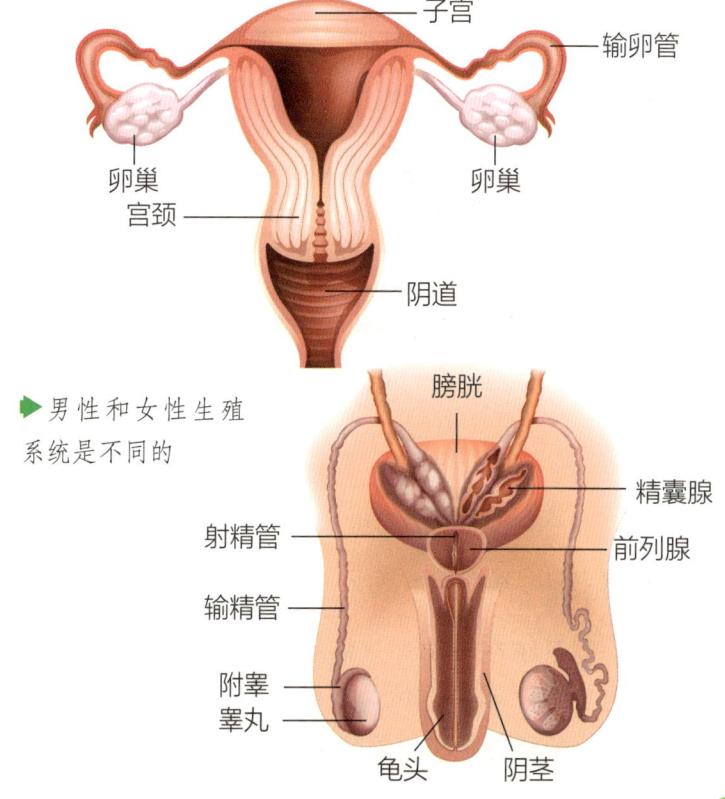

▶ 男性和女性生殖系统是不同的

神经系统

神经系统被认为是人体主要的控制和交流系统，它控制着我们的行为、思想和情绪。虽然它是一个单一的系统，但它也分为中枢神经系统和周围神经系统两部分。中枢神经系统由脑和脊髓组成，周围神经系统包括从脑和脊髓延伸出的神经（分别为脑神经和脊神经）。脑被一种叫作头盖骨或脑壳的保护性覆盖物包裹着。

消化系统

消化系统开始于口腔，结束于肛门。我们用嘴吃入的食物，与唾液混合，分解成小块，并通过食道，送入到胃中。胃和小肠内存在多种酶，将食物分解为简单的营养素——将蛋白质分解为氨基酸，将多糖分解为单糖，将脂肪分解为甘油和脂肪酸。人利用胃、小肠和大肠吸收营养。废物以粪便的形式通过肛门排出体外。

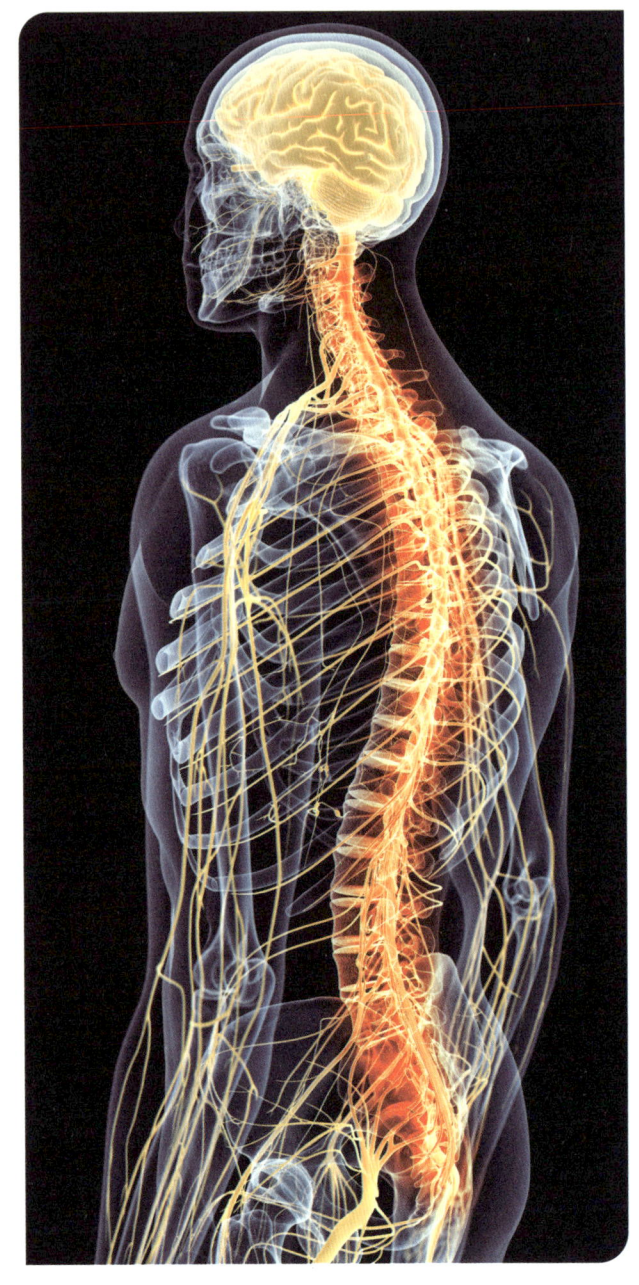

▲ 脑和脊髓组成中枢神经系统

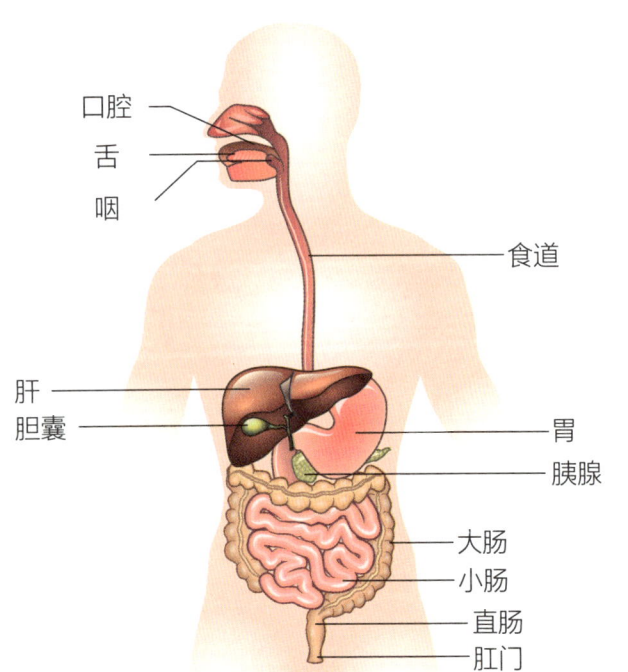

◀ 消化系统开始于口腔，结束于肛门

免疫系统

免疫系统在抵抗外来病原体和抑制肿瘤等方面具有重要作用。在体内，免疫系统由免疫器官和组织、免疫细胞和免疫分子组成。

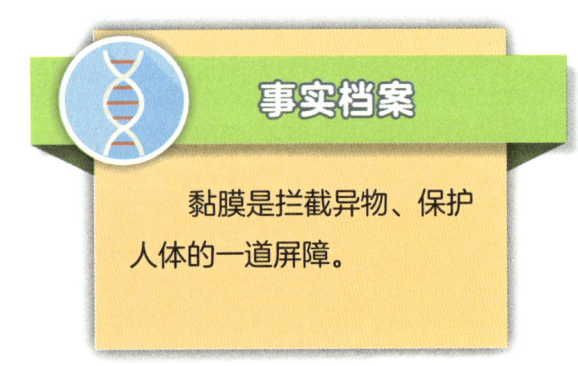

事实档案

黏膜是拦截异物、保护人体的一道屏障。

泌尿系统

我们身体代谢产生的废物一部分会以尿液的形式排出体外。肾脏是净化血液形成尿液的主要器官。输尿管、膀胱和尿道将肾脏产生的尿液排出体外。膀胱是一个中空的肌肉囊,可以容纳尿液。肾脏是由透明的纤维囊包裹的蚕豆形器官。

内分泌系统

内分泌系统通过激素调节人体的生命活动。激素是内分泌腺释放到血液中的化学物质,身体以特定方式对激素做出反应。内分泌腺主要包括垂体、甲状腺、肾上腺、胰岛、性腺、松果体、胸腺等。

循环系统

心脏是将血液泵送到身体各个部位的器官。心脏有四个腔室,主要由心肌组织构成。动脉将血液从心脏输送到身体的其他部位,而静脉则将身体其他部位的血液送回心脏。

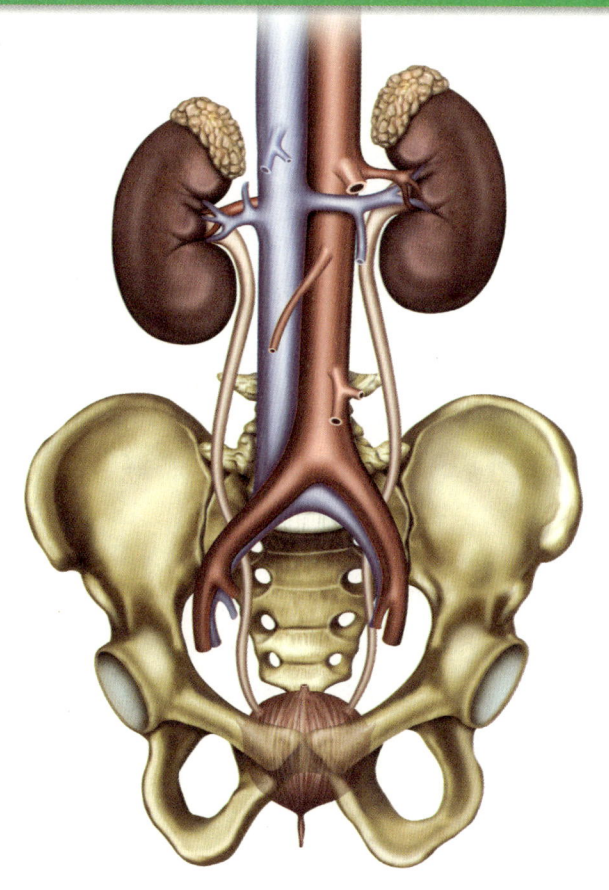

▲ 肾脏净化血液,将一部分废物处理为尿液

▶ 心脏是循环系统的泵血器官

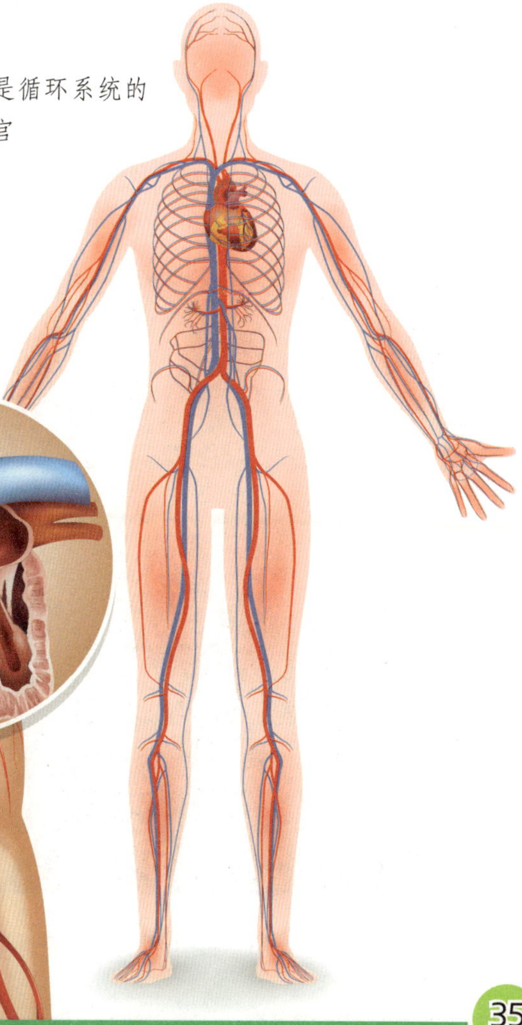

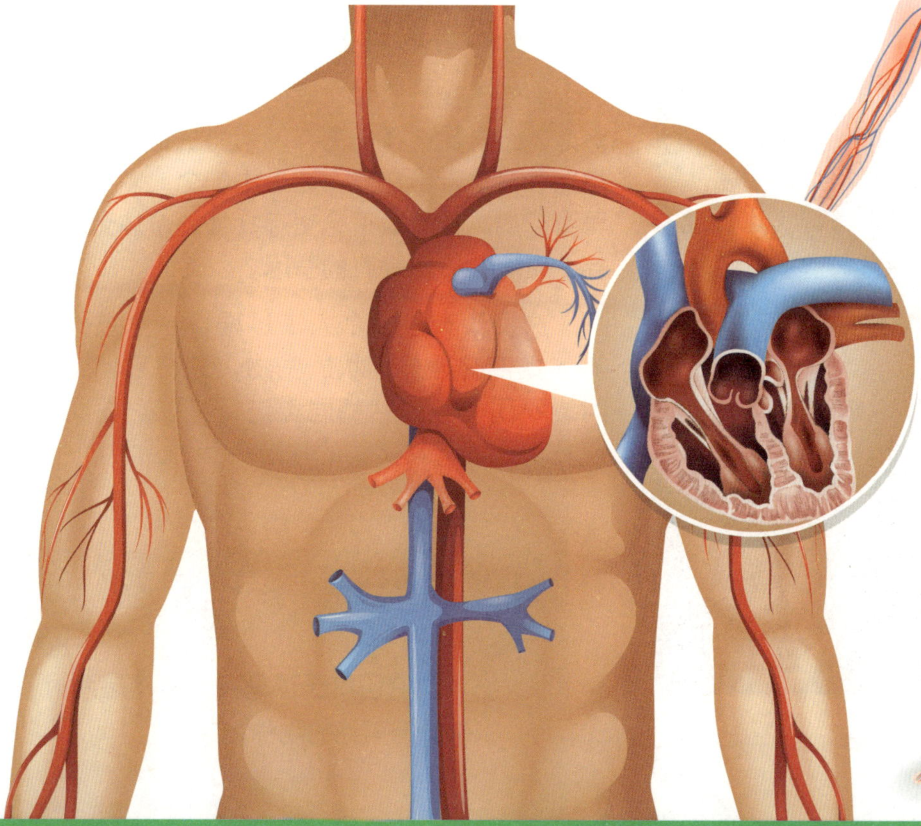

进化

地球上的生物复杂多样，每种生物都有其独特的性状和基因。这种复杂性是由许多年的进化和物竞天择、适者生存的法则造就的。

进化论

英国博物学家查尔斯·达尔文（Charles Darwin）大学毕业后，进行了为期5年的环球航行，观察并搜集了大量动植物等方面的资料。他在1859年出版的《物种起源》一书中提出了进化论等观点。进化论的基本思想是：所有的物种都是从简单的单细胞生物进化而来的。据研究，这些简单的生物出现于30亿年前。

尽管在进化论中达尔文的理论最为流行并被广泛认可，但他并不是唯一提出进化论的人。法国科学家让-巴蒂斯特·拉马克（Jean-Baptiste Lamarck）在19世纪初期提出过另一种理论。

拉马克的理论认为，生物身上经常被使用的部位，会变得强大，而不经常用的部位就会萎缩退化，即用进废退。

但有学者指出，拉马克的进化论与地球上的许多观测结果并不相符。如根据拉马克的理论，所有的生物都会进化，随着时间的推移生物会变得越来越复杂。但该理论没有考虑到简单微生物的情况，它们已经存在了数十亿年，却没有变复杂。

▲查尔斯·达尔文以其物种进化理论而闻名

自然选择与选择繁育

自然选择是达尔文进化论中的重要理论。简而言之，经自然选择而生存下来的生物和原来的生物相比，会显示出变异，这是由一个或多个基因的变异引起的。具有最适合生存特征的个体更有可能生存、繁殖并传递带有的基因。

选择繁育是一个人工过程，这个过程中，人类选择带有理想性状的生物，并将它们与具有相同或不同有益性状的同类进行交配。以获得更加健壮，并继承其父母的理想性状的品种。

▲对鹌鹑和其他动物进行选择繁育，以获得具有最佳性状的品种

事实档案

伯切尔氏斑马和渡渡鸟是两个已经灭绝的物种。

突变和物种形成

基因突变对生物来说可能是有益的，也可能是有害的。这些变化是随机的，通常是由环境辐射、化学物质等因素造成的。如果精子和卵子发生基因突变，它们就会把突变的基因传递给后代。如果突变是有益的而不是有害的，那么它将通过自然选择继续传递给后代。

突变、环境因素和自然选择的共同作用可以使一种生物产生足够多的变化，使之变得与原本的生物相比非常不同，从而形成一个新物种。此过程称为"物种形成"。形成的新物种不再具有与原始物种繁殖可育后代的能力。

▲白虎是孟加拉虎的变种，与其他虎相比具有不同的色素沉着基因

进化的证据

化石： 在研究生物进化的过程中，生活在不同时期的生物的化石（从地层中发现并保存下来的遗骸）是非常重要的证据。

斑纹蛾： 英国在工业革命之前，常见的斑纹蛾是灰色的，而黑蛾处于劣势，因为它们很容易被鸟类发现并吃掉。但随着污染越来越严重，与灰蛾相比，黑蛾却越来越不容易被发现，其数量也越来越多。

微生物的耐药性： 细菌可以迅速进化并改变它们被抗生素针对的外壳，从而获得抗生素耐药性。这是由于有益突变为突变的生物提供了有益性状，而这些拥有有益性状的生物反过来又繁殖出更多后代。

▲化石为进化提供重要证据

▶工业革命后，黑色斑纹蛾更多了

◀伯切尔氏斑马是一种已灭绝的动物

物种灭绝的原因

物种灭绝可能是由于气候或环境的快速变化、过度捕食、新型致命疾病以及新竞争者的出现或栖息地的丧失等导致的。目前，许多物种已经灭绝，而且由于人类活动而濒临灭绝的物种越来越多。

生态系统

生态学是研究生物与环境相互作用的一门科学。人类对生物多样性产生了很大威胁，但在采取措施限制危害环境的活动和保护其他物种方面也发挥了作用。

生态系统

太阳是大多数生物的能量来源，是地球上的生命赖以存在的根本。来自太阳的能量由能够进行光合作用的生物获取。其中一些能量再被传递给其他生物。

生活在一定空间中的生物以及它们周围的环境相互作用而形成的整体叫作生态系统。这些生物通常互相依赖以获取食物并维持生存。

植物之间为了获取空间、水分和养分而相互竞争，动物之间为了获得领地、住所、食物和配偶而相互竞争。在一个生态系统中，每种生物都依赖其他生物繁殖后代和获取食物，一个物种的消失也会影响到其他物种。这就是所谓的"相互依赖"。

理想的生态系统是这样一种生态系统：其中的所有物种和环境因素都处于平衡状态，并且物种的种群数量基本恒定。

▲太阳为地球上大部分生物提供生存所需的能量

生物和非生物因素

任何生态系统中的生物都受到生物因素和非生物因素的影响。

影响生物体的生物因素包括：

- 食物（如植物或其他动物）
- 致病微生物
- 其他为相同的食物或空间等而竞争的物种
- 天敌

影响生物体的非生物因素包括：

- 光
- 温度
- 水分
- 土壤
- 风
- 二氧化碳和氧气浓度

组织层次

食物链被描述为从生产者到最高级消费者之间的线性联系。它代表了群落内生物之间吃与被吃的关系。

生产者通常是草、树木、藻类，它们能够通过光合作用从阳光中获取能量制造出有机物。生产者被初级消费者——植食动物食用。

植食动物被次级消费者食用，次级消费者再被三级消费者食用……次级及更高级的消费者也被称为捕食者，他们捕食的生物就叫猎物。分解者作用于生物的死亡机体，扮演着食腐者的重要角色。

在一个稳定的生态系统中，猎物和捕食者的数量会周期性地上升和下降。

▲食物网显示环境中的捕食者和被捕食者之间的关系

事实档案

只有大约10%的能量能从一个营养级转移到下一个营养级。呼吸和排泄导致能量损失。

营养级

食物链中各种生物所处的营养水平层次就是营养级。它们用数字表示，第一营养级是生产者，然后第二营养级是植食动物，再然后更高的营养级是捕食者。最顶层的营养级是一种或多种食肉动物。

生物量金字塔可用于表示每个营养级生物的生物量。

◀营养级与对应的生产者和消费者

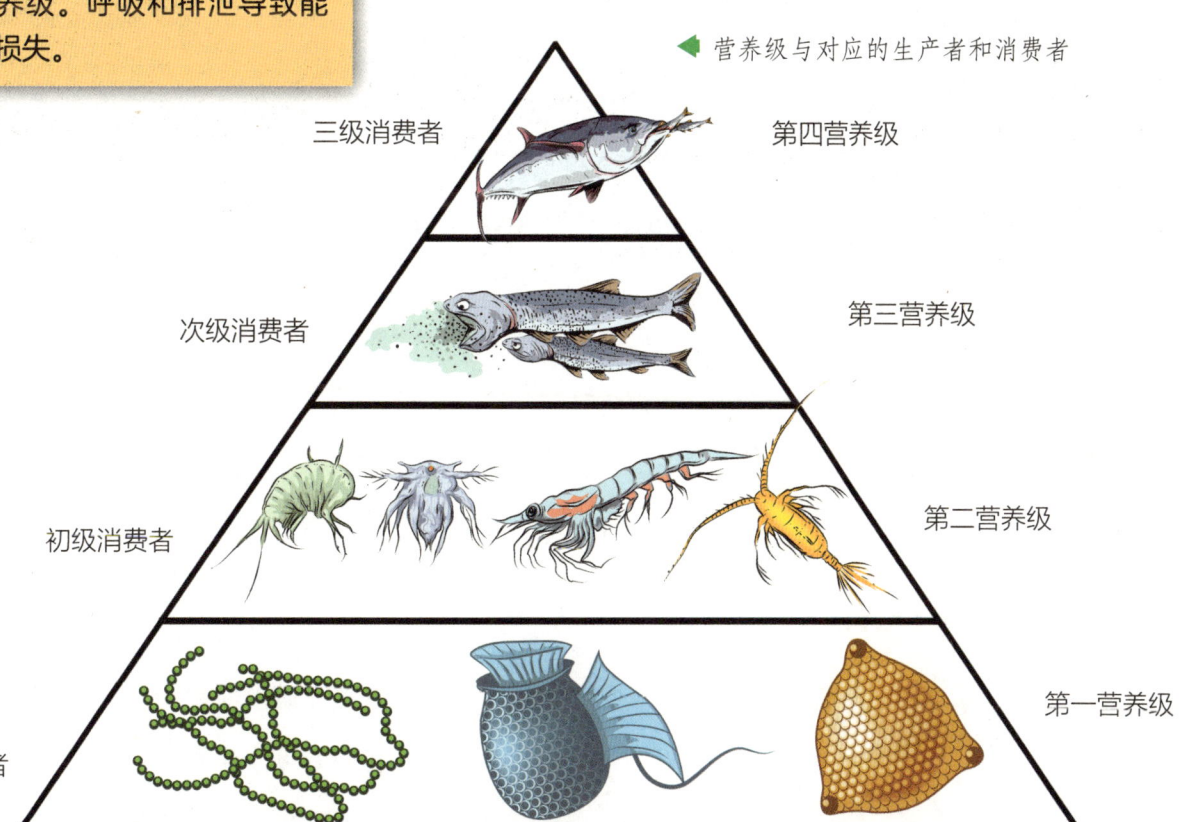

与环境交互

所有生物都以复杂的方式与环境相互作用。不同的植物、动物和微生物的存在有助于形成地球上生物的多样性。

生物多样性

生物多样性是指生物类群层次结构和功能的多样性，包括物种多样性、基因多样性，生态系统多样性等。人类的未来一定程度上取决于我们对生物多样性的保护程度。人类有必要减少或消除危害环境的活动。

威胁生物多样性的主要的人类活动有：

- 向大气中排放二氧化碳和甲烷，这会导致全球变暖；
- 对泥炭沼泽等生物栖息地造成破坏；
- 为满足日益增长的住房和工业用地需求而大规模砍伐森林。

在保护生物资源和减少日益增长的负面影响方面，一些有用的活动包括：

- 繁育濒危物种；
- 保护稀有生物的栖息地；
- 减少对森林的砍伐；
- 减少二氧化碳的排放；
- 回收物料并减少弃置垃圾；
- 加强垃圾管理和污染控制。

粮食生产与安全

人类通过农业生产粮食以供食用。粮食安全是指可以生产足够的粮食养活不断增长的人口。

目前，威胁粮食安全的因素包括以下几个方面：

- 人口增长；
- 对植物有影响的新病虫害和致病性病原体的产生；
- 环境变化，例如气候变化；
- 农业投入成本高；
- 政治冲突及其对水和食物供给的影响；
- 不同人群饮食的改变。

发展可持续性农业有助于提高粮食生产效率。这可以通过减少土壤侵蚀、尽可能使用天然堆肥、用可补充水源进行灌溉等方式来实现。

目前，海洋中的鱼的种类也在减少，面对这一情况，最重要的是要保持鱼类种群的数量，使它们能够正常繁殖。对允许捕捞的鱼的数量加以限制并控制渔网网眼大小有助于将海洋中的鱼类数量维持在可持续水平。

事实档案

普通塑料制品需要四五百年的时间才能开始分解，再过50～80年才可能完全分解。

▲ 为不断增长的人口生产足够的粮食是一项重大挑战

▼ 梯田耕作是一种可持续耕作方式，可以减少土壤侵蚀

趣味测试题

知识点：染色体和基因

关于染色体、DNA和基因的叙述，下列哪些选项是正确的？请在正确选项后的括号内打对号。

A.染色体是由DNA和蛋白质组成的。（ ）

B.基因是有遗传功能的DNA片段。（ ）

C.基因决定生物的性状。（ ）

D.一般情况下，染色体在光学显微镜下不可见，正在进行分裂的染色体则可以看到。（ ）

知识点：疾病

1.红绿色盲是X染色体相关隐性遗传病的例子。看下面的示意图，将左右两边连线。

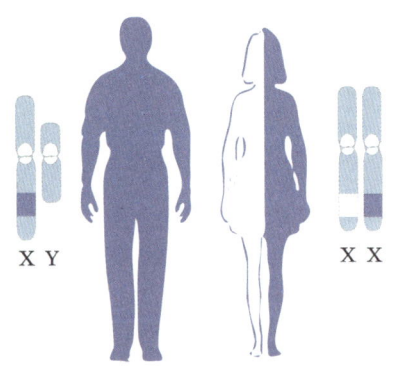

健康儿子

携带者女儿

健康女儿

染病儿子

2.人类的疾病通常分为传染性疾病和非传染性疾病。能够通过不同途径在人与人之间传播的疾病称为传染性疾病，传播方式因疾病而异，严重程度也各不相同。把下面属于传染性疾病的疾病用红色笔涂上颜色。在生活中要注意这些疾病。

乙型肝炎　　哮喘　　流感　　糖尿病　　牛皮癣　　水痘　　癌症

3.心脏病是一种危险的疾病。诱发心脏病发作的危险因素有很多。把下列的因素填到对应的方框中。

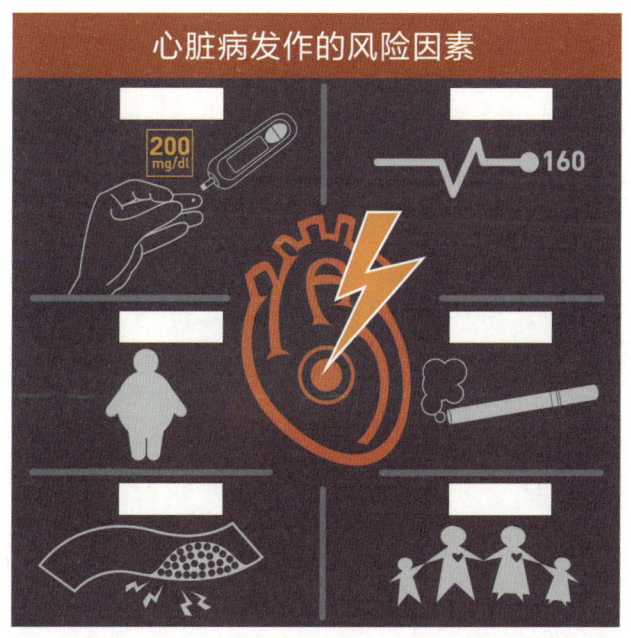

抽烟

超重

糖尿病

高血压

家族病史

高胆固醇

知识点：光合作用

植物和某些种类的原生动物可以直接利用阳光制造有机物。它们制造有机物的过程称为光合作用。请把参与光合作用的要素填到相应的方框内。

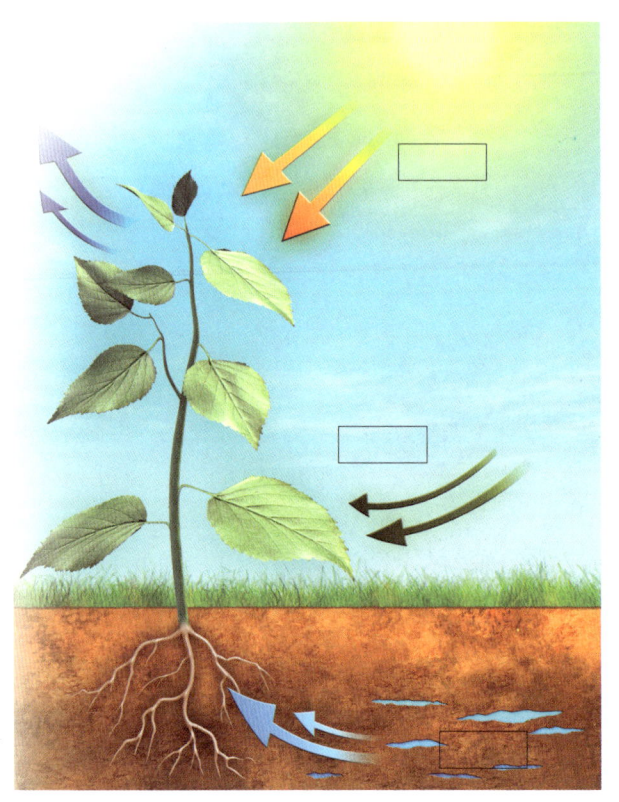

知识点：进化

以下关于进化的内容有对有错。试着做出自己的判断吧。

A.达尔文在1859年出版的《物种起源》一书中提出了进化论等观点。他也是唯一一个提出进化论的人。

B.基因突变可能是有益的，也可能是有害的。这些变化也是随机的，通常是由环境辐射、化学物质等因素造成的。

C.目前只有化石能为我们提供进化的证据。

A. 错。他并不是唯一提出进化论的人。法国科学家让-巴蒂斯特·拉马克（Jean-Baptiste Lamarck）在19世纪初提出过另一种理论。拉马克的理论认为，生物身上经常被使用的部位，会变得强大，而不经常用的部位就会萎缩退化（即用进废退）。但有学者指出，拉马克的进化论与地球上的许多观测结果并不相符。

B. 对。如图，白虎是孟加拉虎的变种，具有与其他老虎不同的色素沉着基因，这种突变就是有害的，因为白色过于明显，不利于白虎隐藏自己，捕获猎物的难度变大。

C. 错。进化的证据是很多的。比如英国在工业革命之前，常见的斑纹蛾是灰色的，而黑蛾数量处于劣势，因为它们很容易被鸟类发现并吃掉。但随着污染越来越严重，与灰蛾相比，黑蛾却越来越不容易被发现，其数量也越来越多。

知识点：食物链

1.判断对错。

（1）食物链被描述为从生产者到最高级消费者之间的线性联系。它代表了群落内生物之间吃与被吃的关系。（　　）

（2）生产者通常是草、树木、藻类等，它们能够通过光合作用制造有机物。生产者被初级消费者食用。（　　）

（3）只有大约20%的能量能从一个营养级转移到下一个营养级。呼吸和排泄导致生物量损失。（　　）

（4）在一个稳定的生态系统中，猎物和捕食者的数量会随机上升和下降。（　　）

2.请你根据你家所在地区的情况填一填，记录一下你熟悉的环境中的生产者和消费者。

生产者							
初级消费者							
二级消费者							

探索地理

DISCOVER GEOGRAPHY

你好，科学！
DISCOVER SCIENCE

[英] North Parade Publishing
（北方旅行出版公司） 编

杨瑞洋 译

青岛出版集团 | 青岛出版社

Copyright © 2020 North Parade Publishing Ltd, Bath, UK
山东省版权局著作权登记号 图字：15-2020-36

图书在版编目（CIP）数据

你好，科学！.5，探索地理 / 英国北方旅行出版公司编；杨瑞洋译. — 青岛：青岛出版社，2020.6
ISBN 978-7-5552-9009-4

Ⅰ.①你… Ⅱ.①英…②杨… Ⅲ.①科学知识－青少年读物②地理－青少年读物 Ⅳ.①Z228.1②K9-49

中国版本图书馆CIP数据核字(2020)第050872号

本册审定专家
张尉 地质学博士，科技管理人员

本册审定名师
王善刚 北京师范大学青岛城阳附属学校
尚现达 北京师范大学青岛附属学校
黄文丽 北京师范大学大亚湾实验学校
徐兴鹏 北京师范大学亚太实验学校

书　　名	你好，科学！
分 册 名	探索地理
编　　者	［英］North Parade Publishing（北方旅行出版公司）
翻　　译	杨瑞洋
出版发行	青岛出版社
社　　址	青岛市崂山区海尔路182号（266061）
本社网址	http://www.qdpub.com
邮购电话	0532-68068091
责任编辑	贾华杰
装帧设计	1204设计工作室（北京）文俊
封面插画	1204设计工作室（北京）文俊
照　　排	青岛千叶枫创意设计有限公司
印　　刷	青岛嘉宝印刷包装有限公司
出版日期	2025年3月第2版　2025年3月第6次印刷
开　　本	16开（787mm×1092mm）
印　　张	18
字　　数	440千
审 图 号	GS（2020）1934号
书　　号	ISBN 978-7-5552-9009-4
定　　价	178.00元（全6册）

编校印装质量、盗版监督服务电话　4006532017　0532-68068050
建议陈列类别：少儿·科普

目录

地球 2

板块构造 4

水循环 6

景观 8

农业 10

天气和气候 12

降水 14

自然灾害——地震 16

自然灾害——火山喷发 18

生物圈 20

生态系统 22

生物群落 24

全球变暖 26

气候变化 28

世界人口 30

自然资源与管理 32

经济全球化 34

城镇化与挑战 36

旅游 38

野外考察 40

趣味测试题 42

地球

地球是一颗行星，约有46亿年的历史，是目前人类已知唯一存在生命的天体。

地球内部大致分为三个圈层：地核、地幔和地壳。中心层是地核，外层是地壳，中间是地幔。

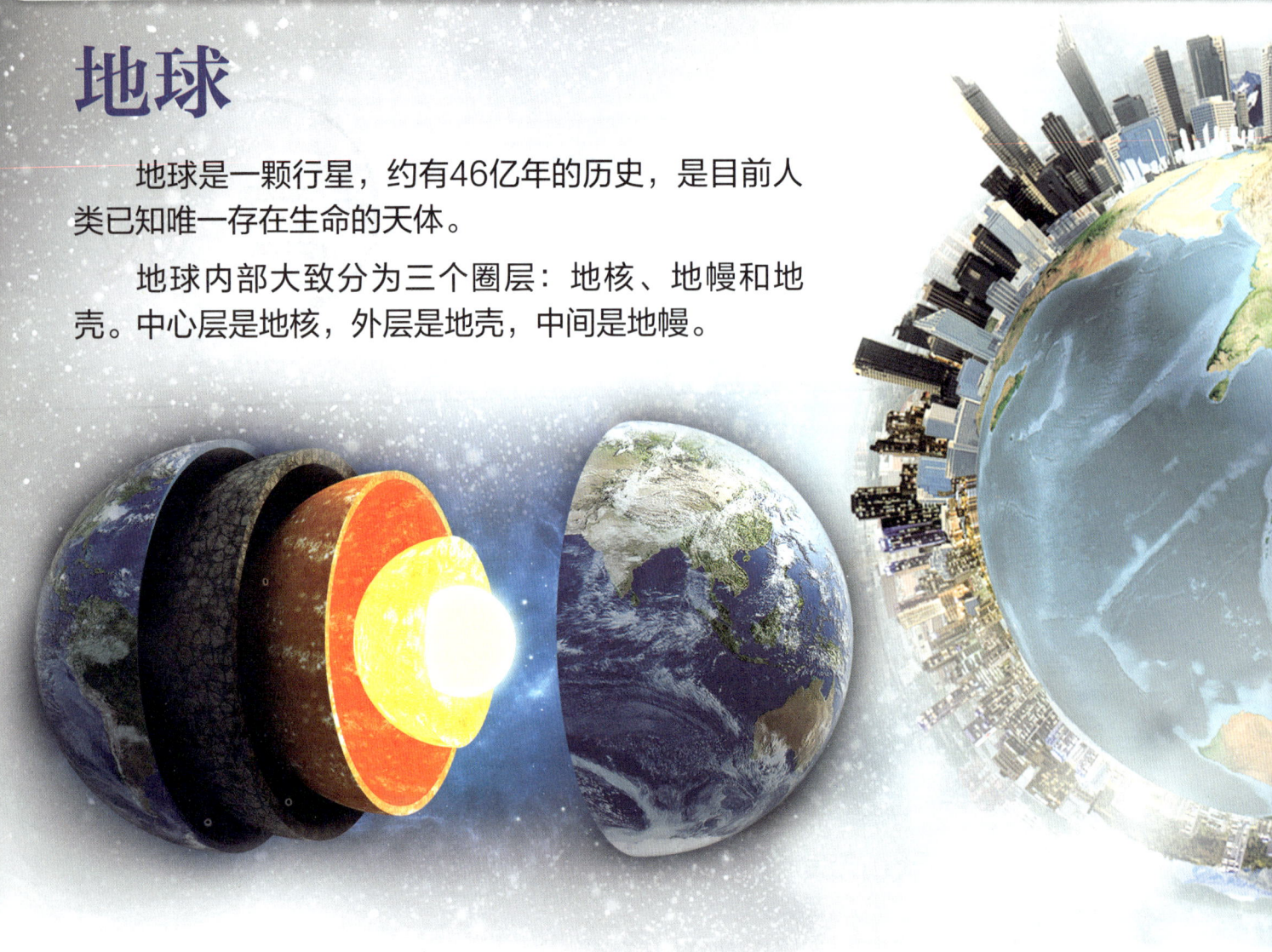

地球内部圈层

地球内部圈层

地核： 地核分为内核和外核，主要由铁和镍等元素组成。内核是地球的最内层，位于地球中心，大部分是固态的，温度可达6 000℃，与太阳表面的温度差不多。外核是液态的，其温度与内核的温度非常接近。

地幔： 地幔介于地壳和地核之间，厚度约2 800千米，主要由含铁、镁的硅酸盐类矿物组成。地幔分为上地幔和下地幔。上地幔上部存在一个软流层，一般认为这里可能是岩浆的主要发源地。

地壳： 地壳是地球表面一层由固体岩石组成的坚硬外壳。地壳受到周期性的火山活动、陨石撞击和沉积作用的影响。

地壳分为大陆地壳和海洋地壳两种类型。

大陆地壳： 大陆地壳由岩浆岩、沉积岩和变质岩组成。花岗岩是岩浆岩的一种，是最常见的岩石类型之一。大陆地壳的平均厚度为39～41千米。大陆地壳比海洋地壳厚，密度也小。它比构成地幔的物质轻，因而漂浮在地幔上面。

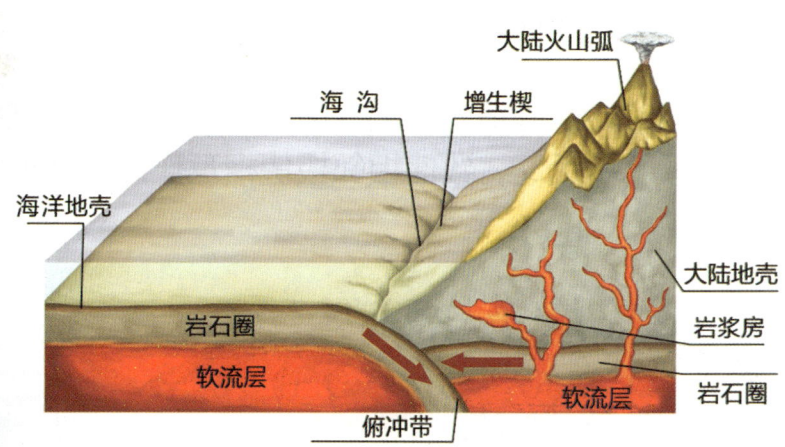

软流层位于岩石圈下方

海洋地壳：海洋地壳位于海洋之下。海洋地壳很薄，一般为5～10千米。它由多层组成。海洋地壳在许多方面都与大陆地壳不同。它不仅比大陆地壳薄，形成时间也晚，密度也更大。

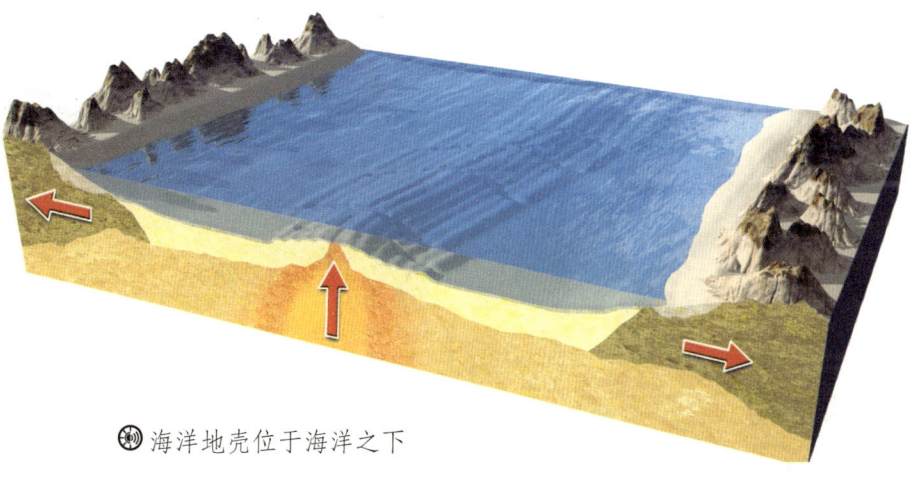

海洋地壳位于海洋之下

地球的大气圈和岩石圈

低层大气中除去水汽和杂质以外的混合空气，称为干洁空气，它由78%的氮气、21%的氧气以及微量的氩气、二氧化碳和其他气体组成。

上地幔顶部与地壳都由坚硬的岩石组成，合称"岩石圈"。

地球上的所有物质都是由纯净物或混合物构成的。在地表发现的常见的岩石，其组成成分主要是硅酸盐。

事实档案

你知道有高大山脉的地方大陆地壳更厚吗？

板块构造

地球的岩石圈被分割成许多构造单元，它们被称为"板块"。板块在软流层上做大规模水平运动，致使相邻板块相互作用，是板块构造学说的主要观点。

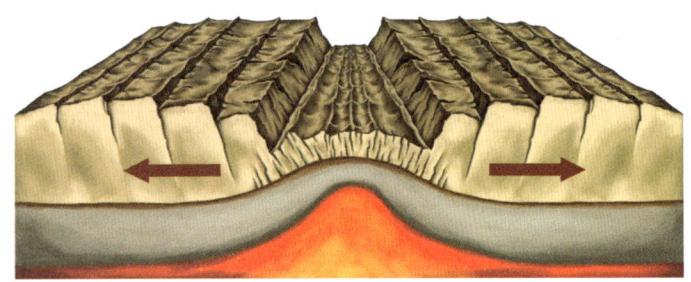

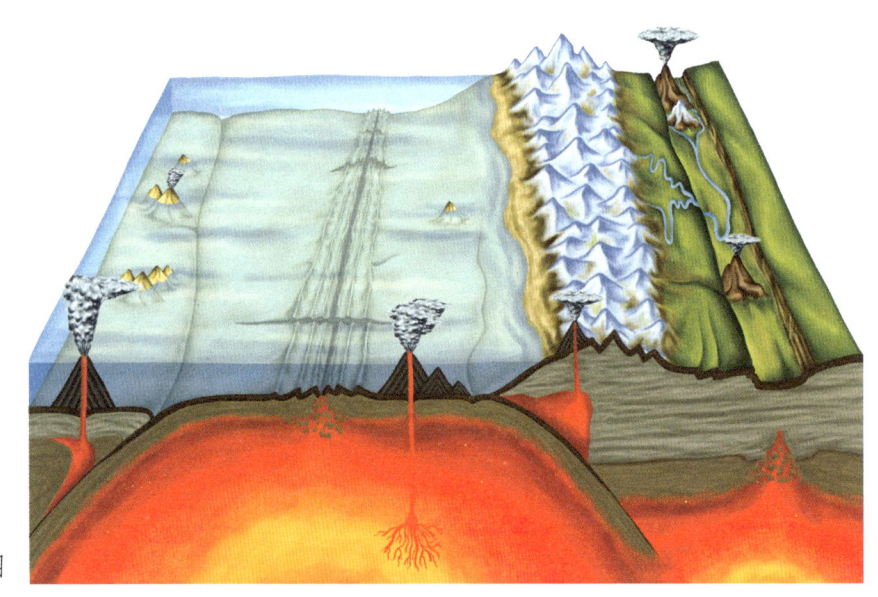

🔊 板块运动引发不同的地质事件

🔊 上地幔和地壳构成了岩石圈

板块运动

一般认为，地幔的软流层对流驱使板块运动。板块在对流上涌或扩散的地方发生背离运动；在对流下沉或汇聚的地方，板块则发生相对运动。

板块边界

不同板块结合的部位称为"板块边界"，它有三种不同的类型。

离散型：当板块张裂时，形成离散型板块边界。这时，软流层物质在两个板块之间上涌并凝固起来。在离散型板块边界可以形成裂谷和海洋。

汇聚型：当板块碰撞挤压时，形成汇聚型板块边界。在这种情况下，如果一个板块被迫俯冲到另一个板块下面，摩擦产生的热会导致下插板块或上覆地幔物质产生熔融。因为这个过程释放了大量的能量，所以火山活动、地震经常发生在这类边界处。此外，汇聚型板块边界也可形成巨型山脉。

转换型：转换型板块边界也称"恒定边界"。当两个板块相互剪切滑动时，便形成转换型板块边界。地震频繁发生在这类边界处。

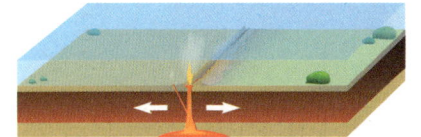
离散型

汇聚型

转换型

◉ 板块边界的三种主要类型——离散型、汇聚型和转换型

板块运动的作用

板块运动可能看起来微不足道，每年只有几厘米，但经过数百万年的时间，它就变得很明显。在数亿年的时间里，大陆已经多次碰撞和张裂。

板块运动还会导致地震和火山喷发等自然灾害。这些自然灾害多发生于板块边界附近或板块边界上。

板块边界通常形成于海洋之下，如大西洋的洋中脊。许多水下的火山就形成于这种板块边界处。

板块运动还可能会引发海啸或山体滑坡。

事实档案

六个主要板块和多个次级板块像拼图一样可以拼凑在一起。

联合古陆　　劳亚古陆和冈瓦纳古陆　　现代大陆

劳亚古陆
冈瓦纳古陆

◉ 数亿年来，板块一直在移动和改变位置

主要板块和次级板块

全球有六个主要板块，分别是太平洋板块、美洲板块、亚欧板块、非洲板块、南极洲板块、印度洋板块。还有几个次级板块，它们的面积在1 000万到2 000万平方千米不等。

板块并不是保持不变的。较小的板块可能会聚合在一起形成较大的板块，而巨大的板块则可能分裂开来。

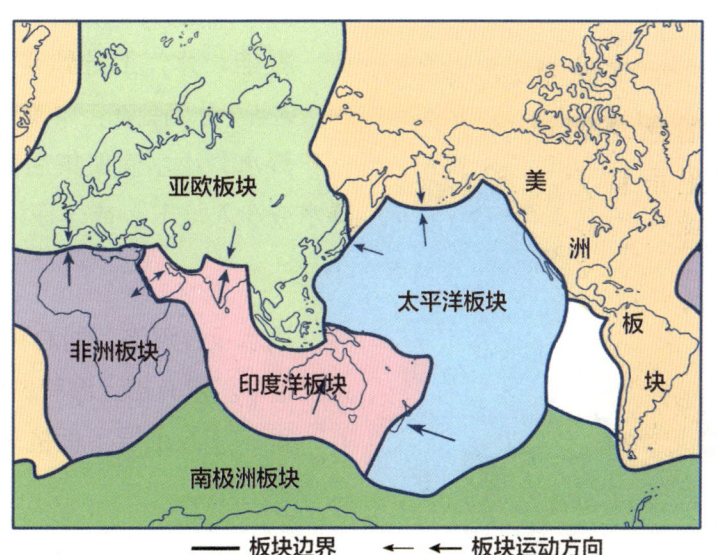

◉ 地球的岩石圈由六个主要板块和多个次级板块组成

水循环

地球表面70%以上的面积被水覆盖。其中，99%的水以冰川和海洋的形式存在，剩余的以河流、湖泊和大气水等形式存在。地球上的水不是静止的，它在水循环的过程中不断更新。

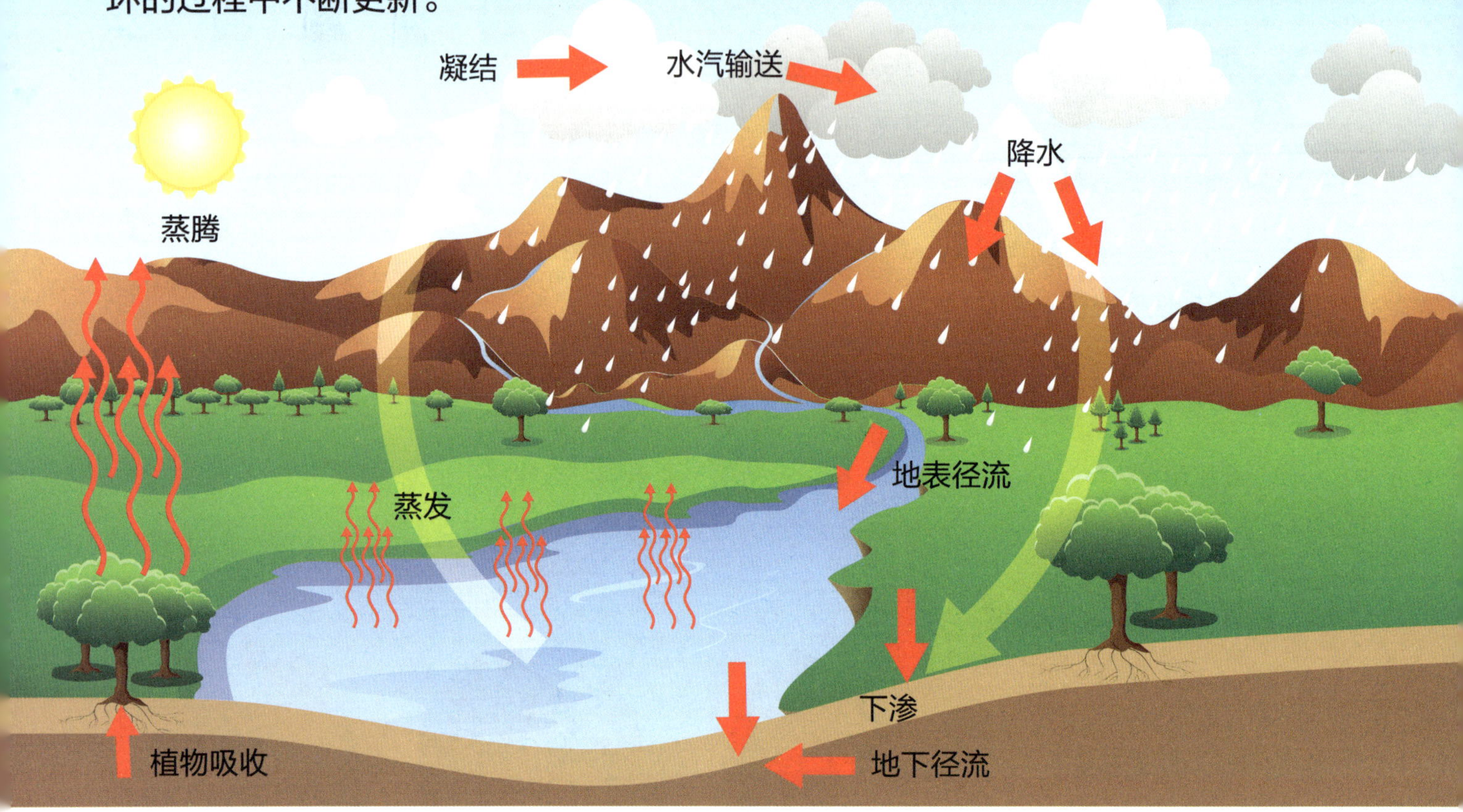

水循环的主要过程

水循环主要有三个过程。

蒸发（蒸腾）： 在太阳辐射作用下，海洋、湖泊和河流等水体表面的一小部分水转化为水汽，上升并聚集在大气中。当蒸发发生在活的植物体表面时，被称为"蒸腾作用"。

凝结： 水汽上升到空中，部分会在适当的条件下凝结成小水滴，这些小水滴会在空中聚集成云。

降水： 小水滴聚集后变大，以雨、雪等形式落回地面。这些降水或渗入地下，或落在地面上，然后流入湖泊、河流或海洋。

下渗

雨水可在河流、湖泊和其他水体积聚，也可以通过下渗过程渗入土壤中。没有被土壤和树根吸收的水最终会流入各种水体。

雨水渗入土层下面的岩石中，并在裂隙中流动和聚集，就形成了地下水。

事实档案

地下水面以下饱含水的透水岩土层称为"含水层"。

🌀 流水侵蚀是水循环引发的重要地质现象

水循环的效应

水循环涉及能量的转换，会导致温度的变化。水蒸发时从环境中吸收能量从而使环境温度降低。水汽凝结时会释放能量并提高周围环境的温度。这种热量交换影响着全球的气候。

对像人类这样依赖淡水的生物来说，水循环的蒸发阶段是至关重要的。在这个阶段，水被净化，最终补充了地球的淡水供应。

还有很重要的一点，水循环通过侵蚀作用和沉积作用重塑地貌和地质特征。侵蚀作用是土壤和地表岩石在很长一段时间内被破坏的过程。沉积作用则相反，土壤和岩石碎片被流水携带并作为沉积物沉积，这些沉积物堆积、固结形成岩石。

被储存的水

许多水生生物在含盐量较高的海洋中生存，另一些生物则依赖以其他不同形式储存的水生存。水以海洋、淡水湖、河流、池塘和溪流等形式储存于地球上。由于外界环境不断作用，各种水体中的水都在不断地运动，这种运动对整个水循环都有影响。

在寒冷的气候中，水以雪、冰川等形式存在。以这种形式储存的水量不稳定，即使是在很短的时间内也会不断变化。

🌀 水可以以固态形式被储存

景观

地球表面呈现许多的地貌形态。这些地貌根据它们的共同特征被划分在一起，这就是"景观"。景观反映其所在地区特有的地理特征。

板块碰撞形成山脉

景观的类型

景观可以是天然形成的，也可以是人为创造的。

山、洞穴和山谷是自然景观，而城市和农场是人文景观。

自然景观大致分为以下几种类型。

山地景观：两个大陆板块相互碰撞导致地表隆起，形成山脉。板块的运动轨迹和压力大小决定了山脉的形状。山或单独存在，或以山脉、山系的形式存在。

河流景观的特征是土壤肥沃和植被丰富

河流景观：由河流运动形成的景观称为"河流景观"。河流周围的所有植被和动物都是景观的一部分。河流景观的最大优势之一是土壤肥沃，非常适合农业发展。

海岸景观：海岸是海陆交汇的地方。海岸景观是岩石在风和海浪等多年的侵蚀或沉积作用下形成的。海滩、悬崖、沙丘、海湾和潟湖都属于海岸景观。

海岸是海陆交汇的地方

沙漠景观： 沙漠极度干旱，一般年降雨量不超过25毫米。除了少数物种外，大多数物种都不适合在沙漠生存。沙漠景观通常位于赤道南北两侧的低纬度范围内。

热带雨林中有丰富的动植物物种

森林景观： 热带雨林中生存着郁郁葱葱的常绿植被和多种动物。它分布在赤道附近，年平均降雨量2 000～4 000毫米。

与热带雨林终年高温不同，温带森林一年要经历四个季节。温带森林主要由落叶树组成。

亚寒带针叶林位于亚欧大陆、北美大陆的亚寒带地区，主要由针叶树组成。

沙漠是地面完全为沙所覆盖、缺乏流水、气候干燥、植物稀少的地区

事实档案

一系列山脉被称为"山系"。

人文景观是人类为特定目的而设计建造的

人文景观

人文景观是人类创造的，包括道路、耕地、建筑物和通信网络等。这些景观的建造可能以破坏森林或山地等自然景观为代价。

人类活动与景观

随着科技的飞速发展，人类活动可以改变现有的自然景观。例如，在荷兰，人们为了扩大肥沃土壤的面积以发展耕种，大面积地围海造陆。人们在许多河流上建造了水坝，有助于控制洪水。但有些时候，人类对自然进行的改造会产生负面的影响，例如，乱砍滥伐和乱排放加剧了水土流失与环境污染。

农业

古代人类种植作物和驯养动物是为了满足持续得到食物的需求。即使在耕地迅速减少的情况下,农业依旧是人类一项重要的生产活动,满足着不断增长的人口的粮食需求。

农业活动

农业活动有不同的类型。

商品农业:人们通常使用先进的技术和机械大规模生产粮食,耕地面积大,资金投入高。农作物、牲畜和家禽的培育都以在市场上销售为唯一目的。茶和咖啡的种植园就属于商品农业。

自给农业:耕地面积小,一般只能养家糊口。亚马孙河流域原住居民实行的轮作或刀耕火种就是自给农业的典型。

集约农业:集约农业注重使用化肥和农药以使作物产量最大化。日常利用药物或激素来促进农场动物生长也是很常见的方法。荷兰的花卉栽培就属于集约农业。

粗放农业:相对较少的资本和较廉价的劳动力被用于面积相对较大的土地。只有当有大面积的土地可供耕种时,它才会带来收益。在美国的一些农场里,玉米和谷物的生产都是通过粗放农业来实现的。

自给农业可养活一个小家庭

影响农业的因素

影响农业的因素有很多，如劳动力、资本、技术、市场需求和政府政策等。这些因素的影响各不相同。南亚地区的劳动力丰富且廉价，但欧洲和北美洲的情况则相反。在欧美地区，农业生产主要依靠自动化，劳动力被收割机、挤奶机和拖拉机等机械取代。

◉ 商品农业需要投入非常多的精力去打理，并需要大量劳动力

◉ 在一些国家，所有的农活都是由农民亲手完成的

资本是影响农业的关键因素之一。一个拥有较多资本的农民可以投资机械和技术，从而提高作物产量。基因工程已经帮助人类创造出能够防虫、抗旱和高产的作物。农作物和粮食产品的市场需求也会影响利润。

除了人为因素外，环境也是影响农业的重要因素。气候、土壤性质等是决定土地是否适合耕种的环境因素。

事实档案

诺曼·博洛格被认为是"绿色革命之父"。1970年，他因使近10亿人免受饥荒之苦而获得诺贝尔和平奖。

绿色革命

在20世纪60年代，当世界人口稳步增长时，人们的关注点转移到如何使粮食供应足够满足所有人日益增长的需求。增加全球粮食供应的计划被称为"绿色革命"，人们通过改进灌溉技术、使用新品种的种子和肥料来提高粮食产量。

"绿色革命"虽然增加了粮食的产量、提高了农民的生活水平，但也有一些弊端：机械化生产导致了许多人失业，而且只有买得起化肥和杀虫剂的农民才能够从中获益。

◉ "绿色革命"对提高粮食产量至关重要

天气和气候

天气和气候是我们经常跟踪的重要现象。天气是一个地区短时间内的大气状况。气候是指一个地区多年的天气平均状况。

天气和气候

天气可看作对气温、风、雨、雪等大气条件的日常分析，它指一个地方短时间里的阴晴、风雨、冷热等大气状况。这些因素几乎每小时都会发生变化，并被气象台记录下来。世界各地的天气情况差别很大。即使是一个国家的不同地区，也可能存在各种各样的天气情况。

气候是指一个地区多年的天气平均状况，它分析诸如温度、降雨量、太阳辐射水平、大气压力和湿度等因素。

天气预报

气象学是地理科学的一个分支，主要研究天气现象及大气运动，重点是预报天气。天气预报对人们提前安排活动很重要。大多数电视频道在新闻报道之后都有天气预报类节目。

气象学家必须收集多次观测得到的数据才能分析出有效的天气预报。在卫星、气象气球和安装在不同地点的仪器的帮助下，气象学家从全球各地收集气象观测数据，并根据数据用计算机模型进行天气预报。

收集数据是天气预报的基础

事实档案

一个气象气球能在2小时内上升至18~30千米的高度！

影响气候的主要因素

影响气候的因素主要有以下几个。

纬度： 靠近赤道的地区通常气候更炎热。由于地球的公转，太阳光直射在热带，靠近赤道的地区获得了较多的太阳辐射。两极接受的太阳光热很少，平均温度是全球记录中最低的。

海拔： 气温会随海拔升高而降低。一般来说，海拔越高的地方越冷。高原山地气候相对寒冷。在高海拔地区，氧气含量也急剧下降。

在高海拔地区，登山者使用便携式氧气瓶

海陆位置： 沿海地区的气候受海洋影响。由于陆地比海洋升温快、降温也快，因此在夏天，距海较远的地区气候更炎热，而在冬天，沿海地区更暖和。

风： 风的方向和风力决定了其对气候的影响。从赤道方向吹来的风更加温暖，而来自极地方向的风更加寒冷。

风速计是用来测量风速的装置

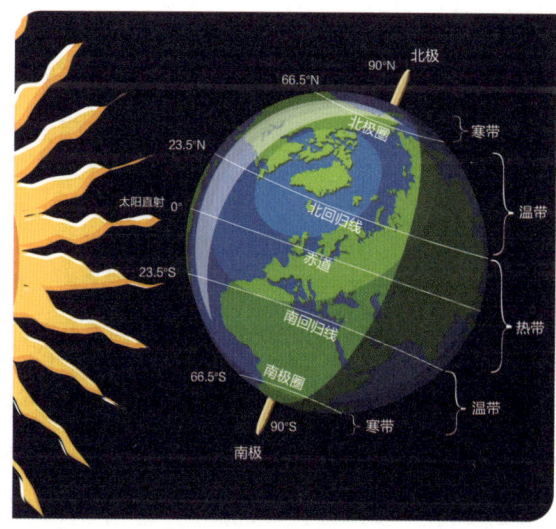

地球主要有三大温度带，分别表现出不同的特征

温度带

地球上主要有三大温度带。

热带： 热带位于北回归线和南回归线之间，平均气温在25~35℃，雨量充沛，湿度较大。大部分雨林都位于这个地区。

温带： 气候类型广泛，受海洋影响较大。

寒带： 北极和南极地区是地球上气温最低的地区，终年冰封。

降水

从大气中降落的雨、雪、冰雹等，统称为"降水"。当大气中的水汽冷却、达到饱和点并凝结成水滴时，便会出现降水。降雨是最常见的降水形式。

雨是怎样形成的？

携带水分的空气上升，在上升过程中冷却下来，水汽便凝结成水滴。这个阶段会形成云并带来降雨。

云的类型

不是所有的云都会形成雨。云有以下三种主要类型。

⊛ 降水过程是水循环的一部分

卷云： 这些云从不形成雨。它们在高高的天空中，像一缕烟或一笔淡墨。

积云： 它们有着蓬松的形状，通常也不形成雨。但偶尔，乌云和大积云可能会形成雨。

层云： 它们是离地面较近的云层，如同空中的一块毯子。层云会带来长时间的降雨和其他形式的降水。

降雨的类型

对流雨： 阳光照射导致近地表空气升温后上升，形成降雨。在炎热的夏季，可能会出现较大的雷雨或暴雨。对流雨在赤道附近地区更为常见。

地形雨： 当水汽饱和的空气在水平运动中遇到山地时，被迫抬升，温度会下降，水汽会凝结成水滴，形成雨，然后落在山的迎风面。

锋面雨： 当冷气团接触到暖气团时便形成锋面雨。冷气团迫使暖气团上升，暖空气中的水汽凝结成水滴，形成降雨。

气旋多以狂风和暴雨为特征

灾害性天气

当一种叫作"积雨云"的高耸云层积聚在天空中时，一般会发生雷暴。台风是一种中心风速强烈的气旋。雷雨发生时，会伴随闪电和雷声。

其他类型的降水

雨夹雪是雨滴和雪同时降落的天气现象。冰雹通常在对流特别旺盛的积雨云中形成，与雨夹雪不同，冰雹是由空气中的水汽凝结形成的固态降水物。降雪是雪花状态的冰晶降落的过程。雨幡是在下落过程中就不断蒸发，没有落到地面的雨。

事实档案

雨滴不是泪滴状的。雨滴形成之初是球形，当它落下时，它呈现出豆粒糖的形状。

台风不能像气旋一样被提前预测

自然灾害——地震

人类所处的自然环境有时会发生对生命和财产安全构成危害的异常变化，这些异常变化被称为"自然灾害"。自然灾害的发生会在一定范围内对人类活动造成严重干扰。地震、火山喷发、滑坡、海啸和台风是最常见的自然灾害。

地震强度

并非所有的地震都是危险的，事实上，有些地震人们根本感觉不到，只能用一种叫作"地震仪"的灵敏仪器来监测。地震仪会把地震波记录成曲线图像。

里氏震级是一种用来测量和比较地震能量的科学尺度，是一个对数标度，根据地震仪记录的地震波振幅演算而得。例如，里氏3.0级地震的最大振幅是里氏2.0级地震的10倍。强震的震级为里氏6.0级或以上。迄今为止被检测到的震级最高的地震是1960年发生在智利的里氏9.5级的地震。

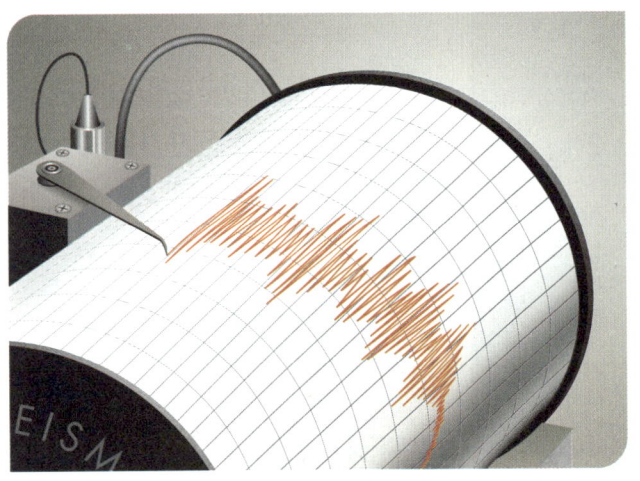

地震仪不断地把感知到的振动记录成曲线图像

地震

地震是地壳中的岩层在力的作用下快速错动或破裂，产生地震波，从而引起一定范围内地面震动的现象。研究地震的学科被称为"地震学"。科学家会在地震后确定地震的精确位置、强度、类型、成因和影响。

地震的成因

地球岩石圈主要分为六大板块，这些板块不断运动，并在它们的边界上相互作用。当板块运动中积累的力超过岩层所能承受的限度时，岩层便会突然发生断裂或错位，引发地震。地壳中的岩层突然发生破裂引起震动的地方称为"震源"。震源正上方位于地球表面的点是震中。地震波在震中处最强，其强度随着传播距离的增加而减弱。

◉ 地壳中的岩层突然发生破裂引起震动的地方叫作"震源"

土壤液化

建筑物多建造于坚固的基岩之上。如果建筑物下方是一层松散的沙土和水，那么直到地震来临，我们才会注意到它会带来的后果。当强烈的震动发生时，松散的土壤就会变成流质，这叫作"土壤液化"。

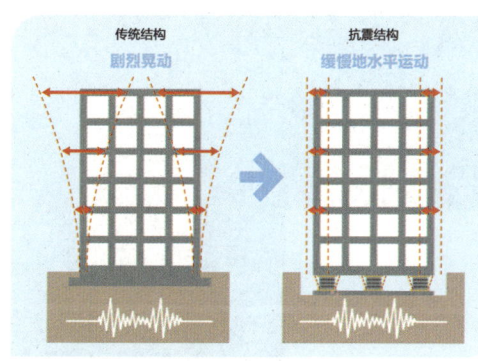

◉ 在地震多发地区，建筑物被建造得能承受一定强度的地震

事实档案

弱震经常发生，震级低于里氏3.0级，我们无法感觉到。

海啸

海啸是指一种海水的剧烈波动，它可能由水下火山喷发、滑坡、陨石撞击或地震引发。海啸发生时，大量海水冲上陆地。当海底发生里氏7.5级以上的地震时，大概率会引发海啸。

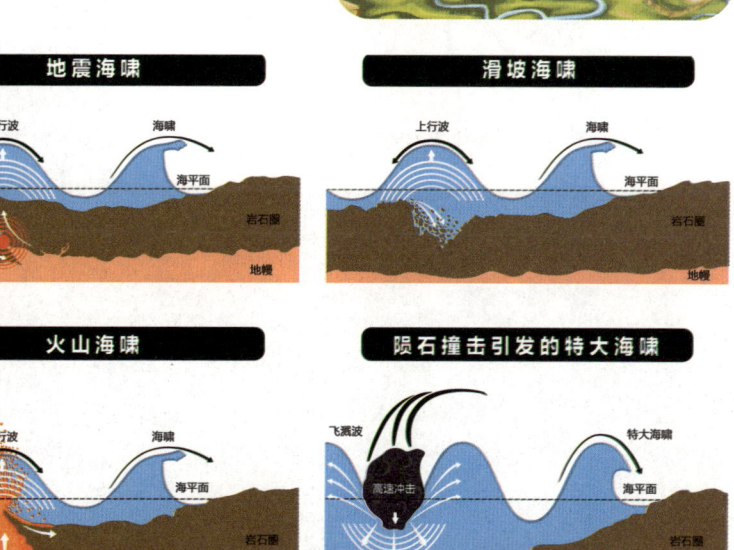

◉ 海啸可由地震、滑坡、火山喷发或陨石撞击等引发

17

自然灾害——火山喷发

火山喷发是指岩浆从地下喷涌出的过程,岩浆以熔岩和火山灰等形式从地底向地表释放。虽然火山喷发会产生破坏性影响,但从长远来看,它是有益的。火山多分布在板块边界处。

◉ 随着时间推移,熔岩凝固,经过风化等作用后变成了肥沃的土壤

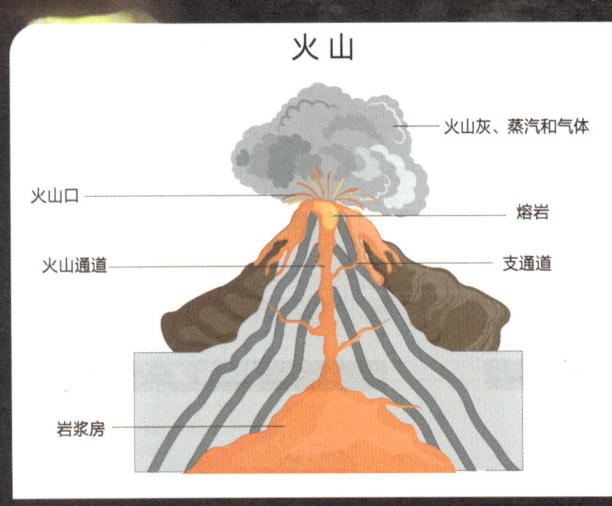

◉ 火山喷发时,岩浆从地下深处喷出

火山的构造

火山通常是圆锥状的山体,它连接地壳之下的岩浆房。到达地球表面的岩浆被称为"熔岩"。岩浆主要通过一个主通道——火山通道喷涌出,在一些情况下,也会通过几个支通道喷涌出。火山喷发时,在其顶部会形成火山口。

超级火山

超级火山是一种极其强大的火山类型,可导致大规模的火山喷发。通常,其喷出物的体积超过1 000立方千米,而一个普通火山仅能喷发大约1立方千米的熔岩和火山灰。这种喷发会形成巨型凹地,被称为"破火山口"。超级火山非常罕见。

美国的黄石火山就是超级火山。在过去的300万年里,它喷发了三次,上一次大喷发发生在64万年前。超级火山的喷发会造成全球性的灾难。

环太平洋火山、地震带

环太平洋火山、地震带由一系列火山带、板块运动和地震活动带组成。日本位于该带的西部，被认为是地球上板块运动最活跃的国家之一。

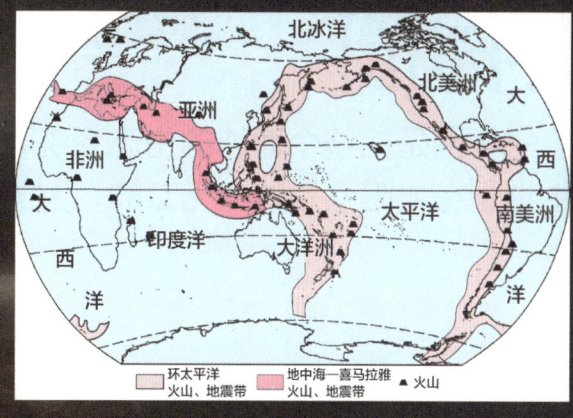

环太平洋火山、地震带是剧烈火山活动和地震的高发地区

火山的类型

根据活动状态的不同，火山通常分为活火山、休眠火山和死火山。活火山经常周期性喷发；休眠火山曾经喷发过，但很长时间都没有再喷发；死火山曾为活火山，但在可预见的将来不会有任何火山活动。

火山也可根据其物理结构分为四类。

 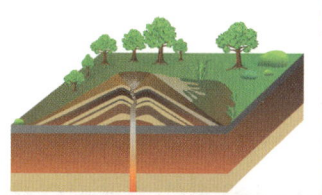

复式火山：也被称为"成层火山"。这种类型的火山呈圆锥状，侧面陡峭，是因火山熔岩的反复流动和火山灰的沉积而形成的。复式火山通常会猛烈喷发。

穹状火山：当流出的熔岩因黏性太大而无法长距离流动时，会聚集在溢出口周围，形成穹状结构。

 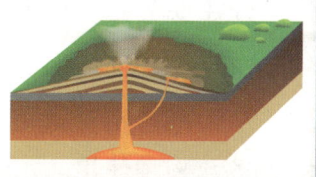

裂隙式火山：这种火山没有强烈的爆炸现象，自火山口沿裂隙向下延伸至数千米。

盾形火山：这种火山之所以被称为"盾形火山"，是因为它形状扁平，如同盾牌。盾形火山坡度平缓，它频繁但温和地喷发熔岩。

事实档案

黑曜石是一种玻璃质的黑色岩石，是熔岩迅速凝固但未结晶而形成的。

生物圈

生物圈是指整个地球的生态系统，包括生物和水、土壤、空气等非生物。地球的生物圈在太阳系是独一无二的，因为在其他地方还没有发现有生命形式存在。

◉ 生物圈的范围包括大气圈的下层、岩石圈的上层和整个水圈

生物圈的意义

科学家用不同的"圈"来定义地球。大气圈是包围着地球的气体圈层。岩石圈是由地壳和上地幔顶部组成的固体岩石层。水圈包括地球上的全部海洋和江河湖泊。生物圈与上述三个圈层相互联系、相互渗透。

据推测，生物圈已经有35亿年历史。地球上最早的生命形式在没有氧气的情况下存活下来。光合作用和大气中氧气含量的增加是影响众多物种发展的两个重要因素。由于不同物种之间不断地相互作用，生物圈得以延续。

在生物圈中，氧气、氮气和二氧化碳的比例会被调节，从而维持相对稳定，以供大多数物种使用。水循环是生物圈中的另一个循环过程。在土壤中，死去的动植物被分解者（微生物）转化为营养物质。所有这些过程的不断重复维持了生物圈的稳定性。

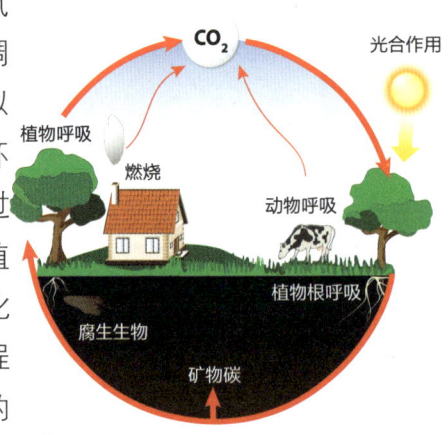

◉ 碳循环对地球生命极为重要

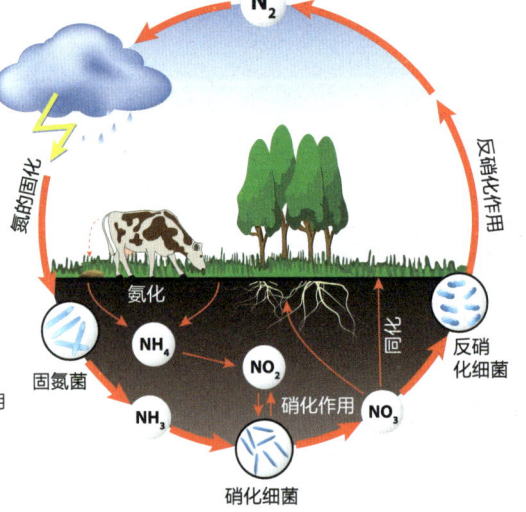

◉ 在氮循环中，以不同形式存在的氮被不断地循环利用

在生物圈中，物质和能量是不断循环的。生物圈中的所有物种都直接或间接地依赖光合作用。

生物圈面临的威胁

砍伐森林、狩猎、采矿、运输、建设聚落、建水坝和电力项目以及其他很多产生废物的活动破坏了许多物种的栖息地。

除了这些直接影响外，人类活动也加剧了污染和全球变暖。

人类活动是生物圈面临的主要威胁

保护生物圈

人类活动，特别是近百年来的，对我们的生物圈产生了巨大的影响。臭氧层的破坏，空气中、土壤中和水中各种污染物的排放，以及全球变暖，正在带来灾难性的影响。

国际社会一直在为减缓全球变暖做出努力，对废物进行安全有效的管理以及利用可再生资源等是保护我们的生物圈的几种途径。

事实档案

地球上有哺乳动物、鸟类、爬行动物、昆虫、植物和微生物等各种生物。

进行安全有效的废物管理对保护地球环境起着重要作用

生态系统

生态系统是指在自然界的一定空间内，生物群落与无机环境所形成的统一的整体。任何生态系统都是由生物因素和非生物因素共同组成的。

◉ 生态系统中的生物共享栖息地和资源

事实档案

总初级生产力（GPP）是衡量生态系统中所有植物进行光合作用的指标。

非生物因素和生物因素

水、阳光、土壤、大气、岩石等构成生态系统的非生物因素。它们影响生态系统的不同方面，即使是其中一种因素的变化也可能对整个生态系统产生巨大的影响。地震、火山喷发、山体滑坡和海啸等自然灾害也被认为是非生物因素。

某些非生物因素将动植物种群维持在一定水平，它们被称为"限制因素"。食物、水和栖息地就属于限制因素。

生物因素是指生态系统中繁衍生息的生物。其中，能够进行光合作用的绿色植物和光合细菌、蓝藻等被称为"生产者"，它们通过光合作用将无机环境中的物质和能量输入生物群落。消费者主要是依靠生产者或其他消费者生存的动物。

初级生产

将无机物转化为有机物（比如糖）的过程，称为"初级生产"。最常见的初级生产形式是光合作用，二氧化碳和水被转化成储存能量的有机物。地球上的生命因为光合作用产生的能量得以维持。

初级生产产生的物质与能量储存在生物机体中，包括死去的生物，也储存在土壤和化石燃料中。初级生产推动碳循环，进而对全球气候产生影响。

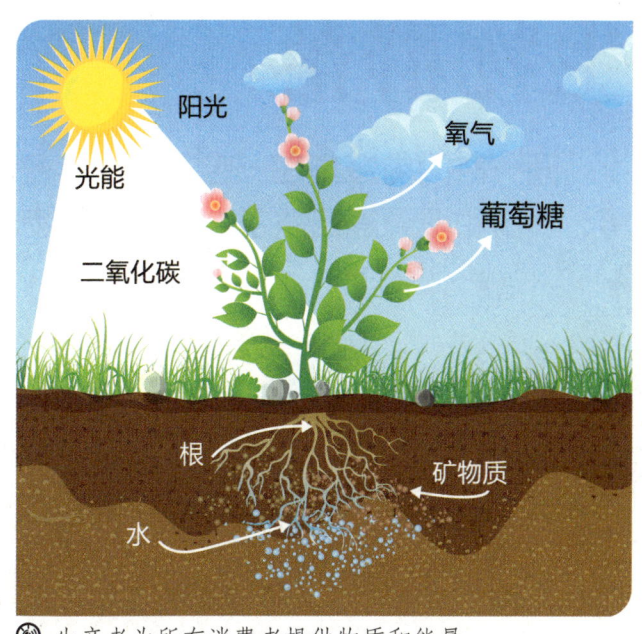

生产者为所有消费者提供物质和能量

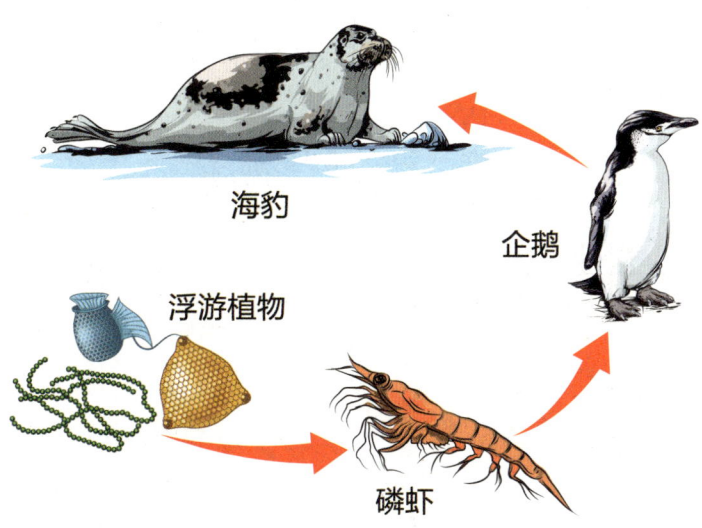

食物链很简单，而食物网较复杂

营养级和能量金字塔

营养级的概念是由生态学家雷蒙德·林德曼提出的，它指的是生物在食物链中所占据的位置。在能量金字塔中，生产者位于底部，然后是初级消费者（植食动物）和次级消费者（小型肉食动物）……能量总量在能量金字塔中由下向上逐层递减。

能量流动

太阳能通过生产者的光合作用进入生态系统，一部分在生产者的呼吸作用中以热能的形式散失，一部分被储存在植物体内的有机物中。后者一部分随着残枝败叶等被分解者分解而释放出来，另一部分被初级消费者摄入体内。初级消费者摄入的能量一部分随呼吸作用散失，一部分被以初级消费者为食的次级消费者摄入体内，另一部分随其遗体、粪便被分解者利用……生态系统中的能量就在这样的输入、传递、转化和散失的过程中流动。

在生态系统中，不同生物之间由于吃与被吃的关系而形成的链状结构，被称为"食物链"。食物链是一个简单化的表示方法。实际上，生态系统很复杂，一个生物可能有多个不同的捕食者和猎物，这种复杂的相互关系可以通过食物网来表示。

生产者占据了能量金字塔的底部，顶级捕食者占据了顶部

生物群落

同一时间内聚集在一定区域中的各种生物种群的集合被称为"生物群落"。土壤、气候和资源等自然条件决定了生物群落的性质。

生物群落的变化

地球上有不同的生物群落,它们之间没有明确的界限。过渡带是两个生物群落交叉的区域,由相邻的两个生物群落的生物种群组成。过渡带经常出现在草地生物群落和森林生物群落之间。湿地和海岸是陆地生物群落和水生生物群落之间的过渡带。

一个地区的生物群落不是一成不变的,而是会随着时间的推移而改变的。科学家推测,大约1万年前,非洲中北部是一片森林繁茂、河流密布的土地。随着时间推移,这个地区变得干旱,现在其大部分区域属于世界上最大的沙漠——撒哈拉沙漠。

生物群落的类型随海拔和纬度的变化而变化

生物群落分类

生物群落不同于生态系统。生态系统存在着生物因素和非生物因素之间的相互作用。生物群落是指生活在一定自然区域内的各种生物种群的总和。

生物群落通常分为森林、草地、沙漠、苔原、淡水和海洋等。然而，一些科学家使用更精确的分类标准对生物群落进行了分类，如不同类型的森林被归类为不同的生物群落。

基于这种分类方法，森林大致可分为以下类型：热带雨林、温带落叶林和寒温带针叶林。热带雨林位于赤道附近，全年高温，雨量充沛。温带落叶林主要由落叶树木组成，四季变化明显。寒温带针叶林靠近两极，气候寒冷，由云杉、冷杉和松树等针叶树组成。

海洋生物群落展现了物种的多样性

水生生物群落

许多动植物生活在水生生物群落中。海洋生物群落和淡水生物群落是两种主要的水生生物群落。生活在淡水中的动植物适应含盐量低的水环境，淡水生物群落包括池塘、湖泊、河流和溪流等群落。海洋生物适应含盐量高的水环境，海洋生物群落包括海洋、河口和珊瑚礁等群落。

事实档案

大部分地衣生长在岩石上并释放出地衣酸，溶解矿物质从而获取营养。

陆生生物群落

陆生生物群落包括热带雨林、温带森林、针叶林、热带草原、温带草原、荒漠和苔原等群落。如果气候和地理特征相似，地球上不同的地方可以有相似的生物群落。降雨量和平均温度决定了生物群落中物种的类型。

热带雨林等生物群落由于雨量充沛、阳光和水资源充足，初级生产力相当高，植物可以全年生长并进行光合作用。在温带森林中，树木的叶子在秋天时凋落，使得其在冬天时生产力较低。亚热带沙漠和冻土带等其他生物群落由于极端的气候条件、水或阳光的缺乏以及食物资源的匮乏，生产力非常低下。

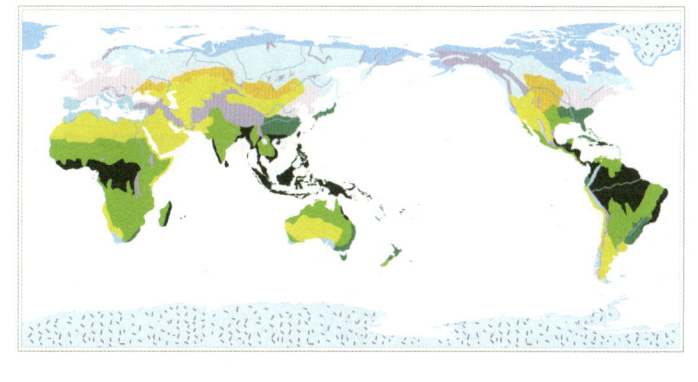

平均温度和降雨量决定生物群落的分布

全球变暖

科学家们发现,在过去的几十年里,地球已经显著变暖。当二氧化碳和甲烷这样的气体聚集在大气中时,大气会吸收大量热辐射,导致大气和地面的温度升高,就会发生全球变暖。这种现象也被称为"温室效应"。

温室气体

大气允许阳光穿过并照射在地球表面。一部分阳光被大气与地表吸收,剩余的阳光被作为长波辐射反射回去。大气中的温室气体会吸收辐射,而不是让它逸出,最终导致大气温度升高。

二氧化碳和甲烷等是最常见的温室气体。这些气体存在于大气中,有助于地表维持温度。目前,全球平均气温约为15℃,如果没有温室气体,地球的平均气温将只有−18℃左右。

但是,大气中温室气体的增加也会产生不利影响。

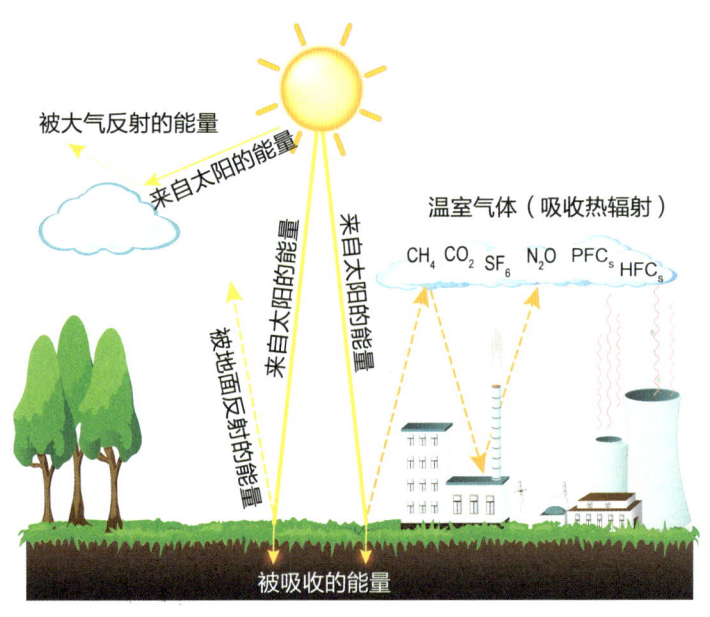

温室效应是造成全球变暖的原因

全球变暖

科学家发现,在20世纪,全球平均气温升高了0.4～0.8℃。在北半球,从1983年到2012年的30年是过去1 400年来最热的一段时期。在地质历史上,地球经历过显著的冷暖变化,但过去几十年的全球变暖主要是人为排放的温室气体的量增加导致的。

气候变化受人类活动影响。如果人为排放的温室气体的量继续增加,全球平均气温将继续上升,而北极和南极地区的升温速度可能是最快的。

全球变暖的原因

全球变暖发生的自然原因主要有以下几种。

地球轨道的变化： 地球有冰期和间冰期，这是由于黄赤交角、偏心率、岁差的变化。

火山活动： 大规模的火山喷发可以把足以产生全球性影响的二氧化碳和火山灰释放到大气中。

太阳活动： 来自太阳的辐射量是波动的。太阳耀斑和更高的太阳辐射量也会增加地球的温度。

全球变暖会因下列人类活动而加剧：
- 燃烧煤炭和石油等化石燃料
- 砍伐森林
- 农业和畜牧业的发展
- 空气污染
- 对垃圾废物的露天堆放和填埋处理

🔊 砍伐森林是一种间接导致全球变暖的人类活动

碳足迹

碳足迹是对一个国家为满足能源需求而向空气中排放的二氧化碳量的粗略估计。对煤炭、石油等化石燃料的依赖是造成大量碳排放的主要原因。

随着大气中二氧化碳含量的增加，气候变化会更显著。发达国家和人口较多的国家通常都有大量的碳足迹。

事实档案

燃煤发电是环境污染和全球变暖的主要原因之一。

气候变化

地球的气候在很长一段时间内会持续地发生变化。自20世纪50年代以来，随着工业化发展和经济增长，全球气温总体上升。全球变暖对全球气候有着巨大的影响。

全球气候

地球上的海洋、陆地、大气和生物共同组成了一个相互依赖、相互影响的系统。一个地区内的任何重大变化最终都可能产生全球效应。

全球气候会不断经历较寒冷的时期（冰期）和较温暖的时期（间冰期）。

已知的最后一个冰川作用活跃的时期始于距今约260万年，结束于距今约1.1万年，被称为"更新世"。目前我们所处的较温暖的时期被称为"全新世"。

全球变暖对物种的威胁

全球变暖会对生活在海洋、岛屿和极地地区的物种构成巨大威胁。据预测，如果全球变暖得不到遏制，到2100年，世界上约六分之一的物种将会灭绝。大洋洲和南美洲的物种灭绝风险最高。

在过去的几十年里，海岸洪灾的频率增加了

气候变化的证据

科学家们通过各种途径收集了气候变化的证据。

冰川退缩： 过去100年间人们拍摄的北极和南极地区的照片，清楚地展示了一些冰川由于海冰融化而消失。

海平面上升： 据预测，受全球变暖的直接影响，到2100年，全球平均海平面将上升几十甚至几百厘米。

冰芯样本： 科学家利用冰芯来分析气候的变化。下雪后，少量空气被困在冰雪里，采集冰芯样本可揭示其中空气的成分和当时的温度。

季节变化： 近年来，季节的变化越发明显。这也会对野生动物的迁徙和筑巢习性产生影响。

事实档案

1993年至2015年，格陵兰岛平均每年损失约2 810亿吨冰。

气候变化的影响

气候变化的影响有：
◎冰川融化和海平面上升
◎热带气旋强度增加
◎生活在极地地区的物种灭绝
◎作物产量变化和局部地区干旱加剧
◎未来可能在加拿大和格陵兰岛的冰原地区种植作物
◎能耗减少，特别是取暖需求降低
◎更长的农业温暖期

气候变化的负面影响大于正面影响。各国必须采取紧急行动，尽量减少温室气体排放，以遏制全球变暖并减轻气候变化带来的重大影响。

气候变化可能导致某些地区的干旱加剧

世界人口

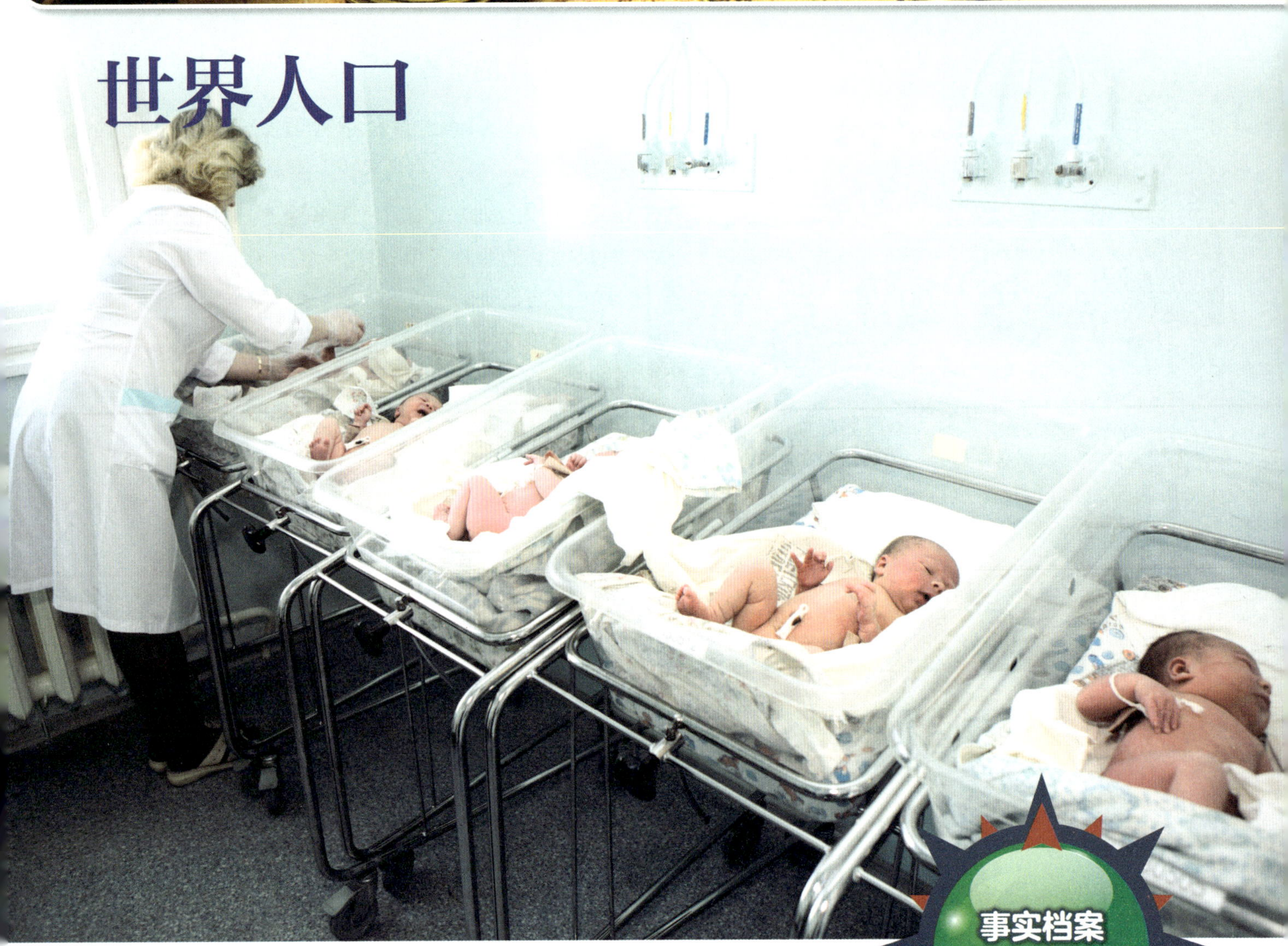

人口自然增长率取决于两个因素：人口出生率和人口死亡率。对世界人口随时间变化的测量，为研究过去、现在和未来人口的变化趋势提供了有用信息。

事实档案

因本国人口发展的情况不同，不同国家采取了不同的人口政策。

人口出生率

人口出生率指某地一定时期内（通常是1年）出生人数在总人口中所占的比率。各国的情况不尽相同。出生率不同的原因有很多。高出生率出现在有以下情况的国家：

◎ 家庭需要更多可以工作的成员以谋生
◎ 老人依赖孩子来照顾
◎ 宗教禁止使用避孕药具或对避孕缺乏认识

人口死亡率

人口死亡率指某地一定时期内（通常是1年）死亡人数与总人口数的比率。在医疗设施落后，缺乏食物、住所或低收入的国家，死亡率通常很高。疾病的流行和医疗设施的落后是导致一个地区死亡率较高的重要因素。

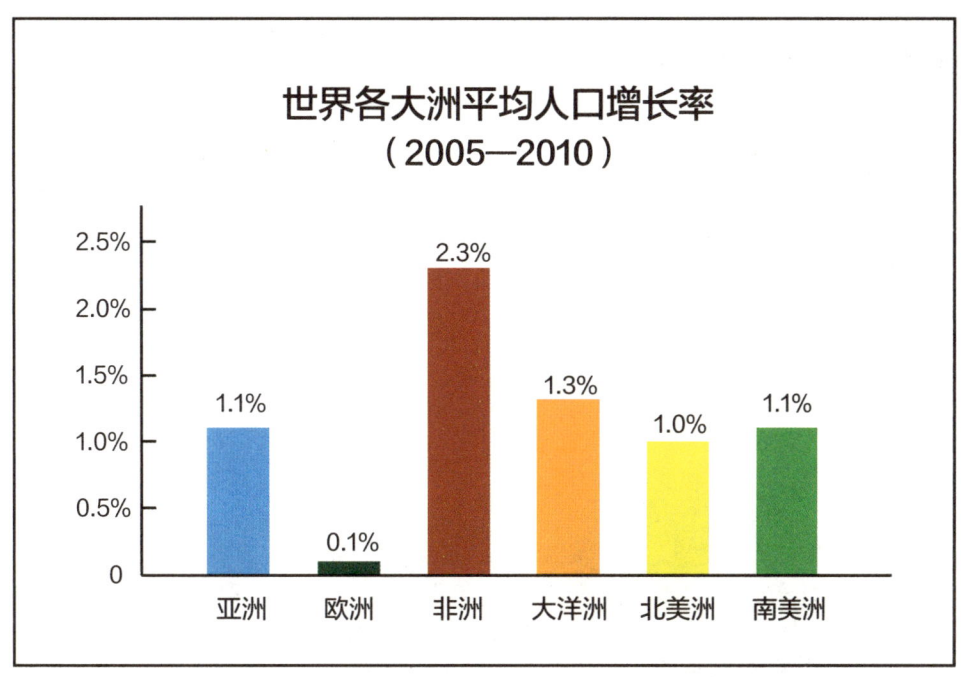

人口自然增长率

人口自然增长率与人口出生率和人口死亡率有关。

自然增长率 = 出生率 − 死亡率

如果出生率高于死亡率，人口总数将出现正增长。如果死亡率高于出生率，人口总数就会出现负增长，即减少。出生率和死亡率相等时，人口总数则不变。

人口增长模式

人口增长模式体现出一个国家出生率和死亡率之间的关系。生产力水平发展的差异，形成不同的人口增长模式。

第一种： 出生率和死亡率都较高，约为3.5%，人口增长缓慢。生活在亚马孙热带雨林的少数土著部落正处于这一模式。撒哈拉以南非洲的出生率和死亡率也都很高。

第二种： 出生率高（高于3.5%），死亡率低（2.0%）。孟加拉国和尼日利亚是目前正处于这一模式的国家。

第三种： 出生率低（2.0%），死亡率缓慢下降（1.5%）。中国和阿根廷目前被认为处于该模式。

第四种： 出生率和死亡率都很低（低于1.0%），人口自然增长率几乎为零。英国、美国、澳大利亚和日本被认为处于该模式。

另外还有第五种，是对人口增长模式的补充。像瑞典和法国等国家，它们的出生率和死亡率都保持在极低的水平，净人口在减少。

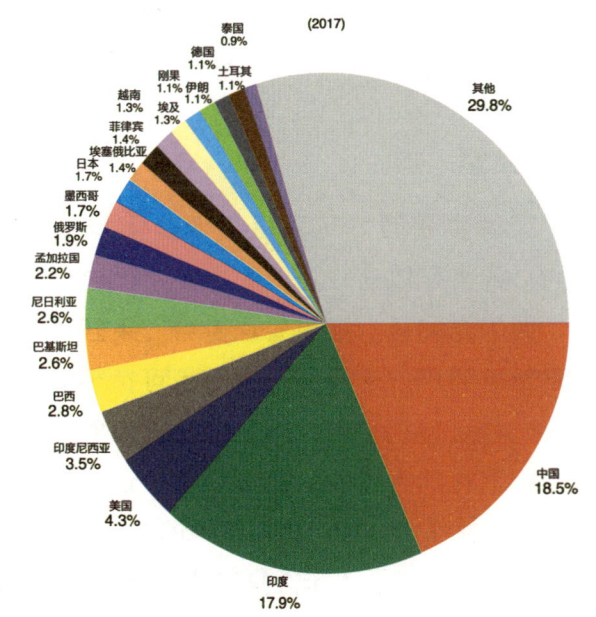

此饼状图表明中国和印度是世界人口的主要集中地

自然资源与管理

我们会把地球上的自然资源用于不同的方面，如家庭生活、农业生产、交通和工业生产等。自然资源不是无限的，很多已经变得紧缺。世界各国都在努力减少对非可再生资源的消耗，日益重视提高可再生资源的利用效率。

资源类型

可再生资源：可再生资源是可以循环利用的，或者可以在较短时间内更新、再生的资源，如阳光和风。如果管理得当，某些资源可以更新再利用，这样的资源则是可持续的。木材是一种可持续资源，不断地种植新的树木来代替所消耗的木材，这是一种通过适当的管理来保持木材作为一种可持续资源的方法。

非可再生资源：这类资源数量有限，只能供人类持续使用一段时间，如煤炭和石油。

◉ 原油及其产品在世界各地被广泛使用

我们使用的一些自然资源

能源： 煤炭、石油等。

非金属矿物： 岩石被用在建筑中，迷人的矿物宝石被用来制作珠宝，制造业需要稀土。

金属矿物： 铁、铜、金、银和镍等金属被用于不同的工业生产和科学研究。有时两种或两种以上的金属混合在一起，可以形成具有独特性能和用途的合金，如青铜、黄铜和白铜。

矿物是有多种用途的宝贵资源

树木： 树木制成木浆被用于造纸工业，木材被用于建筑业。

水： 水是我们生存所需的重要资源，被用于家庭生活、工业生产等领域。

资源消耗不平等

并非世界上所有的国家都平等地消耗资源。消耗资源的主要国家和地区有美国、欧洲各国和日本。非洲、南美洲和亚洲这三个大洲的部分国家的资源消耗较少。一个国家资源的储量与消耗并不成正比。例如，苏丹虽然资源丰富，却是世界上最不发达的国家之一，人均资源消耗量低；日本虽然资源贫乏，却是一个资源消耗大国。

木材对建筑业和造纸工业至关重要

资源管理

保护资源并合理地利用它们至关重要，特别是在21世纪。许多国家的政府正在积极鼓励人们减少使用并回收和再利用资源。

事实档案

据估计，全球最富有的20%的人口消耗了全球86%以上的可用资源。

回收是有效管理资源的关键

经济全球化

经济全球化是世界各国为发展经济而加强互动与联系的过程。一个经济全球化的世界是所有国家的经济都融入一个共同体的世界，各国在资源和服务方面相互依赖。全球化试图通过贸易、投资和通信来满足现有的需要。

为什么经济全球化是必要的？

经济全球化的产生基于各种需要。缺乏某些东西的国家可以与一个能够提供这些东西的国家合作。

自由贸易： 当自由贸易在国家之间建立之后，它会打破现有的贸易壁垒，从而使各国通过贸易获得经济的繁荣和人民生活水平的提高。世界贸易组织（WTO）旨在促进各国之间的自由贸易，以实现互惠互利。

通信发展： 在21世纪，互联网和移动通信技术使全球大部分国家和地区都能够有效地进行贸易。

便利的运输： 各国在运输方面进行合作，使货物进出口的成本降低。

劳动力成本优势： 在印度、泰国和中国等国家，劳动力成本低且技能水平相对较高。劳动密集型产业可以雇佣这些国家的劳动力来降低生产成本，劳动者也可从中受益。

在许多发展中国家，熟练工人廉价且易得

经济全球化的影响

由于经济全球化,世界各国变得关系更加紧密,也更相互依存。尽管在几百年前已经开始,经济全球化却是在过去几十年里才得到了巨大的发展。它带动了商品生产和服务交换。

经济全球化产生的影响:
◎ 国际贸易业务增加
◎ 在多个国家经营的跨国公司成立
◎ 在发展中国家创造就业机会
◎ 促进服务、货物和资本的流动
◎ 各国对全球经济的依赖性增加

国际合作

国际社会有时会为一个共同目标而合作和努力。例如:如果不加以控制,气候变化将会影响至少数百万人。许多国家签署了减少碳排放和利用可再生能源的条约,这种国际合作有利于建设更美好的未来。

物流和运输在进出口中起重要作用

跨国公司

经济全球化使大型组织能够在世界各地建立业务。一家公司在国外投资建立工厂或服务中心等部门以获得利润,这种投资称为"对外直接投资"。这些公司被称为"跨国公司"。廉价的劳动力、丰富的原材料、便利的交通和友好的政策是跨国公司成立和发展的重要因素。

一方面,跨国公司可以增加就业机会;但另一方面,它们也可能对所在国的企业产生不利影响。有效的监管可以确保其对两国都有利。

事实档案

荷兰东印度公司成立于1602年,被认为是世界上第一家跨国公司。

城镇化与挑战

城镇化是指乡村人口向城镇地区集聚和乡村地区转变为城镇地区的过程。工业化程度高的国家城镇化水平较高，就业机会更多，便利设施更好。在21世纪，许多国家城镇化的发展速度加快。

有利于城镇化的因素

目前，世界上50%以上的人口生活在城镇。特大城市一般是指人口超过100万的城市。（在中国，特大城市是指城区常住人口在500万以上、1 000万以下的城市。）世界上特大城市的数量在不断增加。

城镇人口的变化包括人口自然增减和人口迁移。一种或多种推力因素和拉力因素使人们决定离开农村、迁往城镇。

迫使人们离开农村的推力因素包括失业、收入低、生活条件差、作物歉收、医疗设施不足、受教育条件差和自然灾害多等。吸引人们来到城镇的拉力因素有更好的工作、更高的收入、更好的生活条件、良好的教育条件与医疗设施，以及更好的自然灾害应对措施等。

事实档案

2018年，东京是世界上人口最多的城市，人口约3 800万。

城镇化的问题

随着越来越多的人口迁移到城镇，城镇空间变得拥挤。高人口密度还带来了其他问题，如交通拥堵、住房紧张、环境破坏、犯罪率上升、居民生活压力增大、与污染有关的疾病（如哮喘）和疏离感增加。

人们有时会从城镇迁往农村，这就是所谓的逆城镇化。解决城镇化问题的最好办法是实施有效的规划，使城镇更具可持续性。

ⓘ 污染是城镇和工业化地区的普遍问题

城镇化管理

世界各国都提出了规划方案，来解决城镇空间过度拥挤的问题，以及由此给居民带来的不便。

分区： 城镇有不同用途的分区。例如，为了减少污染，伦敦设立了低排放区。步行区为行人提供了自由和安全的步行区域。

控制污染： 许多城镇，特别是那些污染严重的城镇，政府制定政策鼓励人们拼车或使用公共交通工具。

ⓘ 拥挤的公共空间在大城市中很常见

交通静化： 在繁忙的道路上修建减速带以减缓车流速度；采取限行政策，以限制较大的车辆进入城镇的某些拥堵区域。

未来趋势

联合国报告指出，到2050年，世界上将有68%的人口居住在城镇地区。

随着城镇人口的不断增长，环境方面的挑战变得越来越大。解决城镇化问题的有效方法之一是允许发展多个规模较小、易于管理的卫星城。

ⓘ 许多城镇为行人和骑自行车的人修建了单独的道路

旅游

旅游业是为旅游者提供所需商品和服务的综合性产业。它是一个快速增长的产业，甚至是某些国家的主要收入来源。旅游业可以在全球范围内产生巨大的经济和文化影响。

影响旅游业的因素

影响旅游业的因素有两类。

积极因素：廉价航空、诱人的旅游套餐、友好的氛围、不同寻常的目的地、了解和体验其他文化的机会等。

消极因素：恶劣的天气、不安全的地区局势等。

在这个科技时代，制订旅行计划更加容易

旅游的发展

旅游发展的背后有许多推动因素。这里列出其中一些重要因素。

居民生活水平提高：20世纪50年代以来，居民的收入和生活水平有所提高。可支配收入的增加和带薪休假政策的实施，都促进了旅游的发展。

兴趣提高：互联网的发展使人们对不同的旅游地点有了更多兴趣。

更多选择：现在，世界各地都在发展旅游业。人们可以根据预算、距离远近和兴趣爱好选择目的地。许多旅游公司也在提供有吸引力的旅游套餐。

旅行的便利：办理护照、签证和购买机票变得越来越便利，沟通交流也变得越来越简单。大多数国家的旅游景点都安排了多种语言的导游或设备来服务游客。

技术的发展：如今，人们在短短几分钟内就可以在互联网上查找到需要的信息。订票以及获取折扣信息十分容易，到另一个国家旅游也因此变得简单和普遍。

旅游业发展

旅游业已经成为世界重要的产业之一，并且一直在稳步发展。许多受益于旅游业的国家都积极建设基础设施并改善目的地环境，以吸引更多的游客。旅游业创造了更多的就业机会，这反过来又促进了区域经济的发展。

生态旅游

当数以百万计的游客参观一个旅游景点时，这个景点难免会遭受较严重的环境破坏。生态旅游是现在提倡的一种旅游方式，能减少垃圾、污染和破坏等负面影响因素。它通过监测和控制游客数量，以及减少使用会造成污染的车辆等，来降低游客对环境造成的破坏。

生态旅游鼓励人们保护旅游资源和旅游环境，如使用可再生能源（如太阳能）为汽车提供动力。当地人可以通过为游客提供向导服务来赚钱。

> **事实档案**
>
> 在肯尼亚，政府已经安排当地的马赛人陪同游客去野生动物园。

◉ 生态旅游有助于保护原始状态下的栖息地

医疗旅游

进行医疗旅游的游客到其他地方获得在本地区可能无法获得的或价格昂贵的医疗服务，并待在目的地直到完成治疗。以色列、加拿大和泰国是比较受欢迎的医疗旅游目的地。

野外考察

野外考察是指地理学家工作中的实践部分。它包括在研究区域内调查和收集数据,并利用收集到的信息进行分析。

调查

调查是指提出具体的问题后,对其进行证明或推翻。它是实地考察和研究的基础。两种常见的调查类型是自然调查和人文调查。自然调查涉及与自然景观(如河流或森林)相关的问题。人文调查可能会调查城市或旅游胜地等人为创造的环境。

统计调查是从人们那里收集信息的一种方法

数据收集

无论是哪种类型的野外考察,数据收集都是它的一个重要步骤。目标区域的数据即使是一个小的"样本",也可以在一定程度上反映整体的情况。

数据主要有以下几种类型。

事实档案

野外考察有助于发现濒临灭绝的物种。

一手数据:收集的第一手资料,包括照片、测量结果、统计结果、调查记录等。

二手数据:通过阅读研究论文或在互联网搜索,从现有资料中提取的信息。

人文数据:在居民所处的聚落,如村庄、乡镇或城市中收集的有关人及其活动的信息。

物理数据:收集的关于自然存在的景观,如山脉、河流和森林等的数据。

野外素描

野外素描曾经是一种有用的定性数据形式，有助于人们将参观的地方形象化。拥有良好的绘画技巧对地理学家而言是一个明显的优势，但它不是一个必备的条件。野外素描是一个相对直接的呈现。数据采集者识别景观，绘制粗略的草图，给草图起标题，并绘制轮廓来区别山脊、山谷、道路或建筑物。只有那些对调查很重要的特征才会被记录下来，而无关紧要的细节则可以忽略。照片与草图互为有效补充。

野外素描曾经是十分有用的，尤其是作为对照片的补充

数据处理

对收集到的数据进行处理有助于分析和推断。常用的处理数据的方法有以下几种。

比率： 它有助于建立两组数据之间的关系，当以图示形式表示时更容易理解。例如，每百人拥有的医生人数可以表示为12∶100。

比例： 类似于比率，比例也有助于进行分析。人群中某种疾病的患病率就可以用一个比例来表示。

平均值： 衡量一个集中趋势的标准是平均值。降雨量可以根据一年内收集的数据计算出平均值。例如，某地的年平均降雨量为610毫米。

百分比： 用于显示比率或随时间发生的变化。一个地区一年内迁往城镇的人口数量可以用百分比来表示。例如，每年每1 000人中有7%的人从农村迁往城镇。

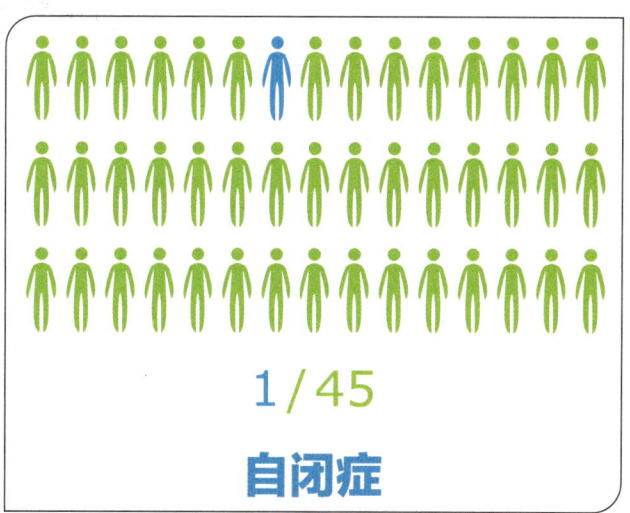

比例在数据分析和展示中十分有用

趣味测试题

知识点：地球内部圈层

地球内部大致分为三个圈层，它们有的又可以分为几部分。下面是一幅地球内部圈层示意图，请标出地球各圈层的名称，并给它们涂上颜色。

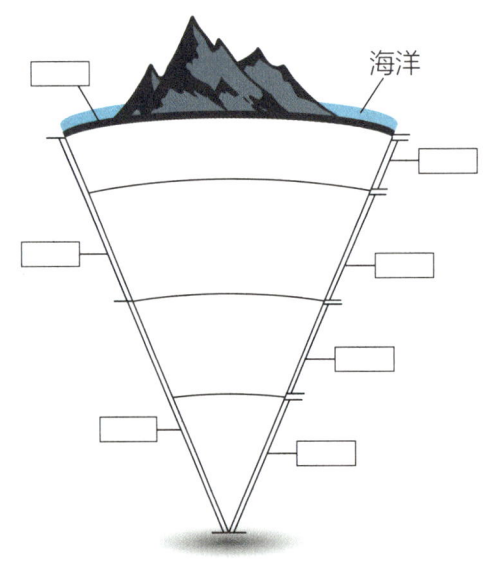

知识点：板块构造

1. 全球的主要板块有六个，下列五个主要板块中，哪个和印度洋板块不相邻？请在它前面的框内打"√"。

□太平洋板块 □亚欧板块 □美洲板块 □南极洲板块 □非洲板块

2. 请将板块边界的类型与其对应的示意图连在一起，并在示意图上标出板块运动的方向。

离散型

汇聚型

转换型

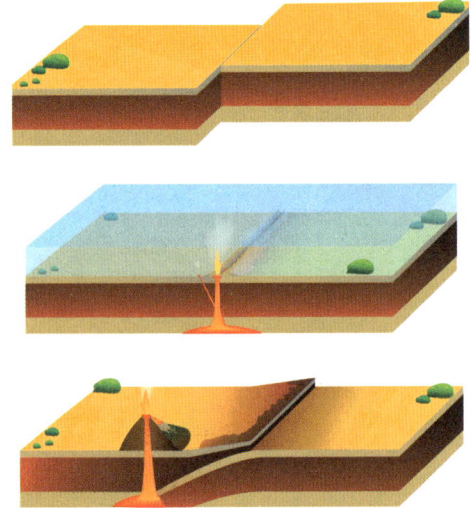

知识点：水循环的过程

请将水循环的主要过程填在下图中对应的框内。

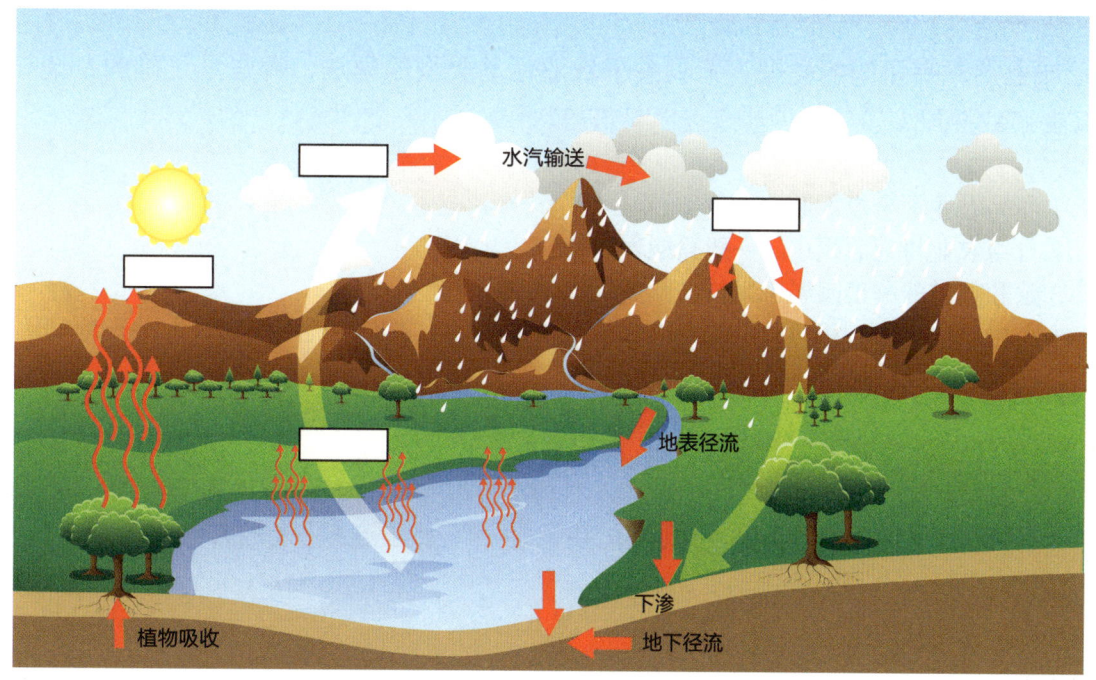

知识点：景观的类型

请帮迷路的景观找到自己的家。

知识点：农业活动的类型

农业活动有不同的类型。下列关于农业活动类型的说法，哪些是正确的？请在括号里打上"√"吧！

1. 商品农业资金投入低。（ ）
2. 自给农业耕地面积小，一般只能养家糊口。（ ）
3. 茶和咖啡的种植园属于集约农业。（ ）
4. 在粗放农业中，相对较少的资本和较廉价的劳动力被用于面积相对较大的土地。（ ）

知识点：天气和气候

请你填一填你家所在地区的概况，并记录一下那里连续7天的天气状况。

你家所在地区的概况

经纬度：＿＿＿＿＿＿＿＿＿＿

海拔：＿＿＿＿＿＿＿＿＿＿

海陆位置：＿＿＿＿＿＿＿＿＿＿

你家所在地区连续7天的天气状况

日期								
天气状况	天气符号							
	气温							
	风向及风力							
	空气质量							

知识点：降雨的类型

下面几位小朋友描述的分别是哪种类型的降雨？请你连一连吧。

暑假的时候我和爸爸妈妈去了新加坡，那里会突然下起暴雨。
—— 莉莎

我和同学们去位于海边的一座山上进行拓展时发现，山面向海的一面下着雨的时候，背向海的一面却是晴天。
—— 安东

中国有句诗"清明时节雨纷纷"，说的就是这种雨。
—— 兰兰

知识点：人口自然增长率

请调查一下我国2014—2019年各年份的人口自然增长率，并绘制一个柱状图。

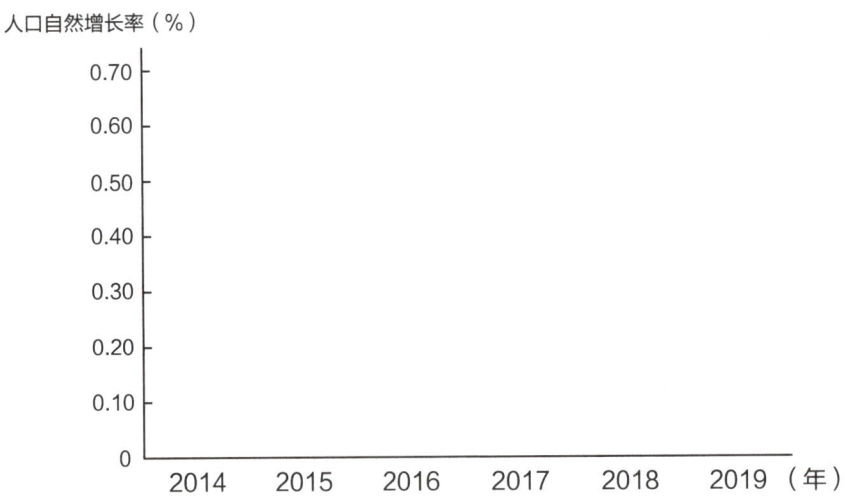

单词连连看

我们在下方列出了一些自然灾害、资源类型、影响气候的原因、全球变暖的原因的名称和它们对应的英文，请你读一读，记一记。然后，请你在表格中找出其中的部分单词，用色笔标出来。

地震 earthquake
火山喷发 volcano eruption
海拔 altitude
纬度 latitude
可再生资源 renewable resources

非可再生资源 non-renewable resources
地球轨道的变化 change in earth's orbit
火山活动 volcanic activity
太阳耀斑 solar flares

A	C	T	I	V	I	T	Y	G	Z	P	N	N	S	E
C	R	H	A	U	F	A	K	E	H	D	I	O	M	A
G	A	T	Y	S	U	F	U	O	P	H	J	N	C	R
L	A	T	I	T	U	D	E	X	Z	M	A	R	N	T
V	G	C	D	A	A	R	L	D	A	T	U	E	X	H
K	C	L	D	I	K	D	G	H	B	P	C	N	Z	Q
D	M	J	I	N	V	O	L	C	A	N	O	E	R	U
X	Z	A	M	A	Y	C	J	K	L	F	R	W	U	A
K	B	D	K	B	S	H	I	I	T	Q	B	A	A	K
R	E	S	O	U	R	C	E	S	I	A	I	B	F	E
O	A	F	Z	E	C	X	K	J	T	T	T	L	C	C
B	Q	W	H	C	H	G	M	C	U	C	Y	E	F	Z
C	L	K	D	E	F	K	W	X	D	Z	G	L	G	I
S	O	L	A	R	F	L	A	R	E	S	S	S	J	C	R
D	C	A	K	P	K	L	O	O	K	L	U	I	M	F

探索地质

DISCOVER GEOLOGY

你好，科学！
DISCOVER SCIENCE

[英]North Parade Publishing
（北方旅行出版公司） 编

杨惠萍 译

青岛出版集团 | 青岛出版社

Copyright © 2020 North Parade Publishing Ltd, Bath, UK
山东省版权局著作权登记号 图字：15-2020-36

图书在版编目（CIP）数据

你好，科学！.6，探索地质 / 英国北方旅行出版公司编；杨惠萍译. — 青岛：青岛出版社，2020.6
ISBN 978-7-5552-9009-4

Ⅰ.①你… Ⅱ.①英…②杨… Ⅲ.①科学知识–青少年读物②地质学–青少年读物 Ⅳ.①Z228.2②P5-49

中国版本图书馆CIP数据核字(2020)第051547号

本册审定专家

张尉　地质学博士，科技管理人员

审定名师

王善刚　北京师范大学青岛城阳附属学校
尚现达　北京师范大学青岛附属学校
黄文丽　北京师范大学大亚湾实验学校
徐兴鹏　北京师范大学亚太实验学校

书　　名	你好，科学！
分 册 名	探索地质
编　　者	［英］North Parade Publishing（北方旅行出版公司）
翻　　译	杨惠萍
出版发行	青岛出版社
社　　址	青岛市崂山区海尔路182号（266061）
本社网址	http://www.qdpub.com
邮购电话	0532-68068091
责任编辑	刘　茜　贾华杰
装帧设计	1204设计工作室（北京）文俊
封面插画	1204设计工作室（北京）文俊
照　　排	青岛千叶枫创意设计有限公司
印　　刷	青岛嘉宝印刷包装有限公司
出版日期	2025年3月第2版　2025年3月第6次印刷
开　　本	16开（787mm×1092mm）
印　　张	18
字　　数	440千
审 图 号	GS（2020）1934号
书　　号	ISBN 978-7-5552-9009-4
定　　价	178.00元（全6册）

编校印装质量、盗版监督服务电话　4006532017　0532-68068050
建议陈列类别：少儿·科普

目录

矿物和岩石 2

宝石 4

岩浆岩 6

沉积岩 8

变质岩 10

岩石循环 12

岩石记录 14

化石 16

地球地质历史 18

生命的起源 20

地貌 22

改变地貌的自然过程 24

地貌与人类活动 26

板块构造 28

地质灾害 30

地震 32

火山 34

全球变暖 36

自然资源 38

地质技术 40

趣味测试题 42

矿物和岩石

地质学是研究地球及其演化的一门自然科学。地质学家通过研究地球的组成成分、结构构造等，探索地球的起源和演化，并寻找有用的自然资源。

岩石圈

地球内部被划分为地壳、地幔和地核三大圈层。地壳与地幔顶部都由坚硬的岩石组成，合称岩石圈。组成岩石圈的化学元素有100多种。

由地质作用形成的，呈结晶质的元素或无机化合物，称为矿物。矿物是天然存在的物质，如自然元素矿物、硫化物矿物、卤化物矿物、含氧盐矿物、氧化物矿物和氢氧化物矿物等。当矿物聚集在一起时，它们就形成了岩石。土壤由矿物颗粒、有机质、水分和空气等组成。

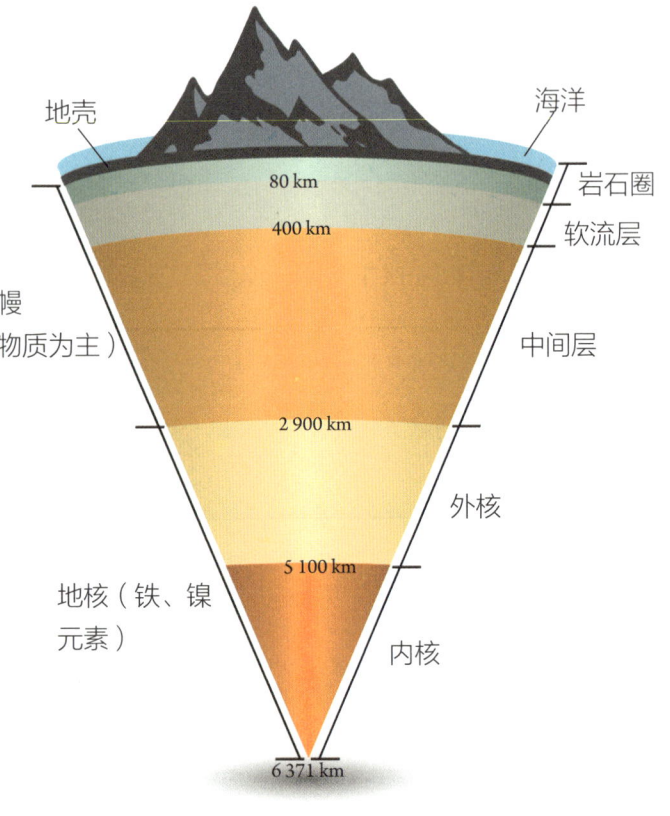

◉ 地球的内部圈层结构

◉ 土壤由矿物颗粒、有机质、水分和空气等组成

岩石、矿物和土壤是构成岩石圈的主要成分。此外，岩石圈中还有被掩埋的动植物遗体，以及生活在数百万年之前的动物的骨骼化石等。

矿物的形成

矿物有多种形成方式，其中以结晶作用为主。结晶作用以不同的方式发生。当物质由熔融状态冷却时，就会发生结晶，如石英、云母和长石。方铅矿和赤铁矿等矿物是热液喷口中的流体结晶形成的。石榴石主要通过在高温、高压的条件下的变质结晶作用形成。

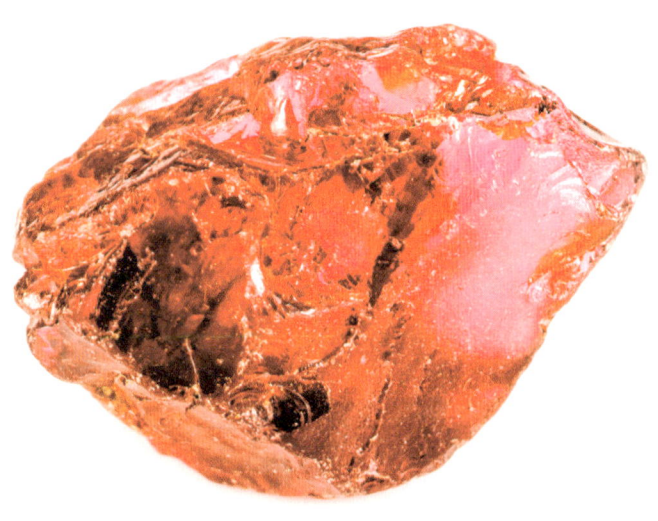

◉ 石榴石主要是通过变质结晶作用形成的

矿物的特性

地质学家使用不同的方法来识别和鉴定矿物的特征及其来源。例如：矿物的形态、硬度、颜色、光泽和透明度。某些含有铁、金等金属元素的矿物被认为是有价值的。我们一般把质地坚硬、色泽美丽且有一定价值的矿物称为宝石。

某些矿物经过加工被制成受人喜爱的宝石

岩石形成

岩石在岩石圈中不断地形成和变化。不同类型的岩石的形成方式不同。岩石主要有岩浆岩、沉积岩和变质岩三种类型。岩浆岩是由高温熔融的物质冷却凝固形成的。沉积岩是由各类岩石在大气、水、生物等因素的作用下，经剥蚀、搬运，而后沉积形成的。变质岩是由已经生成的岩石在一定的压力和温度下发生变化而形成的。

熔岩在岩浆岩的形成中起关键作用

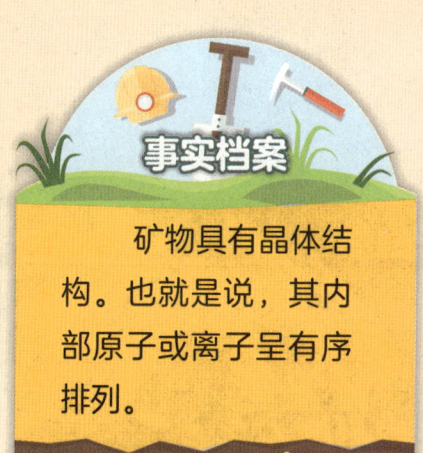

事实档案

矿物具有晶体结构。也就是说，其内部原子或离子呈有序排列。

宝石

大部分宝石是矿物，其晶体结构中原子以独特的方式排列。它们的价值极高，尤其是经过切割、抛光或雕刻之后，这些矿物晶体更是呈现出不同的颜色和特定的物理、化学性质。

贵重宝石和半宝石

少数宝石由于其呈现出的非凡品质和稀有性而被归类为贵重宝石，如钻石、红宝石和蓝宝石等。已发现储量丰富的宝石被视为半宝石。紫水晶就是一种半宝石，在世界各地都有开采。

宝石的特性取决于以下因素：
1. 晶体结构（和独特的原子排列）
2. 晶体中的原子的结合方式
3. 沿解理面分裂的能力

尽管石墨和金刚石（即钻石的原石）都是由碳原子构成的，但它们的晶体结构和原子结合的方式却不相同。碳原子牢固的结合方式和原子排列赋予钻石卓越的光泽和硬度。分裂特性决定了宝石可以被切割成多少个刻面。

宝石展现出独特的晶体结构，并可以用不同的方式处理

钻石是世界上最受欢迎的宝石之一

莫氏硬度

莫氏硬度是以德国矿物学家弗里德里希·莫斯（Friedrich Mohs）的名字命名的，是根据一种矿物划伤另一种矿物的能力而制定的硬度测量标准。莫氏硬度由10种硬度不同的矿物组成，其中滑石硬度最低，为1；金刚石硬度最高，为10。按照从低到高的硬度等级排列，依次是滑石、石膏、方解石、萤石、磷灰石、长石、石英、黄玉、刚玉和金刚石。莫氏硬度常用于测量天然矿物的相对硬度。任何矿物的硬度都取决于它的原子的结合方式和原子类型。

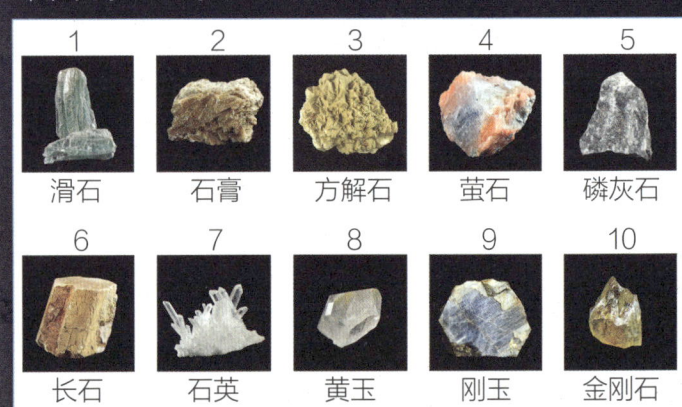

宝石加工

宝石被切割、抛光和雕刻的过程称为宝石加工。未经过加工的宝石被称为原石。钻石是我们已知的最坚硬的宝石，可用于切割其他宝石。

将宝石加工成所需形状有研磨和滚磨两种技术。滚磨是在含有磨料和水的特殊旋转桶中进行的，有时需要经过许多天的滚磨才能获得形状完整、表面光滑的宝石。

经过抛光的宝石会呈现出犹如玻璃一般的外观。

宝石琢磨工是能够熟练地切割、抛光和雕刻贵重宝石和半宝石的技术人员，他们将原石加工成切面光滑的宝石。

精心加工宝石以达到最终状态

以特殊的方式切割钻石以彰显其绚丽

生辰石

生辰石是与一年中某个月份相关的宝石，共有十二种。根据西方传说，每种生辰石对于在对应月份出生的人来说都是幸运的象征，有着特殊的意义。

一月 石榴石
二月 紫水晶
三月 海蓝宝石
四月 钻石
五月 祖母绿
六月 珍珠
七月 红宝石
八月 橄榄石
九月 蓝宝石
十月 蛋白石
十一月 黄玉
十二月 绿松石

有机宝石

大部分宝石是矿物。但是，有一小部分宝石主要是由来自生物体的物质构成的，如珍珠、琥珀、象牙和珊瑚。像其他宝石一样，它们也要经过打磨和切割，以最大限度地提高其价值和吸引力。

珍珠是在贝类壳内产生的

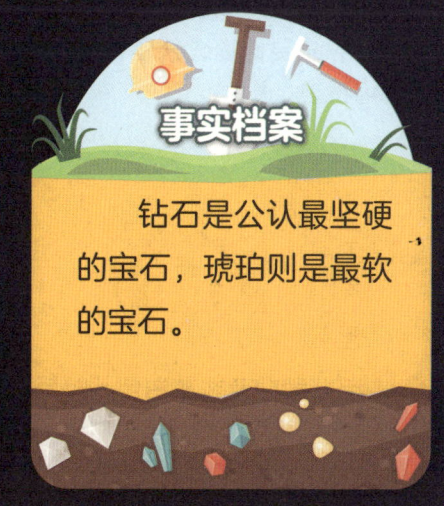

事实档案

钻石是公认最坚硬的宝石，琥珀则是最软的宝石。

岩浆岩

当地下高温熔融的物质（即岩浆）冷却并凝固时，就会形成岩浆岩。岩浆岩根据岩浆冷凝的方式不同，可以分成两类。

岩浆岩是如何形成的？

岩浆岩既可在地壳深处形成，又可在地表形成。在地表形成的岩浆岩是由岩浆迅速冷凝形成的，而在温度很高的地壳深处形成的岩浆岩则可能是岩浆经过了较长时间才冷凝形成的。因此，我们将岩浆岩分为以下两类：在地下形成的侵入岩和在地表形成的喷出岩。因岩浆快速冷凝，所以喷出岩矿物晶粒细小；侵入岩的矿物晶粒则粗大些。

 喷出岩和侵入岩的形成机制不同

侵入岩

侵入岩是岩浆被困在地下冷凝形成的。这些岩浆可能经过数千年甚至数百万年的时间慢慢冷却并凝固。由于冷却缓慢，这些岩石中的矿物晶粒有机会长大。多数侵入岩的矿物晶粒粗大，通过肉眼即可分辨。按照矿物晶粒的大小，可主要将岩浆岩的结构分为粗粒结构（粒径>5mm）、中粒结构（粒径2～5mm）、细粒结构（粒径0.2～2mm）。

闪长岩：灰色或灰白色，中粗粒结构，主要矿物成分是长石和角闪石。

橄榄岩：暗绿色，粗粒结构，主要矿物成分是橄榄石和辉石。

辉长岩：灰黑色，中粗粒结构，辉长结构，主要矿物成分是长石和辉石。

伟晶岩：黄白色或灰白色，粗粒结构，主要矿物成分是长石和石英。

花岗岩：灰白色或肉红色，中粗粒结构，主要矿物成分是石英和长石，是最常见的岩石类型之一。

纯橄榄岩：绿色，中粗粒结构，橄榄石含量在90%以上。

喷出岩

喷出岩是岩浆喷出地表后冷凝形成的岩石，也叫火山岩。岩浆通过火山喷发或地壳裂缝渗出到达地表。喷出地表的岩浆叫作熔岩。暴露于地表的熔岩由于周围温度骤然降低而快速冷凝，导致矿物晶粒没有时间生长，因此形成的喷出岩矿物晶粒细小，并且可能具有玻璃质结构。有些喷出岩在形成过程中，因熔岩包裹气体而产生空洞，从而形成气孔构造。

美国夏威夷火山国家公园的熔岩流近景

玄武岩：深灰色，多为隐晶质结构或细粒结构，有气孔构造，是最常见的一种喷出岩。

黑曜岩：黑色，玻璃质结构，由未结晶的熔岩快速冷凝而成。

浮岩：它的最大特征是具有大量的气孔，属于玄武岩的一种。

流纹岩：粉红色、灰色或紫色，多为隐晶质结构或玻璃质结构，是一种硅含量高的火山岩。

火山渣：外形不规则，多孔洞，似炉渣。

凝灰岩：主要由火山灰堆积形成，轻质多孔，是一种火山碎屑岩。

巨人堤是由火山喷发形成的玄武岩石柱相互联结而成的

事实档案

地壳的近95%是由岩浆岩组成的。

沉积岩

沉积岩是由沉积物堆积，经固结成岩作用形成的。它是由已经生成的岩石形成的，也可能包含动物的骨骼和植物的碎片等。根据沉积岩的组成和形成方式，可以将其分为三大类。

碎屑沉积岩

这种沉积岩是由在物理风化和侵蚀作用下产生的砾石、沙子和泥土堆积固结而成的。碎屑沉积岩又可按其结构、碎屑粒径大小和组成进行分类。形成碎屑沉积岩的理想环境是河床，这里有流水搬运来的砾石与泥沙等。这些松散的沉积物最终固结成坚硬的岩石。

❀ 沉积岩更耐风化，会形成巨大的岩壁

燧石岩：灰黑色，化学成分主要为二氧化硅，组成矿物主要为石英、玉髓和蛋白石。岩石致密、坚硬。

角砾岩：角砾状结构，由棱角形或半棱角形的碎屑，以及基质、胶结物组成。

页岩：有明显的层理结构，主要由黏土矿物组成，含有少量的石英、长石、云母等。

❀ 美国亚利桑那州的波浪谷是沉积岩奇观

🔊 克罗地亚的石灰岩溶洞

生物沉积岩

这类岩石是由不同类型的有机体的残骸（如海洋动物的介壳、动物骨骼或植物碎片）堆积形成的。湿地中的沉积物堆积了数千年，形成了黑色、硬度低且含化石的生物沉积岩。

煤：一种由植物碎片等堆积形成的黑色、富含碳的生物沉积岩，可用作燃料。

贝壳灰岩：由软体动物、三叶虫和腕足类动物等无脊椎动物的介壳碎片胶结在一起形成的。

化学沉积岩

化学沉积岩是矿物成分溶于水后沉淀、固结形成的。这一过程可能发生在气候炎热、干旱、海水盐度高的地区。

由于形成方式是化学沉淀，化学沉积岩本质上是矿物晶体。

石膏：存在于由海底沉积物形成的地层中，被广泛开采利用。

岩盐：又称石盐，通常为白色，但因含有各类杂质，也有其他颜色。

事实档案

沉积岩的一个显著特征是有成层性。

变质岩

变质岩是由先前形成的沉积岩或岩浆岩经变质作用形成的。导致岩石发生变质的因素包括温度、压力和化学活动性流体等。

变质岩的形成

形成变质岩所需的条件是岩石存在于地表以下一定深度，变质岩通常容易形成于板块交界处。极高的温度和压力没有使岩石发生明显的熔融，而是使现有岩石的密度变得更大，更加致密。位于地球深处的变质岩会被挤压、变形和褶皱。

🔊 智利卡雷拉湖的大理岩溶洞是大理岩经自然侵蚀形成的

事实档案

你知道吗？大理岩多数是由石灰岩变质形成的。

变质岩的类型

叶片状变质岩： 这类变质岩呈现板状、片状或片麻状的构造，这是由于矿物颗粒平行排列。

这类岩石的形成通常与定向压力的作用有关。矿物颗粒在定向压力作用下被压扁或拉长，从而定向排列。

片岩： 片状构造，主要矿物成分是云母、绿泥石、石英等。

板岩： 灰黑色，板状构造，主要由硅质和黏土矿物组成。它可以轻易地分裂成薄板。

片麻岩： 片麻状构造，中粗粒粒状变晶结构，由云母、石英和长石形成层次分明、明暗相间的条带。

非叶片状变质岩： 它们不具有叶片状变质岩的明显板状或片状构造特征。这类岩石是先前形成的岩石在地表下被高温岩浆侵入而变质形成的。它们的形成环境温度较高，但是压力较低且相当均匀。这种环境下形成的岩石的密度都较大。

石英岩： 块状构造，粒状变晶结构，主要由石英组成，极为坚硬。原岩为石英砂岩或硅质岩。

大理岩： 块状构造，粒状变晶结构，主要由方解石组成。原岩为石灰岩、白云岩。

角岩： 块状构造，显微粒状变晶结构，没有典型矿物成分，致密、坚硬。原岩可能为泥质岩或喷出岩。

雅典卫城的帕特农神庙

希腊雅典卫城的帕特农神庙是世界上最著名的旅游景点之一，具有极高的辨识度。神庙的地基由石灰岩建造，巨型圆柱由大理岩制成。大理岩的纹理细密，颜色为白色，且带有一种金色的光泽。

◉ 帕特农神庙被认为是希腊的永恒象征，其圆柱用大理岩建造而成

岩石循环

岩石循环涉及一系列连续发生的变化。岩浆岩转化成沉积岩，沉积岩转化成变质岩。反过来，变质岩又可以转化成沉积岩或岩浆岩。这是一个历经数百万年的漫长的过程。

岩石改造

岩浆岩是由岩浆冷却凝固形成的。岩浆是多种高温熔融物质的混合物，在地下缓慢冷凝或在地表快速冷凝后，就形成了岩石。

裸露于地表的岩石，在风吹、雨打、日晒以及生物作用下逐渐成为砾石、沙子和泥土。这些碎屑物质被风、流水等搬运后沉积下来，经过固结成岩作用，形成沉积岩。

岩石也容易受热。改造岩石所需的热量来自地球深处。在一定的温度和压力下，岩石经受漫长的"烘烤"，缓慢地发生变化。300~650℃的温度足以使岩石变形，但不会使其熔融成流体。岩浆岩和沉积岩在一定的温度和压力下转变为变质岩。

事实档案

陨石是从太空来到地球的岩石。它常富含铁元素。

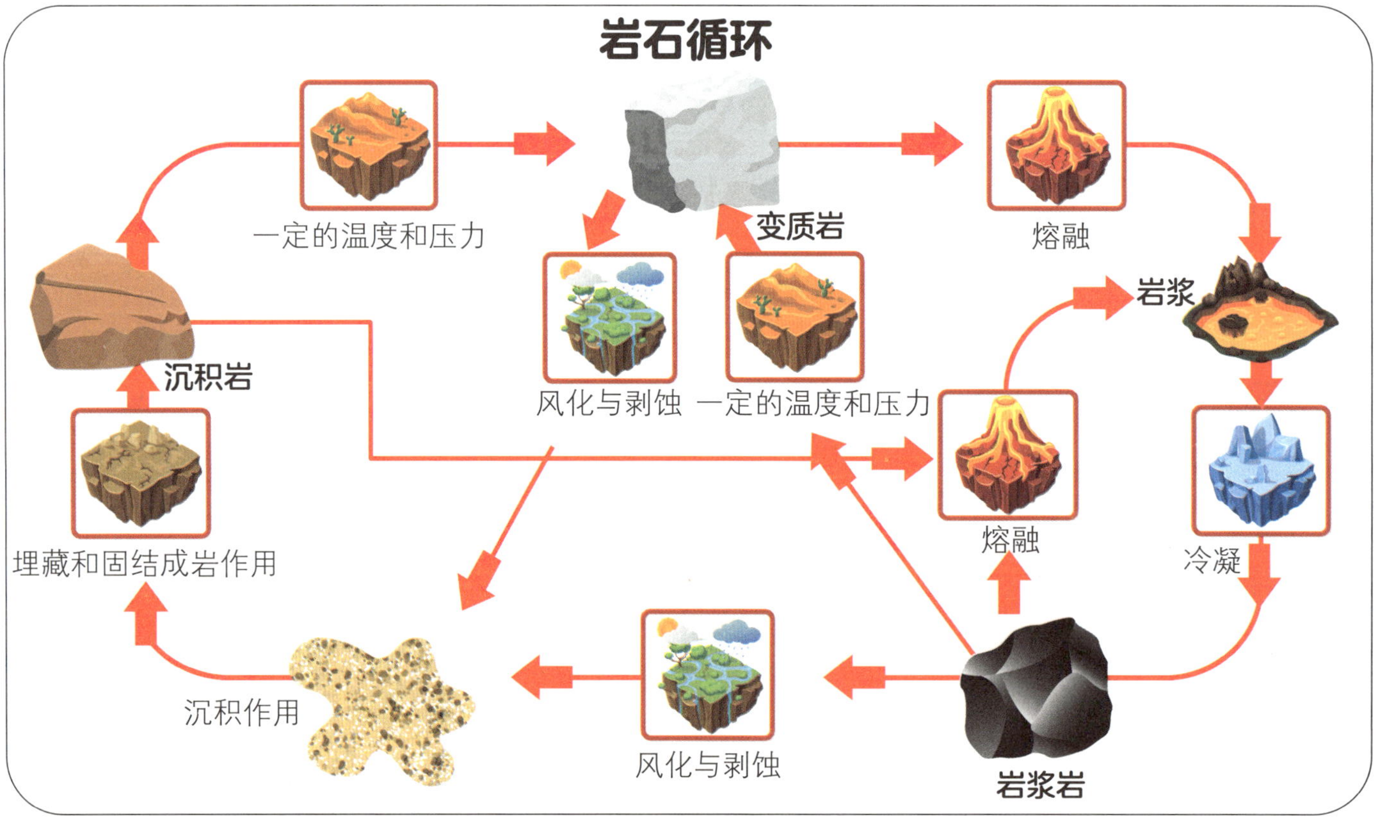

岩石循环

岩石循环的连续性

在海底,基性岩浆膨胀、从裂缝中渗出并蔓延开来。岩浆冷凝后形成了岩浆岩,通常是玄武岩。

板块运动会产生热量。板块碰撞可能会形成高耸的山脉,产生的热量将岩浆岩和沉积岩改造为变质岩。

岩浆岩和变质岩形成后又会受到大气、水和生物的作用,岩石发生破裂,岩石碎片被搬运到另一个地方沉积、固结形成沉积岩。

岩石循环永无休止,并且是一个持续不断的过程。

海底火山释放基性岩浆,逐渐形成玄武岩

促进岩石循环的力量

岩石循环中的重要过程有很多。下面列出的就是影响岩石循环的一些最重要的因素。

板块运动: 构成岩石圈的板块是在不断运动的,这在岩石循环中起着重要作用。在板块张裂的地方,岩浆涌出,形成岩浆岩;在板块挤压的地方,板块会发生碰撞或俯冲,形成变质岩。俯冲带是一个板块移动到另一个板块之下形成的。俯冲带及其附近的高温、高压是导致岩石变质的理想条件。扩张脊在大洋中的多处存在,由于地幔物质上涌,产生了新的岩浆。这些岩浆的生成是侵入岩形成的第一步。

侵蚀作用: 大陆碰撞形成山脉时,会伴随大规模的侵蚀作用的发生。山区的岩石破碎、堆积成沉积物,沉积物又被新侵蚀形成的岩石碎片掩埋。

水循环: 水是推动岩石循环的关键力量,其产生的巨大力量促进了风化作用和侵蚀作用。水能溶解矿物质,分解岩石碎片,并将沉积物搬运到不同的地方。这些沉积物不断堆积,又变回了岩石。

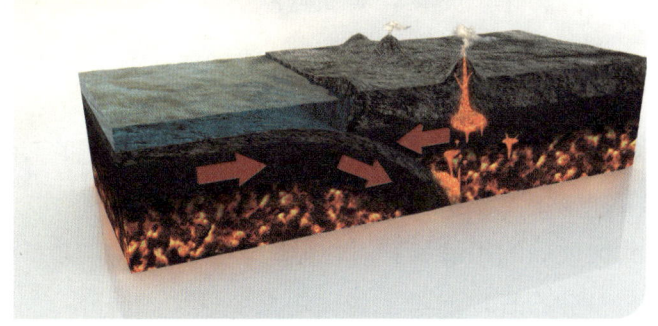

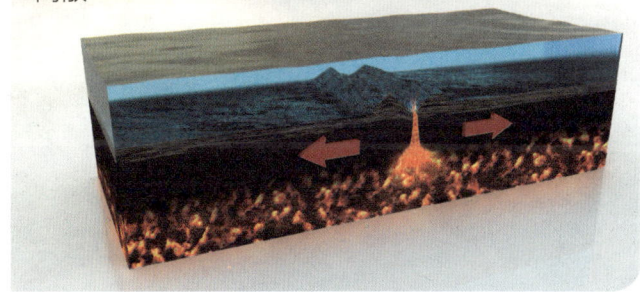

在汇聚型和离散型边界,有多种力作用在岩石上

水循环在岩石分解的过程中起重要作用

岩石记录

岩石及其所含的化石提供了地球历史的记录。我们可以通过研究岩石的特征，来深入了解生命的起源和地球在演化过程中所发生的事件。岩石记录有助于地质学家将各个时期的信息拼凑起来，以便更好地了解地球的早期历史。

何谓岩石记录？

岩石记录就是当前存在的一组岩石。并不是所有的岩石都能清晰而简明地反映地质事件的发展过程。这是因为岩石在数百万年里会经历许多变化，不断地从一种形式循环到另一种形式。它们被熔融、挤压、分解或掩埋。所谓"岩石记录"指的是未循环转化的那部分岩石。通过研究岩石记录，科学家可以推测地质事件发生的时间，进而可以推断出地球的年龄及其演化历史。

化石在地质学上也有着重要意义。研究化石不仅可以确定地质年代，还能重建古地理环境。

人们在海边的悬崖上发现嵌在岩石中的化石

"大陆漂移学说"阐述了大陆由于地球的板块运动而重新排列的现象。岩石记录为该学说的建立提供了重要的证据。同样，岩石记录也有助于研究地球上许多生物物种的灭绝，其中最热门的就是恐龙的灭绝。

联合古陆

劳亚古陆和冈瓦纳古陆

劳亚古陆

冈瓦纳古陆

现代地球

数亿年来，各大陆一直在移动和改变位置

沉积岩显现出的明显的层次对地质学家很有用

地层

地层是在一定地质时期内所形成的层状岩石（含沉积物）。其中，沉积岩的地层具有明显的层理构造。在沉积岩地层中，一般先形成的地层在下，后形成的地层在上。因此，顶部是较新的地层，越往下地层越老。考古学家和古生物学家发现，地层的年代的测定对了解岩石的形成年代和历史很有帮助。

研究层状岩石形成的先后顺序、地质年代及时空分布规律等的学科称为地层学。岩石地层学是一种根据岩石特征（包括岩石颜色、结构和构造）及其相互关系来研究地层的方法。

事实档案

迄今为止，已发现的大多数化石都来自生活在水中或水域附近的生物。

化石

化石提供了有关地球早期生命及其演化过程的重要线索。岩浆岩中很少有化石存在，因为它是由高温岩浆冷凝形成的。变质岩经历了挤压、破碎等破坏性过程，即使有化石埋在其中也会被破坏殆尽。

大多数保存至今的化石是留存在沉积岩中的。

三叶虫拥有坚硬的外骨骼，留下了丰富的化石记录

化石

化石是自然地以不同形式保存于地层中的古生物的遗体或遗迹。通常将距今1万年左右的生物划入古生物的范围。化石的英文"fossil"一词源于拉丁语，意思是"通过挖掘获得"。

化石的类型

迄今为止，人们发现的化石年代差别很大。已知最古老的化石大约有35亿年的历史，但是，直到6亿年前地球上才进化出复杂的多细胞生物。

化石有以下两种类型。

实体化石：实体化石是曾经生活在某个地方的古生物的遗体，包括动物的骨骼、甲壳、蛋，以及植物的根、茎、叶等。实体化石提供了有关生物形态和特征的详细信息。

遗迹化石：遗迹化石显示了曾经存在过的生物的生活迹象，包括脚印、足迹、洞穴和粪便等。

实体化石提供了有关生物形态的重要细节

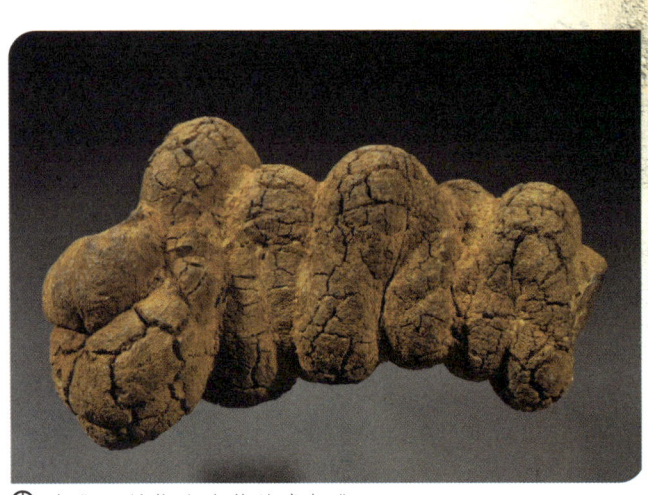

粪化石是指古生物的粪便化石

化石的用途和局限性

化石有助于地质学家了解地球的历史和历史上在地球上生活过的生物类型，同时也为研究生物的进化提供了有用的证据。

但是，化石稀少，并且必须在特定条件下才能形成。那些没有坚硬的骨骼或甲壳的生物的遗体多数随着时间的流逝没有完好地保留下来。

事实档案

地质学家在沉积岩中发现了含有微粒的化石，这些微粒可能与古菌有关。

化石化作用

化石常发现于河床、海洋和湿地附近的沉积物中。生物体需要满足特殊的条件才能形成化石,这些条件包括:

- 生物体具有能保存为化石的甲壳、骨骼、牙齿等身体结构
- 生物体能在无氧的环境下被快速而永久地掩埋
- 有足够的时间
- 没有可以破坏化石的温度和压力

化石化作用是指将古生物遗体、遗迹保存成化石的各种作用。化石化作用可以以不同的方式发生。

石化作用: 也称矿化作用,此过程发生在生物遗体被完全掩埋之后。在一段时间里,生物遗体中的有机物质被方解石类矿物所替代。此过程的优势在于可以精确地保留古生物的细胞结构。木化石、三叶虫化石和所有恐龙骨头的化石就是以这种方式保存的。

◉ 木材在无氧条件下被埋藏会变成木化石

模铸形成: 这是生物遗体的印痕留在岩层中的过程。生物遗体相当于"铸模"。"铸模"中填满岩石或矿物时,就成为"铸件"。双壳类动物的化石通常通过此方式得以保存。

炭化作用: 在此过程中,生物遗体的大部分有机物质被去除,只留下炭质薄膜。以这种方式形成的化石在岩石中看起来像薄而黑的薄膜。许多植物化石都是通过这种方式保存的。

完整保存: 有时,生物遗体会在冰中变成木乃伊或在琥珀中变成化石,保留其原始的样貌。猛犸被完整地保存在冰里,困在琥珀里的昆虫也被完整保存。

◉ 硬壳生物在岩石上留下完美的印痕

◉ 叶子呈黑色是由于炭化作用

◉ 昆虫被困在琥珀中得以完整保存

地球地质历史

太阳、地球和其他行星都是由星云形成的。据估计，地球约有46亿年的历史。在这漫长的时间里，地球不断经历剧烈的变化。地球的地质历史可分为前寒武纪、古生代、中生代和新生代四个主要时期。

前寒武纪

前寒武纪指古生代寒武纪以前的时期，是自地球诞生到距今5.41亿年的漫长时期，约占地球历史的90%。按照早晚顺序，前寒武纪依次划分为冥古宙、太古宙、元古宙。

冥古宙是最古老的地球时代，那时的地球岩浆活动剧烈，火山喷发频繁，没有生命的迹象。

到了太古宙，地球已经形成了薄而活动的原始地壳，海洋中出现蓝藻等原核生物。

到了元古宙，地球生物进一步发展，演化出真核生物和多细胞生物。

在冥古宙时期，地球是充满沸腾的岩浆和火山的火热地球

古生代

古生代（距今5.41亿年—2.52亿年）意为"远古的生物时代"。这一时期地壳运动剧烈，联合古陆形成。以三叶虫为代表的海洋无脊椎动物达到繁盛。后来又出现了鱼类、两栖动物，以及蕨类植物、裸子植物。古生代可分为六个地质时期：寒武纪、奥陶纪、志留纪、泥盆纪、石炭纪和二叠纪。

鱼类、两栖动物和甲壳动物在海洋中进化

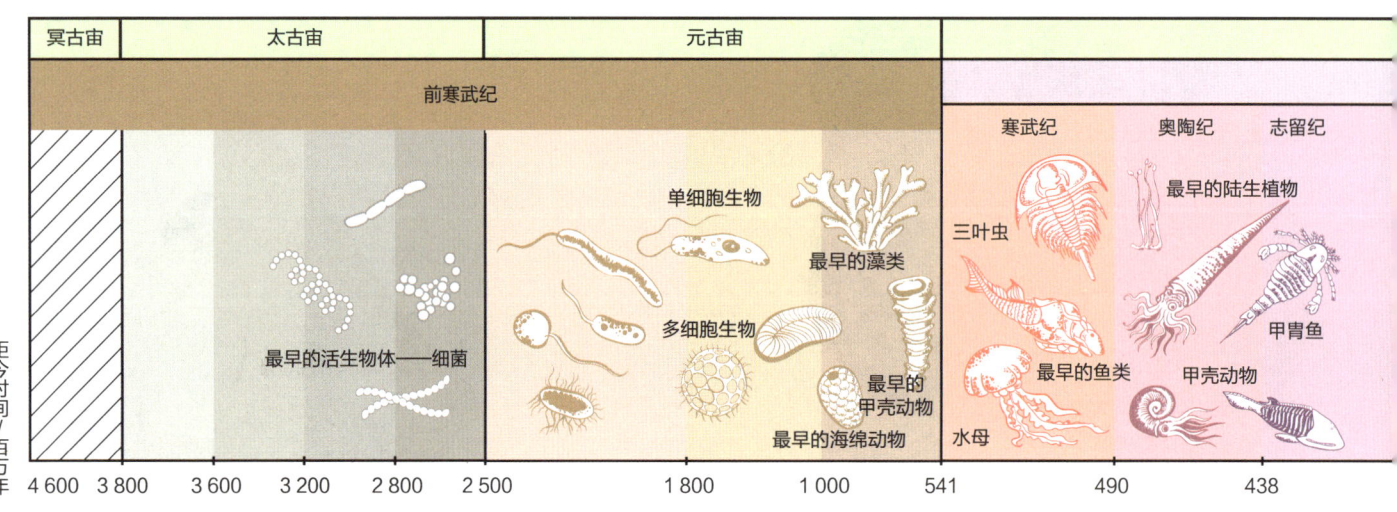

事实档案

地球历史上曾发生过五次全球生物大灭绝事件。现代人类活动导致的生物的持续灭绝被认为是第六次生物大灭绝。

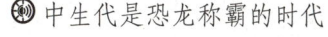
中生代是恐龙称霸的时代

中生代

中生代（距今2.52亿年—6 600万年）意为"中间的生物时代"，分为三叠纪、侏罗纪和白垩纪。这一时期，由于板块运动剧烈，联合古陆开始解体。爬行动物盛行，尤其是恐龙，因此中生代也被称为"爬行动物的时代"。此外，鸟类、哺乳动物以及被子植物也出现了。

但是，在白垩纪末期的一次大灭绝事件中，80%的物种都灭绝了，包括恐龙。

新生代

新生代（距今6 600万年）是"最近的生物时代"，分为古近纪、新近纪和第四纪。

在这个时期，联合古陆最终解体，被子植物和哺乳动物得以繁衍以至繁盛。第四纪出现了人类，这是生物发展史上的重大飞跃。

史前巨齿鲨是有史以来最大的食肉动物之一

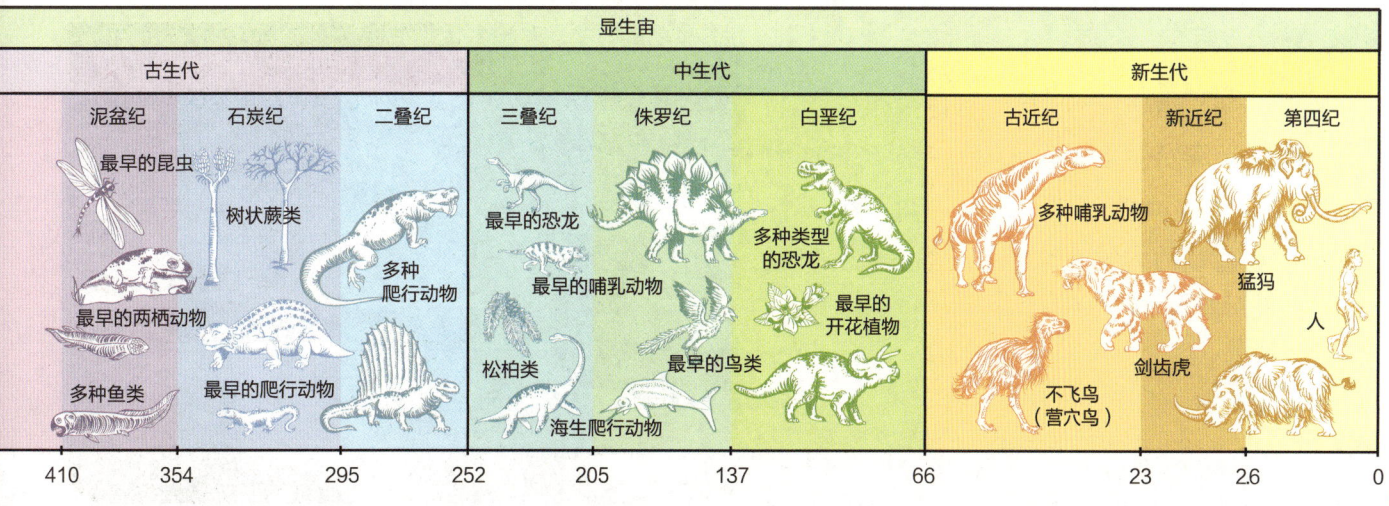

生命的起源

地球上生命形式的出现与地表和大气中的物理及化学条件密切相关。据研究，生命可能首先起源于海洋。生物分子的起源为复杂生物体的繁衍乃至繁盛奠定了基础。

地球早期大气

地质学家尚未发现任何38亿年前的化石记录。普遍认为，冥古宙时期地球太热，不适宜生存，且经常受到陨石的撞击。

陨石撞击会毁灭一切既存的生命形式。

地球早期的大气含氧量很低。

> **事实档案**
>
> "冥古宙"（Hadean Eon）是基于当时地球的环境条件，以古希腊冥界之王哈迪斯（Hades）的名字命名的。

富氧

蓝藻是第一类进行光合作用并提供氧气的生物。蓝藻大爆发使得地球上的氧气含量迅速增加，这一事件在地质历史上被称为大氧化事件（GOE）。富氧的大气为其他生物的进化和发展创造了有利的环境。

🌀 蓝藻是最早进行光合作用的生物

◉ 最初的生物是在深海热液喷口附近进化而来的

热液喷口

研究发现,最早形成的生物是嗜热或超嗜热生物。

"嗜热"的意思是"喜欢热量"。地质学家认为,生命形式可能首先在深海热液喷口附近进化而来。海洋中富含氢、氧、碳和硫等元素,这些化学元素以及热液喷口产生的热量对生物体的进化非常重要。

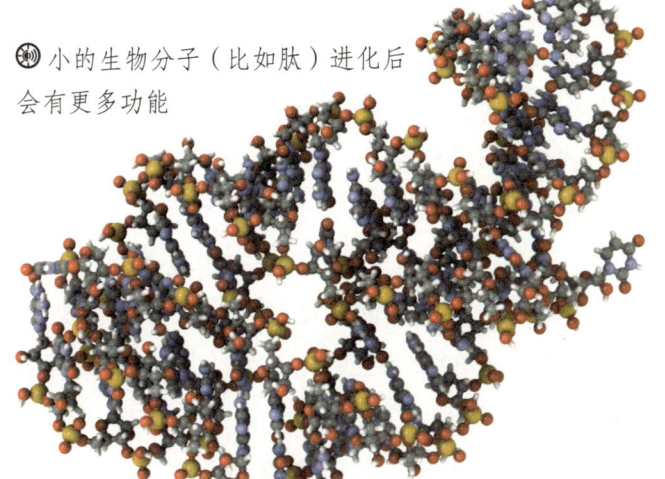

◉ 小的生物分子(比如肽)进化后会有更多功能

基本生物分子

在适当的条件下,大气中的元素结合形成甲烷、氨、硫化氢、二氧化碳和水等分子。这些分子间进一步相互作用,形成氨基酸、肽和短链核糖核酸。

一般来说,生物分子的进化经历了三个阶段:

1. 简单单体来源,它们是单个原子或分子,具有相互结合并形成复杂分子的潜力
2. 单体组合来源,形成肽、糖和氨基酸等聚合物
3. 来自不同生物分子相互作用的细胞来源

科学家还提出了一些有机生物分子的可能来源:

1. 通过闪电与紫外线产生的能量合成生物分子
2. 从撞击地球的富含碳的陨石中释放出分子
3. 陨石撞击促进了有机生物分子的合成

地貌

地貌是指地球表面的各种形态，也称地形地貌。地貌的类型有很多，最常见的有平原、山地、丘陵、盆地和高原。其他不太常见的地貌有山谷、峡谷和孤峰等。

事实档案

世界上海拔最高的山峰是喜马拉雅山脉中的珠穆朗玛峰，海拔8 848.86米。

大陆板块碰撞形成山脉

地貌的类型

平原： 海拔在200米以下、宽广平坦的较大区域。平原是地球上最常见的地貌，各大洲都有。

山地和丘陵： 山地海拔在500米以上，有陡峭的山坡和高耸的山峰。丘陵海拔在500米以下，比山地低矮，起伏也更和缓。根据山地的形成方式，可将其分为褶皱山、断块山、火山和侵蚀山（残余山）。山地慢慢被侵蚀后可形成丘陵，冰川沉积物堆积数千年之后也会形成丘陵。

山谷： 两山之间的低洼地区称为山谷。山谷通常有河流或溪流流过。山谷多是冰川或河流侵蚀山区的岩石形成的。它们通常呈"U"形或"V"形。由冰川侵蚀而成的山谷呈"U"形，而由河流等流水侵蚀形成的山谷呈"V"形。

平原是一片平坦的土地，是理想的农业用地

高原： 海拔在500米以上，面积较大，顶部地势平坦，不像山地一样陡峭。高原的形成机制有多种，如板块碰撞或岩浆涌出等。

◎ 高原的特征是海拔高、顶部平坦

峡谷： 峡谷是深而窄的山谷，两侧是陡峭的崖壁。世界上著名的峡谷有中国的雅鲁藏布大峡谷、美国的科罗拉多大峡谷等。已知的太阳系中最大的峡谷是水手峡谷，位于火星。

◎ 美国的科罗拉多大峡谷是著名的旅游胜地

孤峰： 孤峰是高耸的顶部面积较小的孤立的岩石，形似塔，侧面陡峭，是侵蚀作用形成的。孤峰最初可能是高原地形的一部分，是高原遭受流水等侵蚀形成的，并逐渐与原始景观分隔开来。

盆地： 四周高，中间低，是海底或陆地上的低洼或凹陷地区。盆地通常是通过侵蚀作用或地壳运动形成的。太平洋盆地是世界上最大、最古老的盆地。据估计，在那里发现的岩石年龄超过2亿年。

◎ 孤峰是高耸的塔形天然岩石结构

改变地貌的自然过程

在风、流水、冰川等各种自然因素的作用下,地貌不断变化。风化作用、侵蚀作用和沉积作用是最常见的改变地貌的三种自然过程。

风化作用

在温度、水和生物等因素的影响下,地表或接近地表的岩石经常发生崩解和破碎,形成许多大小不等的岩石碎块或砂粒,这种作用叫风化作用。风化作用主要有物理风化、化学风化和生物风化三种类型。

物理风化: 地表岩石通过机械作用发生破碎。在靠近河流或海洋的地方,水不断地与岩石接触,会发生风化。温度也会对岩石有破坏作用。在气候寒冷的地方,水渗入岩石裂缝,继而冻结并膨胀,导致岩石破碎。

物理风化在炎热的沙漠和寒冷的山区中比较常见。在炎热的沙漠里,岩石被太阳炙烤导致膨胀、破碎;而在寒冷的山区和冰原地区,水结冰并膨胀导致岩石破碎。岩石的碎片会被水或风带走,所以风化作用之后便是侵蚀作用。

岩石在流水的长期作用下被掏空

化学风化导致石灰岩产生孔洞

化学风化: 雨水是化学风化的主要媒介。它与各种岩石中的矿物颗粒发生反应,使原有矿物溶解或以黏土矿物和可溶性盐的形式形成新的矿物。要使这些反应发生,水必须是酸性的。温暖潮湿的气候是化学风化的理想条件。

水解作用和氧化作用是化学风化的两个重要方式。化学风化导致了不同地貌中岩石外观的巨大差异,也是导致岩石转化为土壤的重要原因之一。

极端的低温和高温条件可能导致岩石破裂

生物风化： 生物风化是由生物活动引起的。粗壮的树根在地下生长并向周围延伸，在此过程中如果它穿透岩石裂隙，久而久之，就会把岩石劈裂。

某些动物能钻到岩石中来保护自己。它们通过物理方式刮掉岩石颗粒或通过分泌化学物质来破坏岩石。微生物也可以通过产生某些化学物质来分解岩石中的矿物，以从土壤和岩石中吸取养分。

事实档案

地衣在岩石上生长并释放出酸以分解矿物质，从而获取营养。

侵蚀作用

水、冰川、空气等在运动状态下会对地表岩石及其风化产物进行破坏，这个过程称为侵蚀作用。水和风是侵蚀作用的媒介。流水和降雨会冲走碎石；强风可以带走土壤等，并将它们堆积在其他地方。侵蚀问题已经引起了全球关注。侵蚀作用会造成水土流失，表层土壤消失了，土地就不适合耕种了。

土壤侵蚀是农民关注的主要问题

沉积作用

在物质搬运过程中，由于外界条件变化，被搬运的物质在某些地方堆积起来，这个过程称为沉积。

当流水流速降低时，其携带的物质沉积，形成冲积平原或三角洲等。风携带的颗粒物沉积下来，形成沙丘等地貌。冰川会将物质冻结在冰体中并搬运，当冰川融化时，这些物质就会堆积成山。

河流携带的沉积物沿河岸堆积

地貌与人类活动

不同的地貌有不同的形态和大小，地貌和地下资源直接或间接地影响了人类活动。

山区建设梯田用于耕作

建筑

与住房、工业和交通休戚相关的建筑活动导致大规模的岩石采挖，建筑过程中各种材料堆积成斜坡和堤岸，这些都大大改变了地貌。

修建堤防以尽可能减少洪水泛滥

事实档案

古埃及就曾将开采的花岗岩用于建筑活动。

🔊 大型采石场采用重力机械和炸药爆破

采矿和采石

采矿和采石是从地表及地下提取材料的活动。这些材料可用作建筑材料或燃料等。人类已经开采了各类岩石、矿物，如煤炭等。小型采石场和矿井依靠人工挖掘，而大型采石场则采用重力机械和炸药爆破。

开采地下资源会对土地造成破坏和改变。尽管开采的过程会造成污染并破坏景观，但为了获取原材料，人们不得不进行开采。

挖隧道

在建造隧道时，工程师要与地质学家合作，对岩体进行全面的调查，以确定其是疏松的还是坚硬的，以及该处是否适合开挖隧道。任何岩体都是由土壤和岩石组成的，评估其在开挖过程中的性能及其对周围环境的影响是必需的步骤。

人类活动的影响

随着人口的不断增长，为了满足人们日益增长的住房和工业需求，采矿和采伐林木之类的活动不断增加。这些活动对环境产生了巨大的负面影响，其中最重要的就是水土流失。犁地、耕种等农业活动对土壤的侵蚀破坏比自然风化作用更严重。从长远来看，人类活动将对世界粮食供给产生重大影响。

🔊 钻透坚硬的岩石层挖通隧道

板块构造

上地幔顶部（软流层以上）和地壳构成了岩石圈。岩石圈并不是整体一块，而是分裂成许多巨大块体——板块，它们浮在塑性较强的软流层上缓慢运动。

从最高的山脉到最深的海沟，板块运动决定了地表起伏的总格局和地质构造。

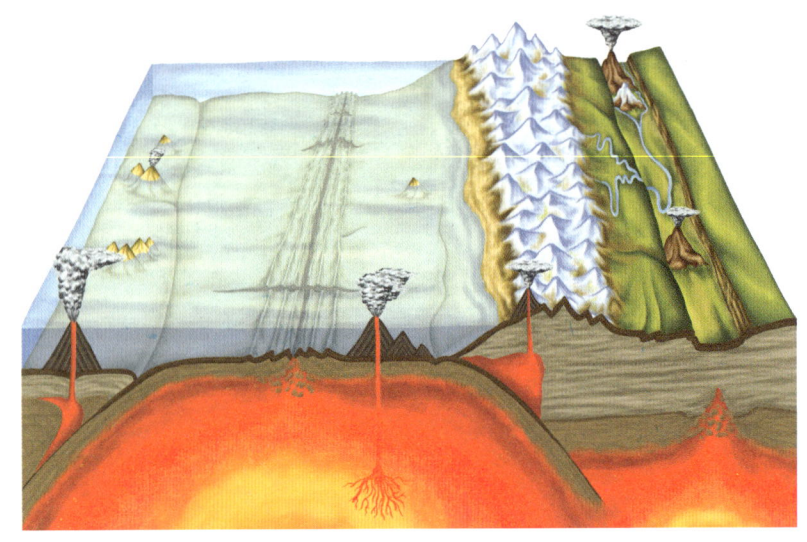

上地幔顶部和地壳构成了岩石圈

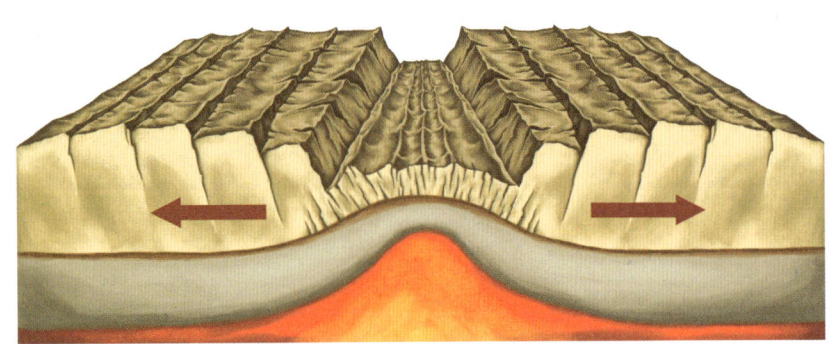

板块运动引发不同的地质事件

板块运动

一般认为，板块运动是由软流层地幔对流引起的。在对流上升的地方，地幔物质涌出并冷却凝固，推动两侧板块分离。在对流下降的地方，板块俯冲或碰撞，使板块局部消亡。

板块构造学说是建立在早期大陆漂移学说的基础之上的。在板块构造学说被接受之前，地质学家很难确定为什么在某个大陆的特定地区会出现独特的地质特征。

目前，有大量的证据支撑板块构造学说。整个岩石圈是由板块像拼图一样拼合在一起的。化石的分布、古地磁的研究等为板块运动提供了有力的证据。

卫星测量资料为板块构造学说提供了证据

喜马拉雅山脉是始于6 500万年前印度洋板块和亚欧板块碰撞形成的，目前仍在不断上升中。

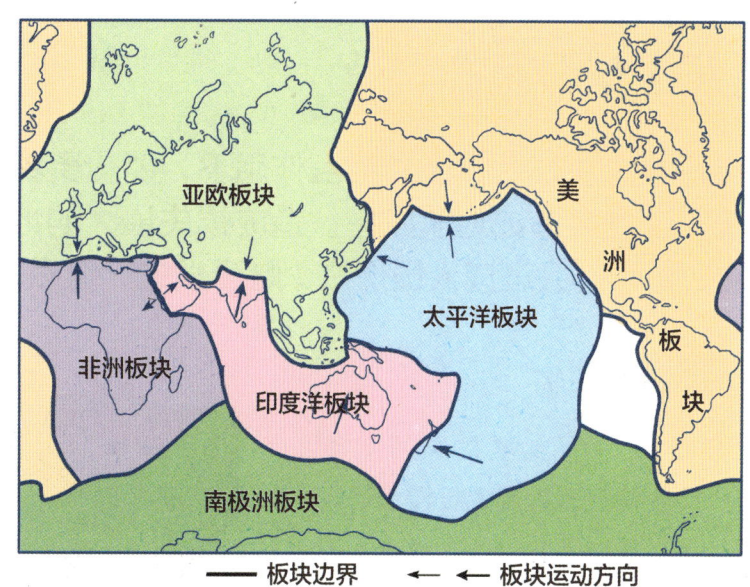

六大板块分布示意

六大板块

地质学上把全球岩石圈分为六大板块，分别是亚欧板块、非洲板块、美洲板块、南极洲板块、太平洋板块和印度洋板块。其中，太平洋板块大部分位于海底。这些板块每年以几厘米的速度移动。尽管它们移动的速度微乎其微，但经过时间的累积，这些板块的移动就会对海陆的演变产生巨大影响。除六大板块之外，还有许多小的板块。

板块边界

板块边界有三种主要类型，它们是：

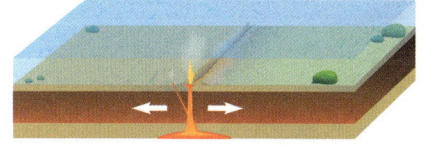

离散型
两侧板块相互分离，形成大陆裂谷带或大洋中脊。

转换型
两侧板块相互剪切移动。

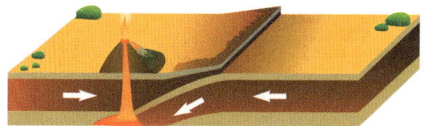

汇聚型
两侧板块相向运动，发生挤压和碰撞。

重建地球的过去

地球已约46亿岁，但大部分海洋地壳仍在不断地循环，最古老的海洋地壳也不超过2亿年。大陆地壳则要古老得多，已发现的最古老大陆已经超过38亿年。有学者认为，板块运动是在30~35亿年前开始的。

在地球历史的一段时期，这些板块聚集在一起，形成了由单一巨型陆块组成的巨型超大陆。最早的超大陆被命名为"罗迪尼亚"，它被认为是在大约10亿年前形成的。

联合古陆形成于约2.5亿年前。

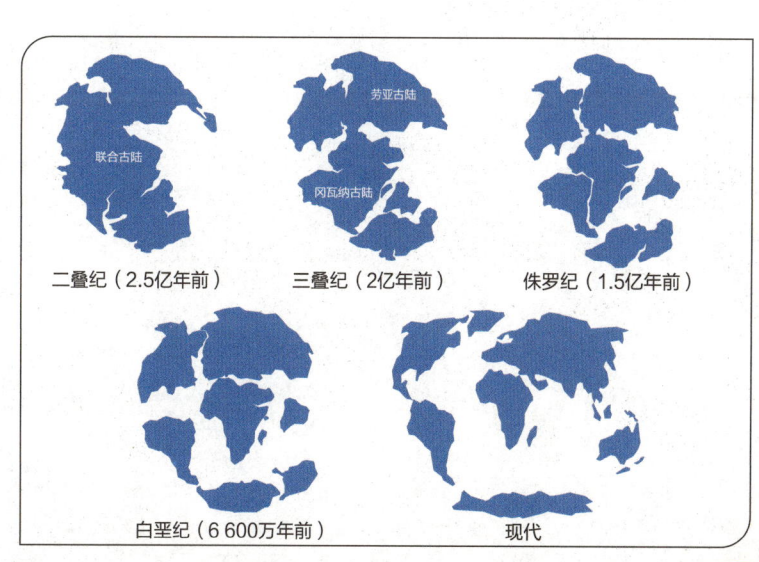

由于板块运动，大陆地壳数亿年来一直在变化

地质灾害

岩石圈内部在各种应力相互作用下，能量聚积达到一定程度时就会以不同的形式释放，这便会造成地质灾害。造成损失最大的地质灾害是地震、火山喷发、滑坡和海啸，每年都会造成人员伤亡、财产损失、自然资源与环境破坏等。

地质灾害如何发生

板块运动会引发地质灾害。例如，当一个板块在软流层上缓慢滑动，滑到另一个板块之下时，两个板块之间的摩擦会产生巨大的应力和大量的热，这便导致地表下的岩石熔融、膨胀，继而岩浆上涌，致使火山喷发。

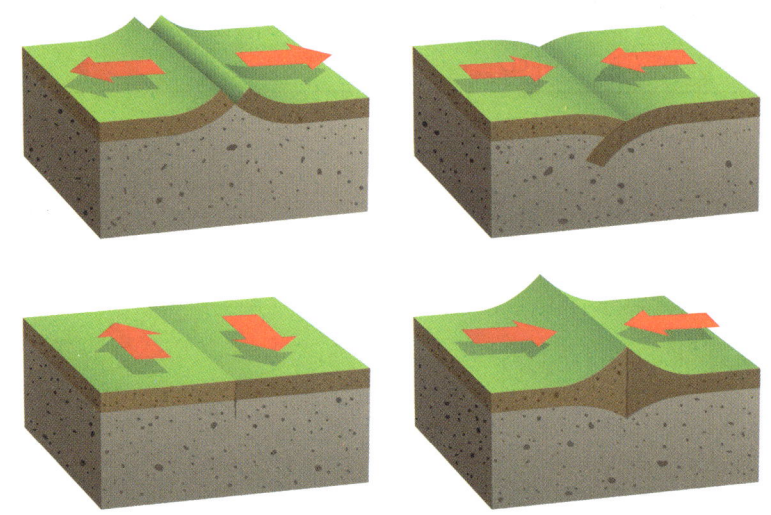

◉ 板块运动导致地震、火山喷发等灾害

部分地质灾害类型

地震：由地表下的岩层突然急剧运动，发生断裂或错位所引起。其特征是地面震动甚至出现裂缝，建筑物损毁或垮塌。地震产生的影响在很大程度上取决于地震烈度。

◉ 一场强烈的地震会在几秒钟内摧毁整座城市

滑坡： 滑坡是坡地上的不稳定块体在重力作用下整体向下滑动的现象，通常是由地震或水流冲刷等引发的。

火山喷发： 熔岩可以从火山口中迅速流出，也可以在爆炸中猛烈喷出。火山喷发还伴随着有毒气体的释放。

海啸： 由海底地震、火山喷发等引起的海水剧烈波动。其典型特征是巨浪滔天，比正常海浪高几倍。

地震通常会引发滑坡，从而导致岩体向下滑动

地质灾害的影响

地质灾害会危害人类生命和财产安全。在20世纪，仅地震就造成了全球上百万人死亡，地震、火山喷发和海啸总共造成了巨大的损失。

与可以提前几天预测的气象灾害相比，地质灾害大多发生得突然而迅猛，令人猝不及防。地质灾害很难准确预测，而且即使确定其即将到来，也几乎不可能阻止其发生。就像火山喷发，在其发生前，除了火山活动不断加强，缺少其他重大预兆。在圣海伦斯火山和圣·安得列斯断层等极少数地区，科学家已经安装了仪器，以识别火山喷发或地震可能发生的迹象。海啸在袭击某个特定海岸之前会在海洋中移动很长的距离，有时会给人们足够的时间来降低危害。然而，它们仍然可以在没有任何预警或迹象的情况下袭击一个海岸。

所有地质灾害的影响范围都很大。地震可能会在较大范围内造成巨大破坏。海啸还会影响到距离其发源地数千千米以外的区域。

火山喷出的熔岩和火山灰会对生命和财产造成严重危害

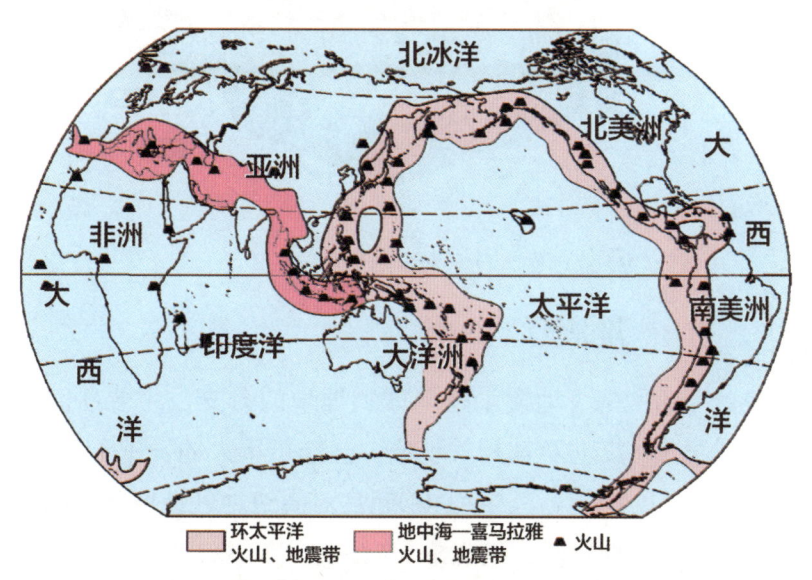

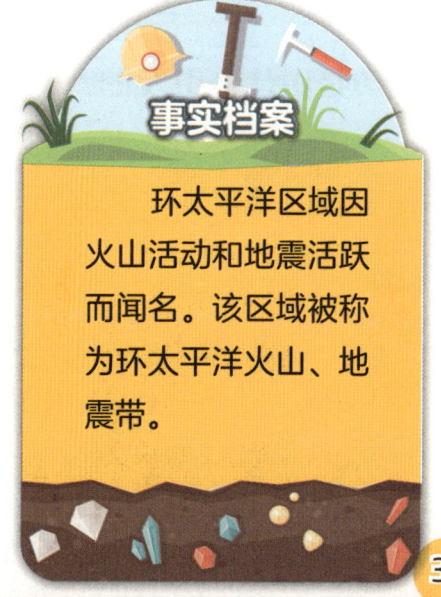

事实档案

环太平洋区域因火山活动和地震活跃而闻名。该区域被称为环太平洋火山、地震带。

地震

地震是地壳中的岩层在力的作用下快速错动或破裂，产生地震波，从而引起一定范围内地面震动的现象。地震可以是难以察觉的轻微震动，也可以是毁灭性的强烈震动。地震发生时，部分能量以弹性振动波的形式在地球内部传播，称为地震波。地震波是由于大量能量的释放而产生的。

地震是由什么引发的？

当沿着地壳断层积累的应力突然释放时，地震就发生了。地下有裂缝的地方更容易发生地震，这种地方被称为断裂带。

当地壳中储存的能量突然释放时，就会产生地震波。地震经常沿着板块相对运动的断层发生。也就是说，在板块相对运动的断层处岩层突然断裂并发生相对滑动。板块交界处地壳极不稳定，是地震易发地区。

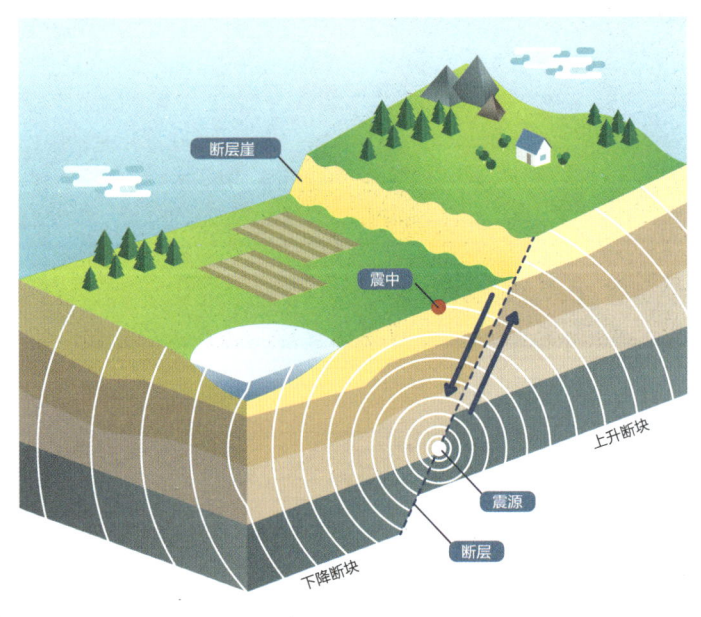

地震发生时会产生地震波

地震学

地震学是地球物理学的分支，主要研究地球的震动及其相关现象。全球每年大约发生5万次明显的地震，其中约100起会对周边地区造成重大破坏。全球每年大约发生1次强震。

里氏震级

里氏震级是以美国地质学家查尔斯·弗朗西斯·里克特（Charles Francis Richter）的名字命名的，用来表示地震释放的能量大小。它是通过测量地震波的最大振幅来获取的。地震波被地震仪记录。地震仪以之字形记录振动，显示波动的变化。

灵敏的地震仪能够记录来自世界任何地方的强烈地震。地震仪可以提供有关地震的时间、位置和强度等信息。

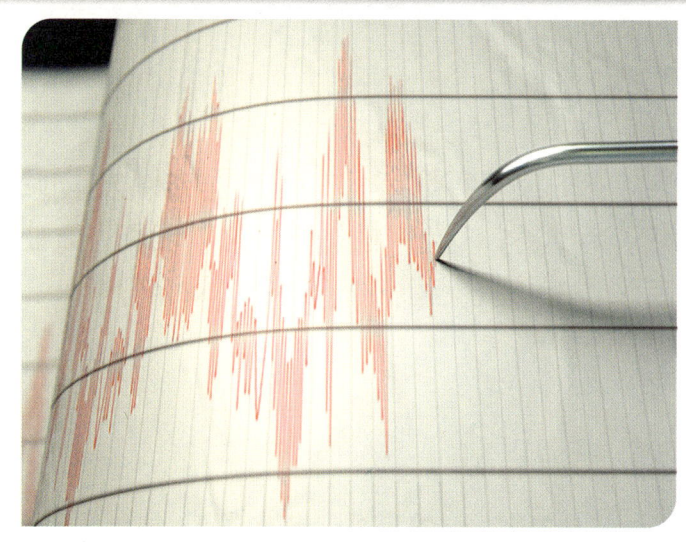

地震仪将地面的振动记录为之字形波

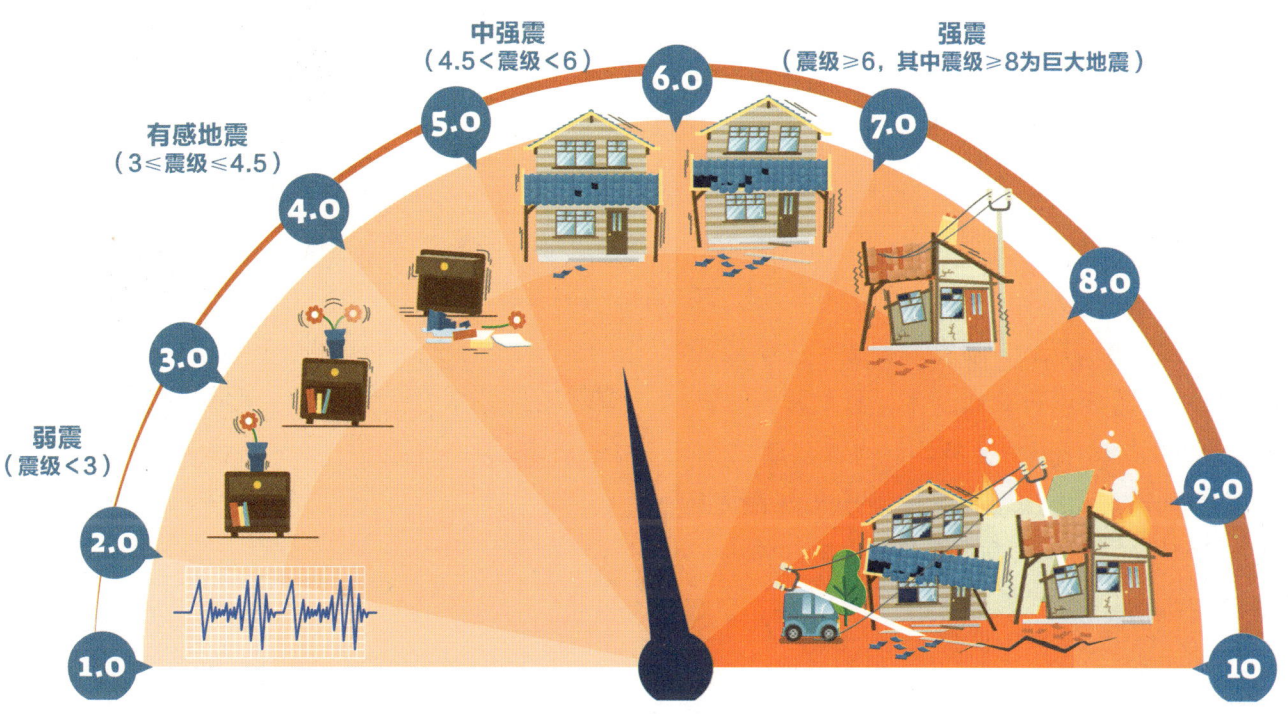

里氏震级对于计算地震释放的能量大小很有用

里氏3.0级以下的地震基本无法被感知，只能靠地震仪记录下来。这种震级的地震称为弱震。

由于震级与释放能量的关系是对数关系，因此地震释放的能量会随着震级数值的增加成几何级数增加。里氏5.0级地震释放的能量约为里氏3.0级地震的1 000倍。

地震带

迄今为止有记录的地震主要发生在板块交界处，如环太平洋地带和地中海—喜马拉雅地带。中国地跨世界两大地震带，是世界上地震灾情最严重的国家之一。中国地震灾害发生频繁的地区有台湾、西藏、青海、云南、四川等。

事实档案

迄今为止测量到的最强烈的地震是1960年发生在智利的瓦尔迪维亚大地震，其里氏震级约为9.5级。

火山

　　火山是岩浆及其携带的固体喷发物喷出地表后堆积形成的山体，其下端通向熔融态岩浆房。当火山喷发时，岩浆从火山顶部喷出到地表。喷出的岩浆叫作熔岩。岩浆也会以熔岩流的形式缓慢释放。

火山形成机制

　　地球内部的热量不是仅仅通过辐射或传导释放的，还会以对流形式释放。对流是地壳和地幔中岩石的部分熔融产生的，同时对流也导致岩浆从地球深处通过裂隙上升至地表。火山喷发与板块运动密切相关，并且大多数火山位于板块交界处。

火山的记录

　　自古以来人类就有关于火山的记载。公元79年，意大利的维苏威火山喷发，摧毁了整个庞贝古城，并将古城掩埋在火山灰中。直到那时，人类才将火山及火山喷发纳入科学认识的轨迹。

　　19世纪末，印度尼西亚喀拉喀托火山的喷发引起了科学界的关注。20世纪初，火山学作为一门现代科学出现并发展起来。

从火山喷出的熔岩来自地球深处的岩浆房

位于意大利的维苏威火山是一座典型的活火山

庞贝古城中被掩埋的人体遗骸和手工艺品

火山类型

火山的形状和大小各种各样。以下是几种不同类型的火山。

裂隙式火山： 岩浆沿地表的长裂隙涌出而形成的火山，如冰岛的克拉夫拉火山。这种类型的火山喷发时通常不发生爆炸。

盾形火山： 通常是由流动性较大的熔岩流堆积形成的火山，其表面平坦且坡度小，如美国的莫纳罗亚火山。这种火山因形似平放在地面上的盾牌而得名。

复式火山： 外形陡峭，由若干层火山灰和熔岩形成。复式火山是分布最广的火山类型，在世界各地都有发现，如日本的富士山和意大利的维苏威火山。

穹状火山： 由少量流动性小的熔岩形成，它们大多堆积在火山口周围。穹状火山会剧烈爆炸，释放出大量的火山灰和岩石碎块。美国的埃尔登火山就是穹状火山。

火山喷发的影响

火山喷发可能会对火山周围地区的环境及居民等造成危害，其危害包括熔岩流，有毒气体和火山灰等的释放，景观被夷为平地……

火山灰是由细小的岩石碎块构成的。它特别锐利、粗糙。火山灰云中含有大量二氧化硫、二氧化碳等有害气体。一次强烈的火山喷发释放出的火山灰可以传播到数百千米以外的地方。虽然短时间内人们可能感觉不到它的危害，但火山灰中的细颗粒物会沉积在人体的呼吸系统中，长时间的较多的颗粒物沉积会影响人的呼吸功能，尤其是婴幼儿、老年人及有心肺基础疾病的人，受到的影响会更大。火山灰还会损坏机械和电气设备。

不过，我们可以对火山进行定期监测，掌握火山活动的迹象。预测火山喷发有助于提前疏散居住在火山附近的居民。

另外，火山活动也会带来矿产资源和肥沃的土壤，还有助于地球大气和水的循环。

火山熔岩冷却下来后，经过一段时间会分解为肥沃的土壤

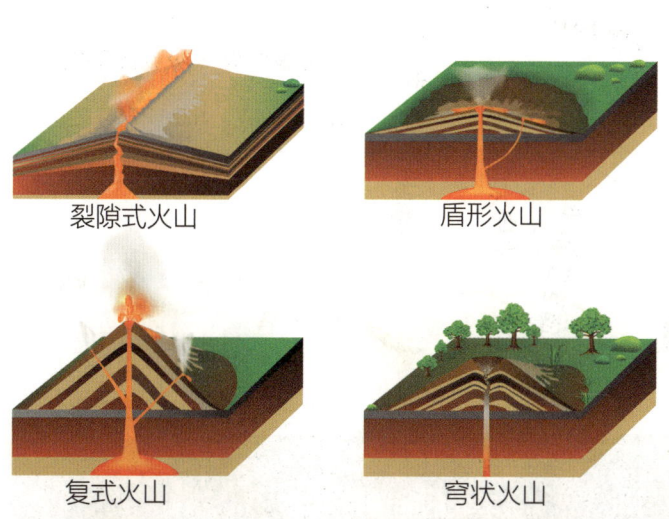

裂隙式火山　　盾形火山

复式火山　　穹状火山

事实档案

黑曜石是由特定类型的熔岩迅速冷凝形成的光滑的、黑色的火山玻璃。

全球变暖

全球变暖和海平面上升相互关联，都是亟待解决的重要问题。随着工业化的发展和人口的增长，全球变暖不断加剧。

气温升高

地球表面平均温度和地表平均气温升高的现象被称为全球变暖。全球变暖与气候极端事件（干旱、洪涝等）、森林火灾、极地冰川融化和海平面上升密切相关。

温室效应

大部分太阳短波辐射可以穿过大气后被地表吸收，地表受热后向外释放能被大气吸收的长波辐射，从而使大气或地面增温。这就是众所周知的温室效应。二氧化碳、甲烷等气体是造成这种效应的重要因素，它们被称为温室气体。化石燃料的燃烧和汽车尾气的排放是产生温室气体的主要原因。

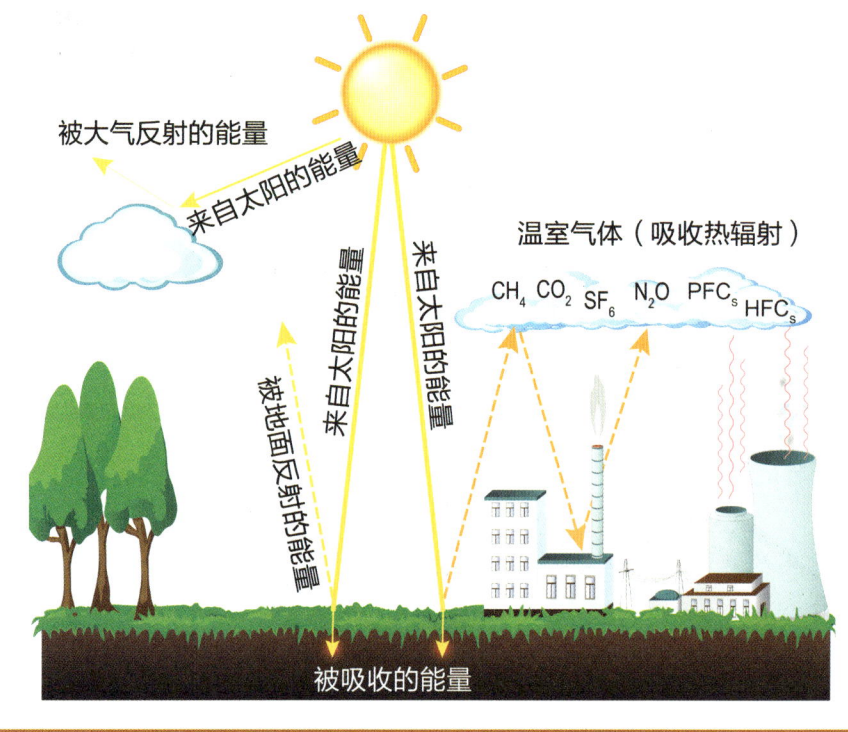

大气中的温室气体阻止了地表热量的散逸

海平面上升

海平面升降与地球的气候密切相关。海平面不会保持恒定不变,而是会随着冰川的融化和生长不断变化。数千年来,海平面一直保持稳定升降。

但是,到了21世纪,海平面问题逐渐引起了人们的关注,因为在过去的几十年中海平面一直在上升,这主要是全球变暖引发冰川融化等问题导致的。

由于全球变暖,大量冰川融化

海平面上升的影响

海平面上升对沿海城市及其居民的影响最大。海平面上升将使沿海城市的主要基础设施以及沿海生态系统受到严重影响。

沿海地区的洪涝、风暴潮和海岸侵蚀等也是海平面上升的后果。在未来几十年里,一些沿海城市可能会因为海平面上升而被淹没。

由于海平面上升,沿海地区面临的风险越来越高

事实档案

海平面上升也会影响海岸带地区的渔业资源,破坏珊瑚礁、湿地等生境。

自然资源

除了植被、水和土壤之外,地球上还有许多资源可用于建筑、能源和工业生产等,如化石燃料、岩石和矿物等。但是,人口的不断增长和随之而来的对许多资源日益增长的需求使这些资源迅速地消耗。

化石燃料

煤、石油和天然气等化石燃料是现代交通、家庭生活和工业生产的必需品。它们大多是在无氧条件下由生物分解形成的。在石炭纪时期,沼泽周围的树木和其他高等植物沉入厚厚的泥浆中,形成了一种叫作泥炭的海绵状物质。泥炭被泥沙等沉积物覆盖达数亿年,它们一起经过成岩作用变成了沉积岩,而被覆盖的泥炭便变成了煤。煤需要通过采矿手段来获取。

石油是由动物的尸体残骸形成的,通过加工可以得到有用的产品(汽油、柴油和煤油等)。

天然气是气体混合物,主要成分是甲烷。富含天然气的页岩是其主要来源。

石油是宝贵的资源,在加工前都要妥善储存

矿物

人们开采各种矿物以满足工业和商业的需要。有些矿物被设计成珠宝和手工艺品。矿物也是生物系统的重要组成部分。含钾和磷等元素的矿物被用作农业肥料，含铀和钍等放射性元素的矿物被用来发电，还有一些矿物被用作建筑材料。

美丽的宝石

金属和矿石

金属是坚硬、有光泽且不透明的固体，通常与其他矿石伴生在一起。铁、铜、银和金是较常见的金属。人们经过不同的提炼和提纯工序从矿石中得到金属。以单质形式存在的金属不多见。

昂贵的黄金以金块的形式被开采

岩石

某些类型的岩石可用于建筑，比如玄武岩、花岗岩、砂岩、板岩、大理岩和石英岩。花岗岩非常耐用，易于抛光，可用于装饰材料，也可用于建造桥梁、水坝。砂岩广泛用于石材。板岩可以分成板状的平面，用作屋顶瓦或石板。大理岩因所含杂质不同而呈现不同的颜色，最常用作室内地砖。石英岩可作为建筑材料和混凝土的骨料。

事实档案

由于金属矿产是一种有限的资源，今天我们使用的很多金属是通过回收废料获得的。

花岗岩从采石场开采，用于建筑

地质技术

地质学与许多学科和应用领域有交叉。地质学家开发了多项技术用于科学研究，这些技术也应用于建筑、采矿、石油勘探等领域。

石油勘探

石油是一种非常宝贵的资源，因此地质学家会利用特殊的手段，通过测绘和地球物理技术来查找新的油田。地质图的测绘和地球物理方法是勘探油田的主要方法。石油和天然气是碳氢化合物的混合物，在生油层中聚集，并从那里迁移到储集层岩石中。这种迁移取决于岩石的孔隙度和渗透率。对地质图进行分析有助于地质学家确定理想的钻探地点。

显微镜被用于分析岩石样品

土地研究

地质图是用来研究地质构造的。在过去，人们可通过地质图来识别死火山。地形图以等高线表示地面起伏和高度状况。这些测绘图可用于建筑、采矿，甚至建筑学、地球科学。

探地雷达（GPR）被用于研究岩石、冰、土壤和地下水。此外，它还被用来勘探贵重金属，如金等。

探地雷达被用于研究冰川和勘探有用的矿物和矿石

放射性测定年代法

这项技术也被称为同位素测年法，它对岩石和化石等物质的年代测定很有用。岩石是由不同的元素组成的，其中一些元素是天然不稳定的，随着时间的推移，通过放射性衰变的过程，它们会衰变为稳定元素。

通过了解不同放射性元素的半衰期，科学家可以在一定程度上准确推测岩石或化石的年龄。放射性元素以恒定的速度衰变，其原子核半数发生衰变所需要的时间就是半衰期。根据半衰期可测定不同岩石样品的年龄，进而推算出地球的年龄。

事实档案

碳-14常被用于放射性年代测定，其半衰期为5 730年。

地层学

这是一门涉及地质领域，研究地壳表面成层岩石的形成顺序及相互关系的学科。它对研究沉积岩和火山岩特别有用，有助于地质学家了解岩石形成的原始环境和岩层之间的关系。根据地层叠覆律（也称地层层序律），最老的地层位于下部，而较新的地层则在上部。地层中化石的存在也有助于生物进化的研究。

岩石学

岩石学家通过野外地质调查、岩相学和地球化学等方法研究岩石的形成和结构。

在石油勘探的录井作业中，当需要用图表表示要钻探的不同地层时，岩石学就起到了很大作用。通过钻孔从不同层位中取出的岩石样品要经过检测和化学分析。

对岩石和化石进行分析，以收集有用信息

趣味测试题

知识点：地球内部圈层结构

1. 地球内部圈层主要分为以下哪三大层？（　　）

　　A. 岩石圈、软流层、地核
　　B. 地壳、岩石圈、地核
　　C. 地壳、地幔、地核
　　D. 岩石圈、地幔、地核

知识点：矿物和岩石

2. 雅典卫城的帕特农神庙被认为是希腊的永恒象征，其圆柱是由下列哪一种岩石建造而成的？（　　）

　　A. 片岩　　　B. 大理岩　　　C. 石膏　　　D. 花岗岩

3. 下列矿物中，硬度最大的是（　　）。

　　A. 滑石　　　B. 石英　　　C. 刚玉　　　D. 金刚石

知识点：三大类岩石及其循环

4. 我们认识了三大类岩石——岩浆岩、沉积岩和变质岩。它们在不同的条件和环境中形成，因此呈现出的"外表"也各有特点。请将下列岩石图片与其对应的名称和岩石类别进行连线。

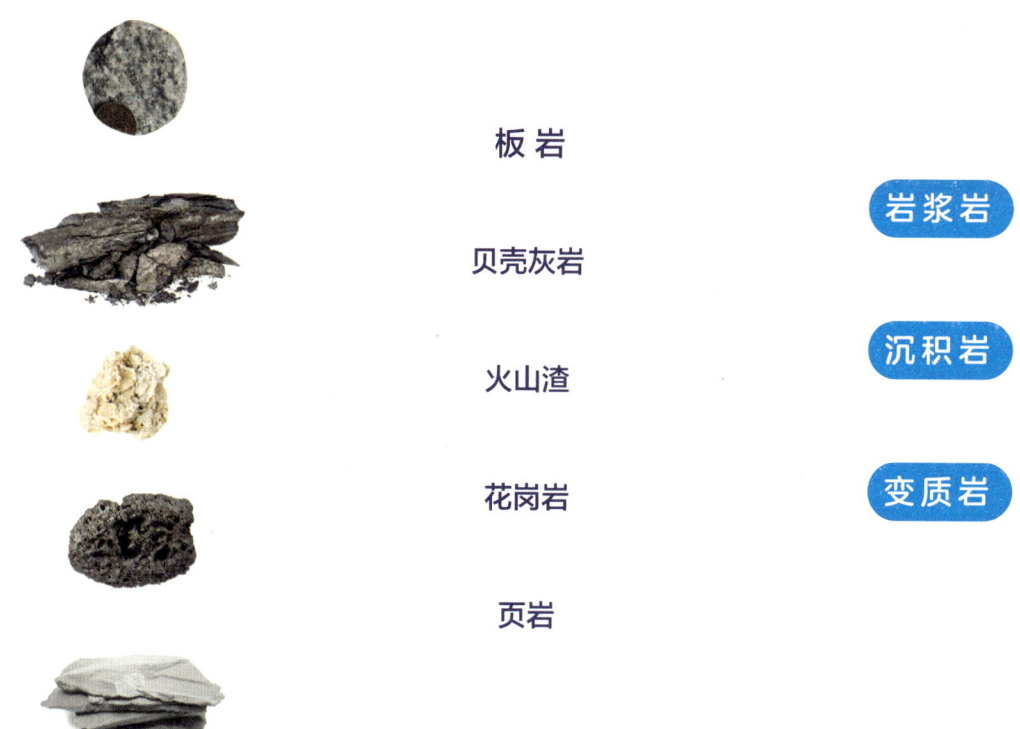

板 岩

贝壳灰岩

火山渣

花岗岩

页岩

岩浆岩

沉积岩

变质岩

5. 三大类岩石可以发生变化，这种变化可能是由温度、压力和侵蚀等因素引起的。这种不断变化以及将岩石分解为新形式的过程称为岩石循环。请根据本书知识点，将正确的选项填入空格内。

A. 岩浆岩　B. 沉积岩　C. 变质岩　D. 岩浆　E. 风化与侵蚀

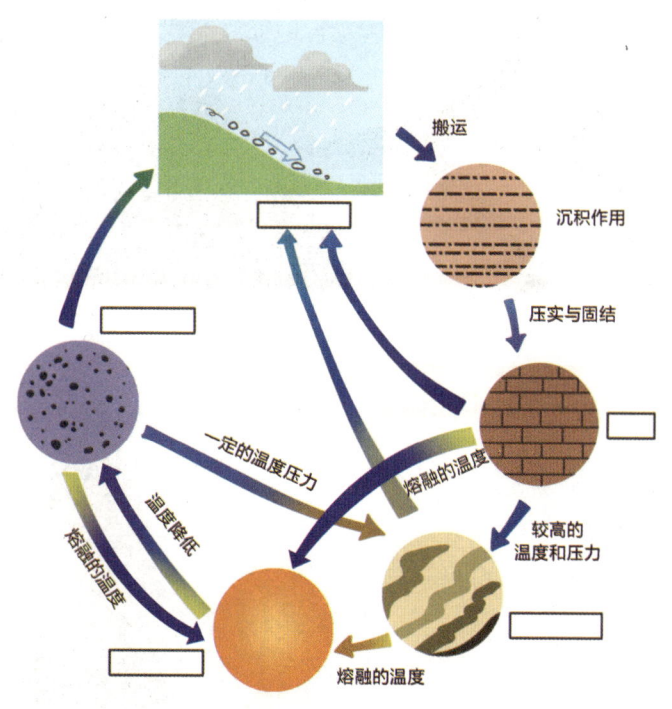

知识点：地球地质历史

6. 下列不属于化石的是（　　）。

　　A. 恐龙蛋　B. 象牙　C. 大羽羊齿叶迹　D. 距今4亿年前的三叶虫化石

7. 恐龙在地质历史上有重要意义。恐龙种类繁多，体形和习性相差很大。近200年来，世界各地发现了数量繁多、类型多样的恐龙化石。

　　请问，恐龙称霸地球是在（　　）时期，恐龙灭绝于（　　）时期。（请在下列选项中将正确答案的序号填入括号内。）

　　A. 泥盆纪　B. 中生代　C. 古生代　D. 白垩纪

知识点：地貌类型与自然过程

8. 右图展示了哪一种地貌？（　　）

　　A. 高原　B. 盆地　C. 孤峰　D. 丘陵

9. 下列地质作用中，属于内力作用的是（　　）。

A. 侵蚀作用
B. 风化作用
C. 沉积作用
D. 变质作用

知识点：板块运动

10. 下列哪一现象不是板块运动的结果？（　　）

A. 红海不断扩张　　　　B. 地中海不断缩小
C. 喜马拉雅山不断升高　　D. 荷兰国土面积不断扩大

11. 板块边界主要有三种类型，请将正确的板块边界名称填入括号内。

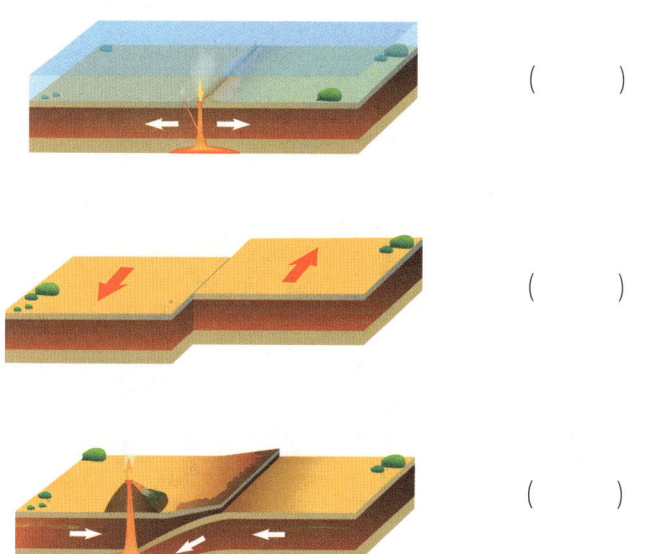

（　　）

（　　）

（　　）

知识点：地质灾害

12. 下列灾害中，属于地质灾害的是（　　）。

    A. 干旱　　B. 台风　　C. 寒潮　　D. 滑坡

13. 下列关于火山的叙述正确的是（　　）。

    A. 火山都是以强烈的爆炸方式喷发的
    B. 富士山是一种盾形火山
    C. 火山喷发的岩浆来自于地壳
    D. 火山喷发产生的火山灰会掩埋城市，但是火山灰形成的土壤很肥沃

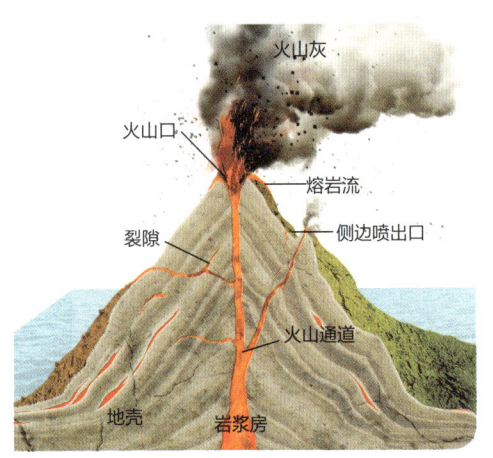

趣味迷宫

14. 熔融的岩浆通过火山或裂缝渗出地表，慢慢冷凝后会形成岩浆岩，这个过程可能会经历漫长的时间。请在下面的迷宫中找到岩浆喷发后形成岩浆岩的路线。

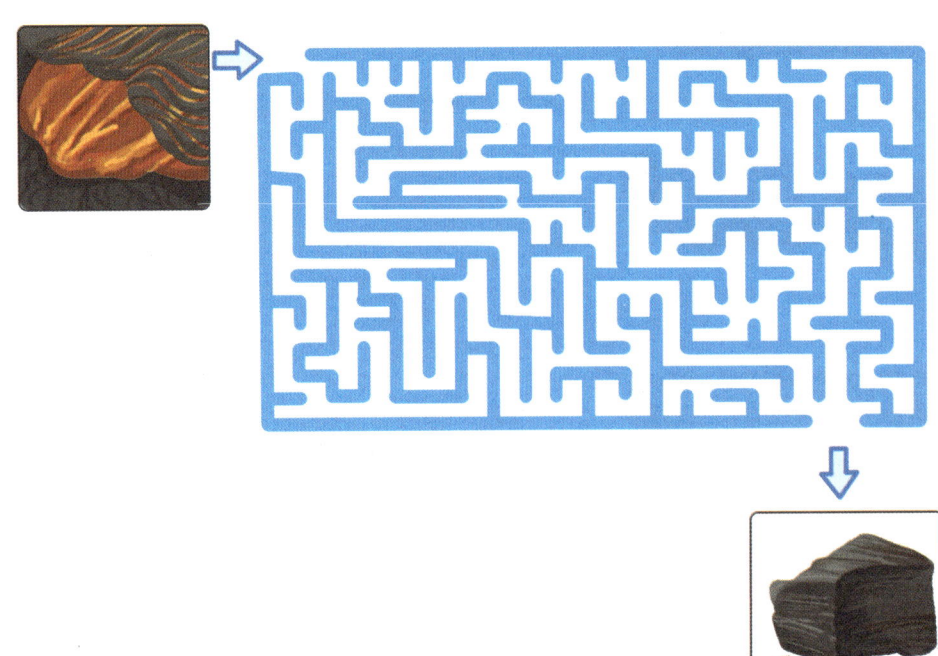